本书编委会

主　任　　　周介铭

成　员　　　王　川　王德忠　付志刚　刘　波

　　　　　　何　洁　何芳芳　朱晓舟　李天荣

　　　　　　陈　鹤　任　倩　邹　敏　徐文渊

　　　　　　黄　茂　温文芳（以姓氏笔画为序）

康巴文化研究

主　编◎周介铭

副主编◎王德忠

执行主编◎王　川

人民出版社

目　　录

引　论

康区,即"康巴藏区"的简称,是中国境内藏族聚居区的重要组成部分。康区,中国古史称为"喀木",近代又有"康藏"、西康、康区等称谓。康区地处"世界第三极"青藏高原的东南部,长河汹涌,高山雄伟,草原秀美,人杰地灵。巍峨挺拔的雪峰冰岭,澎湃奔腾的激流峡谷,蔚蓝如天空的高原湖泊,苍茫绿碧的平坦草原,切割严重的地表地貌糅合于此。以及康巴、嘉绒、木雅、西番、尔苏等藏族支系争光溢彩,藏、羌、彝、汉、回、苗等族群文化多元绽放,彪悍勇武的康巴汉子,千娇百媚的康巴姑娘,多姿多彩的民族风貌,无不令人印象深刻。

处于青藏高原与四川盆地、云贵高原结合部,且被高山峡谷、雪山草原包围的康区,因特殊的地理环境和迥殊的民族文化氛围,而成为举世瞩目的地区,以其神秘、雄奇、豪放、绚丽的特点吸引着世界的目光。作为汉藏文化交流、西南与西北民族迁徙互动的重要区域,其历来是"南方丝绸之路""藏羌彝走廊""茶马古道"等多条古道、走廊的交汇之区,多民族在此往返迁徙、汇聚、交往、融合,创造了内容博大精深、历史积淀深厚、形态绚丽多彩的康巴文化。

第一节　释"康"、"康巴"

在展开对"康巴文化"的探讨之前,有必要对"康巴文化"的一些基础概念作相关的分析和解释。

一、"康"的含义

"康"一词系"kams"的汉语译音,又译为"坎麻""喀木"等,目前学术界普遍认为它是一个历史地理概念,专指"康区",又称"康巴藏区"①、"康藏(地区)"等②。如有文化人类学者、历史学者均指出:"东部的昌都、甘孜、迪庆一带称为'康',即边地之意"③、"康,这个地名大约形成于唐代或吐蕃时期,即藏族古代文化在雅鲁藏布江流域形成时期"④。

在传统的藏文文献中,"康"就是代指地域的名词,如《安多政教史》一书云:"藏族聚居区分为上、中、下三部。上部为阿里三围,中部称为卫藏四翼,下部称为多康六岗"⑤,其中"多康六岗"中的"康"在这里系多麦和朵堆的合称,是指今除西藏,包含昌都在内的广大藏族聚居区,是一个地理称谓。同样,在清代汉文有关西藏的文献中,则将"康"翻译后记叙为"察木多",如据传为果亲王允礼所撰的《西藏志》⑥云:"康者,即今之察木多一路"⑦;又或译作"喀木"或"巴尔喀木"⑧,如《卫藏通志》云:"打箭炉之西南,达赖喇嘛所属拉里城之东南,为喀木地面(即康也)"⑨。可见,在传统的汉文文献中,"康"这一名词也早已有之,并非仅仅是近现代的称谓;同时,清王朝的统治阶级也普遍认为"康"这一名词系历史地理的专称,而非指代其他事物。

作为地理名词的"康",其含义为何? 为什么藏文文献和汉文文献均称此

---

① 李绍明:《李绍明民族学文选》,成都出版社1995年版,第580页。

② 任乃强、任新建:《"朵甘思"考略》,《中国藏学》1989年第1期,第136—146页。

③ 格勒:《甘孜藏族自治州史话》,四川人民出版社1984年版,第1—2页;格勒:《论藏族文化的起源形成与周围民族的关系》,中山大学出版社1988年版,第27页;格勒:《略论康巴人和康巴文化》,《中国藏学》2004年第3期,第99—101页;王川:《西藏昌都地区近代社会研究》,四川人民出版社2006年版,第2页。

④ 泽波、格勒主编:《横断山民族走廊文化论集——康巴文化名人论坛文集》,中国藏学出版社2004年社,第1—8页。

⑤ 智观巴·贡却乎丹巴绕吉著,吴均、毛继祖、马世林译:《安多政教史》,甘肃民族出版社1989年版,第3页。

⑥ 有关《西藏志》的作者一直是学术界争论的焦点,有学者认为系果亲王允礼所纂,也有人认为并非其撰写,可能是允礼摘抄他书而来。

⑦ 《西藏志·卫藏通志合刊》,西藏人民出版社1982年版,第1页。

⑧ 林俊华:《关于康巴学的几个基本概念的认识》,《康定民族师范高等专科学校学报》2007年第2期,第1—4页。

⑨ 《西藏志·卫藏通志合刊》,西藏人民出版社1982年版,第162页。

地域为"康"？其范围如何？

在张怡荪主编的《藏汉大辞典》中，将"kams"的意思解释为七种："其义有地区、地方；种，类（佛书又译为界、趣）；元素、本质（佛书译为大、大神，亦译为界）；身体，体质，气质；神子、精液；康区；界（六识、六根、六尘共为十八界，故表数字 18）。"①而藏族著名学者根敦群培，则在其所编纂的《白史》一书中对"kams"有以下解释："包括'康'及'安多'，在内的东部地区统称'康'。所谓'康'，是指边地而言。"②这里的"康"系指边地，是相对于以卫藏为中心的广大藏族聚居区而言，此处的"康"同样是上文所说古代藏地三区中"多康"的一部分。有学者认为"康"在最初就有境域、地区的意思，便认为"康"在最初亦有指代整个康区。

可以认为，"康"这一名词最初的含义是"边地"，但是在历史发展过程中，其含义逐渐扩大，有地区含义在其中，发展到最后才指代整个康巴地域。

理由有二。其一，在藏族传统的观念之中，特别是吐蕃时代，藏族先人普遍认为卫藏才是整个世界的中心，如敦煌出土的记载赞普世系的古藏文写卷（P.T.1286）中称颂卫藏地区是"在天之中央，在地之中心，世界之心脏，雪山围绕一切河流之源头"③。而与当时的卫藏地区距离甚远的康区便只能是边地。其二，人对于事物的认识是一个循序渐进的过程，并非一蹴而就，吐蕃时代对于康地区的认识同样是一个由浅入深的过程，在雅隆部落尚未统一整个青藏高原时，其对于距离自己较远地区的认识可能更多的是道听途说。即使后来吐蕃王朝统治了整个"多康六岗"，但是对"多康六岗"，尤其是康区的统治并不顺利。从都松芒波结征伐南诏失败之后，至赤松德赞时期，南诏王臣服后，吐蕃王朝才真正统一康区，才能在此时对康区有一个全面、深入的了解。

所以，"康"的最初含义便可能是指"边地"，后来对整个藏族聚居区有着深入的了解之后，才认为"康"有着区域的含义。以至于以后发展为"西康"

① 张怡荪主编：《藏汉大辞典》，民族出版社 2015 年版，第 223 页。
② 根敦群培：《根敦群培论文选集》，中国藏学出版社 1996 年版，第 130 页。同时翻译参考格勒博士的《略论康巴人与康巴文化》和杨嘉铭教授的《康巴文化综述》。
③ 宋正海、孙关龙主编：《中国传统文化与现代科学技术》，浙江教育出版社 1999 年版，第 274—275 页。

"川边"等名词。①

二、"康区"区划与"康巴"的含义

在藏族人的传统观念中,其生活地区的区域划分方法有两种。其一是藏族自吐蕃王朝建立以来所形成的划分方法。《安多政教史》将吐蕃时代及以后广大藏族生活的地区划分为:上部阿里三围,中部卫藏四翼(四茹),下部"多康六岗"。② 二是元代所划三路,即现今通用的卫藏、安多与康区的划分方法。

下部"多康六岗"相较卫藏四茹而言是一片广大的区域,这里地形地貌状况复杂。从"多康六岗"中的"六岗"一词便可知这一地区以高山峡谷的地形为主,可见古代的藏族先人们对于他们整个所涉及的地理区域有着明确而鲜明的认知。《安多政教史》云:"下部称为多康六岗,即撒茂岗(zal mo sgang)、察哇岗(tsha ba sgang)、玛尔康岗(smar khms sgang)、包柏尔岗(spo vbo sgang)、玛尔扎岗(dmar ja sgang)、木雅岗(mi hag sgang),这些都属于中康的范围。此外,又划分为三岗,即原多康区域被称为玛尔康,多麦被称为野摩塘,宗喀被称为吉塘"③、"自此河湾(笔者:即黄河)以下,才是安多区域……自黄河河湾以上的区域,称为多朵(mdo stod)"④。由上文可知,下部多康地区主要由两部分构成:其一是安多,或称多麦;其二是多朵,或译多堆,这里多堆指的便是现在的康区。

藏族先人传统上将整个藏族聚居区划分为阿里三围、卫藏四翼、"多康六岗",但在元代,元朝统治者对整个藏族聚居区进行了重新划分,使得藏族传统的区域划分产生变化:元世祖将整个藏族聚居区划分为三路,归属三个不同的大土司首领管辖。分别是:乌斯藏纳里速古鲁孙等三路宣慰使都元帅府、吐蕃等处宣慰使都元帅府、吐蕃等路宣慰使都元帅府。这三个土司所管辖的

---

① 参见王川:《西康地区近代社会研究》,人民出版社2009年版,第2—4页。

② 参见智观巴·贡却乎丹巴绕吉著,吴均、毛继祖、马世林译:《安多政教史》,甘肃民族出版社1989年版,第3—4页。

③ 智观巴·贡却乎丹巴绕吉著,吴均、毛继祖、马世林译:《安多政教史》,甘肃民族出版社1989年版,第3—4页。

④ 智观巴·贡却乎丹巴绕吉著,吴均、毛继祖、马世林译:《安多政教史》,甘肃民族出版社1989年版,第5页。

地区逐渐演变成现代的藏地三区区域观念,即将阿里三围纳入卫藏系统,直接称呼为"卫藏",有一些汉文文献中称呼为"乌斯藏";将"多康六岗"分成两部分,即"安多"和"康区",现代意义上的区域划分最终形成。

"康区"自元代以来就有着较为固定的区域范围,范围大概包括鲁共拉山以东,大渡河以西,巴颜喀拉山以南,高黎贡山以北的青藏高原东南部地区。这一区大致涵盖了"当今西藏自治区的昌都地区、青海省的玉树藏族自治州、云南省的迪庆藏族自治州,以及四川省的甘孜藏族自治州、凉山彝族自治州的木里藏族自治县、阿坝藏族羌族自治州的部分地区。当今,人们所说的康区,就是指上述地区"。① 但是,有些学者认为,康巴地区还应该包含今天的青海省果洛州,而阿坝藏族羌族自治州则并非"康区"的地理范围②。

"康巴"中的"巴"("pa")系藏语音译,在《藏汉大辞典》中将"pa"解释为"一种表示男性主人或所有者的后缀"③,"康巴"则解释为"康巴,康人。通常指居住在康巴地区的藏族人"④。这与藏族聚居区不同区域称呼自己的名词一样,如后藏一带的男性多自称为"藏巴汉子",前藏一带的人自称为"卫巴",青海、甘肃南部一代的人自称"安多娃"一样,"康巴"同样是康巴地区人的自称。但由于康区民族众多、族群状况复杂,并非所有人均自称为"康巴",因其为藏语,多系藏族为主体,从而广泛传播出去,成为被世人接受的称谓。但值得注意的是,"康巴"这一名词并非专指康巴地区的人,随着康巴地区民族间的交往、融合,"康巴"的内涵不断丰富,甚至演变成一个民族地域概念,"康巴"逐渐由称呼康巴之人而成为这片广大地域的代名词。那么,现在有人称这片广袤的地区为"康巴地区"或"康巴藏区",也就不足为奇。

至于为何以"康巴"这一群体称谓作为一个地域、民族共同体的代名词,其原因在于藏族对康巴地区独特特性的认识,是以地区的人文特点作为康巴地区的称谓。在藏族传统观念中,对于藏地三区有着自己独特的认识,《安多

① 杨嘉铭:《康巴文化综述》,《西华大学学报》(哲学社会科学版)2008 年第 4 期,第 9—16 页。
② 参见林俊华:《关于康巴学的几个基本概念的认识》,《康定民族师范高等专科学校学报》2007 年第 2 期,第 1—4 页。
③ 张怡荪主编:《藏汉大辞典》,民族出版社 2015 年版,第 1605 页。
④ 张怡荪主编:《藏汉大辞典》,民族出版社 2015 年版,第 225 页。

政教史》云:"若按三大藏族聚居区的划分来说,则自阿里的贡塘至索拉夹窝山以上之区域,称为卫藏法区;自黄河河湾以上的区域,称为多朵人区;自汉地白塔寺以上的区域,则称为安多马区。"①

藏族人将藏地三区进行了划分,并对各地区的特点有着明确认识,认为卫藏地区是"法区",即该地区佛法兴盛,人们崇尚佛教;安多地区是"马区",该地区的人们主要从事游牧业,牛、羊、马匹众多;康区是"人区",该地区最为殊胜的便是"人",此处的人便是康巴人。而康巴之所以为"人区",原因有二:其一是因为康区的人人高马大,身体素质出众;其二是因为该地区人杰地灵,产生过许多高僧大德,教派众多,人文气息浓厚。这种划分方法便是典型的按照文化特征来进行文化区分的。可见,康区的文化与卫藏地区和安多地区的文化尽管均归属藏文化这一大的文化系统之中,但是仍旧有着独特的文化区域特性。

第二节 "康巴文化"的含义

位于青藏高原东南边缘的广大区域成为众多族群交相辉映的舞台,众多氏族、部落、族群在这里迁徙流转、繁衍生息,而多层次和多地形的自然环境更是创造了多元而又统一的文化类型——康巴文化。

一、康巴文化形成的背景

文化产生、变迁和传播的历史显示,一个民族或一个地域的文化,其形成和发展都需要特定的地理环境,特定的地理环境为人们的生产和生活提供了不同的自然生态条件和自然资源,从而影响生活在其中的人们的生产和生活的方式以及与之相适应的社会自治形态。康巴文化的形成和产生离不开特定的地理环境,也离不开其中的人文因素。

---

① 智观巴·贡却乎丹巴绕吉著,吴均、毛继祖、马世林译:《安多政教史》,甘肃民族日报社1989年版,第5页。

（一）自然地理环境因素

上文提到"多康"地区，在藏族人的传统观念中，又被称为"多康六岗"，这里的"六岗"系藏族人对康巴地区和安多地区的地理特征的认识。又因为该地区流经了四条大河，故将康巴和安多地区的地貌特征形容为"四水六岗"。"四水"主要指的是流经该地域的四条大河：金沙江、澜沧江、怒江、雅砻江；"六岗"则分别是擦瓦岗、芒康岗、麻则岗、木雅绕岗、色莫岗、泽贡岗。关于"六岗"的具体范围和界限，格勒博士对此作出了较为精确的回答。①

康巴地区"四水六岗"的地理格局和地处青藏高原向四川盆地之间过渡区间的地理位置，使得康巴文化在形成过程中呈现两极性。首先，"四水并流"的地理平面，使得横断山脉被河流冲刷，形成天然的南北沟通通道，从而使得不同地区和不同文化的氏族部落之间的交往、迁徙成为可能；其次，处于过渡区域的康巴地区形成了巨大的相对垂直高度，如木雅贡嘎山海拔是 7556 米，康巴接近四川盆地的一个谷地最低海拔为 1042 米，两者之间的海拔高度相差 6514 米，最终形成康巴地区高山至谷地之间的三种不同气候特点：亚寒带、寒温带、温带的垂直地理气候。从而形成高原游牧文化圈、中部农牧混合文化圈、底部农业文化圈的垂直分布格局，形成了不同的文化区域。这种立体式的气候分布，使得康巴地区有"一山有四季，十里不同天"的说法，凸显了康巴地区气候变迁的垂直分布。四江并流的地理平面和垂直变化的立体气候带造就了康巴地区生态系统的多样性，而这种生态多样性也造成了康巴人在生产、生活、行为模式上的差异，从而形成康巴地区文化的多样性特点。

（二）民族往来与融合

康巴地区"四江并流"的地形剖面使得康地形成南北走向的天然通道，使得南北方地区不同氏族部落得以通过这条通道进行迁徙、交流，从而形成历史上著名的"民族走廊"。据任乃强教授和任新建研究员考证：在父系氏族社会时期，康区就已经与中原地区之间进行友好往来、贸易等活动②。而相关的考古资料也证明，康巴地区有人类活动的历史上限还可以往上，至少在新石器时

① 参见格勒：《康巴史话》，四川美术出版社 2014 年版，第 10 页。
② 参见任乃强、任新建：《康藏与中原地区早期交往试探》，《藏学研究论丛》（第一辑），西藏人民出版社 1999 年版，第 1—4 页。

代,"四水"流域就已经有人类群落的活动痕迹,在昌都卡诺地区发现的新石器时代遗址与炉霍、丹巴、道孚等地发现的文化遗存颇为类似,这更加证实了康巴地区与周围地区的交往早已有之。根据藏文史籍《朗氏家族史》可知,康巴地区是藏族先祖"六氏族":"斯"、"董"、"穆"、"佟"、"查"、"楚"中"董"氏族的栖息地①,"董"氏有着诸多的部落,多散布于康巴地区,再加上高山峡谷的阻挡,使得康巴地区不同的地理单元内的族群保留着自己独特的特点。

康巴地区自古以来生活着诸多的民族聚落。自汉代开始,中原王朝在康巴地区设置统治机构,从汉代的"沈黎郡"、后汉的"蜀郡西部都尉"、隋唐时期的"羁縻州"、元明清的土司制度至清末民国时期的"西康省"的设置,自元代将藏族聚居区纳入中华版图后历代中央政府在保持地方特色的前提下,不断加强对康巴地区的统治,促进了康巴地区与中原地区的交往。而康巴地区内部的诸多民族聚落在历史上也发生过两次大的变迁。传说战国时代,秦国曾对居于今西北地区的羌人以及其他民族发动战争,使得诸多民族向四方迁徙。诸多证据表明,有着天然通道的康巴地区成为诸羌迁徙的方向②,从而促进了康巴地区不同民族间的第一次大融合。第二次民族间的大融合发生在唐代。吐蕃在征伐康巴地区的过程中,许多军人及其家属到达康巴地区,并在此定居下来,与当地不同文化的民众生活在一起,在长期相处中,逐渐形成以藏文化为主体,其他民族文化共同发展的康巴文化。而自唐代以来,藏族与汉族民众在此地区不断进行交流,不同的民族在此交相融汇,形成了绚丽多彩的文化区域。

（三）社会经济因素

康巴文化的形成与发展除了自然生态环境和民族交融因素之外,社会经济因素同样至关重要。康巴地区是连接西北、西南民族间联系的通道,同时也处于汉藏文化交流的要冲,汉藏文化在此碰撞、融汇。除此之外,康巴地区同样是汉藏之间进行友好往来、经济贸易的重要中转站,汉藏两族的人们在康巴地区进行友好往来、互帮互助、商务贸易,共同促进了当地的经济开发和社会经济发展。同时,康巴地区也是中央王朝入藏的重要通道,成为沟通藏族聚居

---

① 参见大司徒·绛求坚赞著,赞拉·阿旺、佘万治译:《朗氏家族史》,西藏人民出版社1989年版,第3—6页。

② 参见任乃强:《羌族源流探索》,重庆出版社1984年版,第47—59页。

区与中原地区的重要交通命脉。

因所处地理环境的特殊性,康巴地区形成了独特的经济模式。位于高海拔地区的草场为康巴地区的游牧民族提供了良好的生存环境,从而形成逐水草而居、以放牧为生的游牧经济;位于河谷洼地的康巴人以农业为主要的经济支柱;而处于低地和高山中间的地区则形成了兼有游牧与农业经济特点的半农半牧经济类型,农业满足了人们的基本生活需求,畜牧业使得人们的生活水平大大提高。同时,不同民族间的经济交流又为康巴文化的形成创造了新的活力。据史料记载,在宋代康巴的泸定、鱼通等地区,存在"种蕃田"的现象,许多汉民在此租地开垦,从而使得内地的农业耕种技术在这一带传播,促进了该地区水稻种植业的发展。"茶马互市"是宋代为抵抗西夏、辽、金不断进攻而筹集军备的一种方式,康巴地区因自然环境和地理区位优势,成为宋王朝与边疆民族相互交流之地。宋王朝在"黎州"设市马之所,成为沟通汉藏之间经济贸易的重要中转站,最终推动一条由黎州经化林坪、冷碛、磨西、越雅加埂至康定木雅的茶马古道的新发展,并自宋代至明代一直兴盛,磨西、冷碛等地成为茶马市易中的重镇。在明代,由于统治的需要,在义新开辟碉门、岩州至烹坝、打箭炉的茶马互市商路,进一步发展了康巴地区与内地的经济关系。至清代,汉藏之间在此地的经济交流更甚前代,各地商人云集于此,形成了许多从事商业的团体,如做茶叶生意的天全帮、做皮货生意的陕西帮、经营五金生意的山西帮、川南帮,等等。商业文化的兴起带动了康区的副业、手工业等产业的发展,兴起了民间的移民,带来了更多的技术和劳动力,加速了康区的发展,亦促进了文化教育事业的发展。

(四) 人文因素

促成康巴文化形成的人文因素主要有两种。一种是康巴自身的人文因子。康巴地区不同类型的经济形式导致了不同的文化特点:游牧经济促进了康巴地区的游牧聚落逐步形成粗犷、豪迈的特征,为《格萨尔》英雄史诗的产生创造了重要的环境;半农半牧式的生活方式使得人们在生活富足的时候,有多余的时间关注精神生活,从而造就了丰富多彩的文艺形式;农业生活方式的不稳定性使得人们寻找另外的出路,再加上历史茶马古道穿行期间,经商或外出谋生成为农业经济区域人们传统生活的一部分,而外出的人们成为外来文化的传播者,将全国各地不同的生产生活方式、精神追求带至康巴地区,使得康巴文化逐渐丰富。

另一种是来自他地,如卫藏地区的藏文化影响。卫藏地区的藏文化不断向东传播,促进了康巴文化的逐步统一和最终形成。自 8 世纪开始,佛教就在康巴地区传播,9 世纪的"达摩禁佛"之后,少数僧人逃至今天的邓柯、白玉一带,在当地首领的支持下继续发展佛教,自 10 世纪下半叶开始,佛教以康巴地区为基地向西藏本土发展,从而使得佛教在藏族聚居区重新发展,并最终形成了藏传佛教,后人谓之"下路弘传"。白玉县的噶陀寺,德格的八邦寺、"霍尔十三寺"、德格印经院等不同教派的寺院和藏传佛教的三所依附在康巴地区共襄盛举,和谐发展。作为西藏本土的原始宗教的"本教"在康巴地区得到广泛的传播,因康巴地区独特的生态环境,人们注重对环境的保护,这种观念与本教的"万物有灵"的理念相融合,从而产生了人与自然和谐相处的"香格里拉理念"。此外,不同的信仰在此交相融合,呈现一片和谐之境,更是促进了康巴文化宽容、尊重、和谐的理念追求。

二、"康巴文化"的内涵

康巴地区是一个多民族、多信仰的区域,整个地区以藏文化为主体,藏族是该区域内人口最多的民族。在历史上,春秋战国、秦汉时期西北诸羌从该地域南下,西南诸民族从该地域北上;至唐代,汉藏民族在此征战、交流,两次民族间的大融合促进了该地区的发展。汉、羌、彝、纳西、回、蒙古等民族与藏族民众一道创造了五彩缤纷的康巴文化,正如任新建研究员在《康巴文化旅游总体规划》中对康巴文化的定义:它是"康区各族人民在漫长的历史发展过程中创造并积淀下来的物质文明与精神文明的总和。它是以藏文化为主体的,兼容汉、纳西、羌、彝等其他民族文化,具有多元、复合性的民族地域文化。康巴文化具有历史积淀丰厚、内涵博大精深、形态多姿多彩、地方特色浓郁的特点和不可替代的、独特的、持久的人文魅力。康巴文化的核心是人与自然的和谐统一、人与人的和谐共处、不同文化间的和谐共存"[①]。简言之,康巴文化就

---

① 任新建:《康巴历史与文化》,巴蜀书社 2014 年版,第 272 页。

是康巴地区物质、制度、精神三方面的文化综合,包括康巴地区的地理、历史、宗教、社会、经济、文学艺术、建筑技艺、绘画、民风民俗,等等。即以康巴地区的藏族文化为主体,融合了汉、彝、羌、回等不同的民族文化,并向外围不断扩散影响的有机文化生态系统。

对于文化的定义,不同的学者有着不同的见解,目前学界,尤其是在人类学的研究中普遍认为:"我们常说的广义文化,指人类在社会实践过程中所获得的物质的、精神的生产能力和创造的物质财富、精神财富的总和。"①此外,不容忽视的还有构成社会秩序的规范和标准,即社会的制度。具体到康巴文化,该文化具有三个方面的内容:物质的、制度的和精神的,三方面结合起来就构成了康巴文化的结构。②

康巴的物质文化层面是康巴文化的表层。"物质文化是指为了满足人类生存和发展的需要所创造的物质产品及其所表现出来的文化,包括饮食、服饰、建筑、交通、生产工具以及乡村、城市等,是文化要素或者文化景观的物质表现方面。"③康巴文化中的物质文化支系中蕴含着众多的子系统,如饮食文化中木雅的麻花奶酪、巴塘地区的面食等,调班印刷术、金银器制作、陶器木器的制作等各种各样的技术技艺,随地而居、因地制宜的建筑理念,等等,让康区的文化呈现理念与实践相结合的特点。

康巴地区的制度文化是康巴文化中的基石之一。"人类的制度文化,是指人类生存的各种基本需求、习俗和行为方式,在社会约束机制的作用下,对人们的行为形成刚性约束时所表现出的一系列文化现象。"④总之,康巴地区的制度文化包括康巴地区的婚姻家庭、亲属制度,继嗣、家族、氏族部落等社会组织,以及社会生活和社会生产中,人们所认同的稳定或不稳定的准则和各种关系;此外,还包括康巴地区的社会形态和民俗文化等,如三岩地区的戈巴组织、色达地区的部落形态、扎坝地区的母系社会遗存等;康定年节、四月八转山

---

① 张卫国:《双语学纲要》,中央民族大学出版社 2014 年版,第 214 页。
② 参见任新建:《康巴历史与文化》,巴蜀书社 2014 年版,第 272—273 页。
③ 张佑林、陈朝霞:《文化变革与西部经济发展》,浙江大学出版社 2012 年版,第 92 页。
④ 叶启晓主编,图娅、金鑫、张建华副主编:《人类学概论》,北京大学出版社 2012 年版,第 177 页。

会、赛马节、望果节、祭海节,等等。这些文化分支共同构筑了灿烂的康巴制度文化,使得康巴成为人文气息极为浓厚的地区。

精神文化是康巴文化中最为核心的部分。可以说康巴地区的精神文化是造就康巴地区有别于诸多地域、民族文化的最重要因素,使得康巴文化的魅力深深地烙印在人们的脑海之中。康巴地区的精神文化反映出康巴地区人们的价值观念、道德规范和思维模式,深刻影响着康巴地区社会经济的发展。康巴精神文化是康巴人心灵深处历史积淀的反映,基于康巴地区的自然环境而形成的"香格里拉"理念,是人们追求人与自然和谐的结果;康巴人的奋进、友善、果敢、容忍、乐天知命等价值观念,是康巴人在自然的抗争之中逐渐形成的品性追求。康巴文化中的观念文化是康巴人民在特有的历史、地理人文生态环境中经过长时期的发展而形成的。

第三节　康巴文化的功能

功能,在一定程度上,可理解为价值、意义、作用等。所谓"文化功能",是指文化所能发挥出来的有效作用和效能。概言之,文化的功能主要针对两种不同的对象,就个人而言,文化起着塑造人格、凝聚人心,使人社会化的功能;就聚落而言,文化可以对整个群体的行为、思想进行整合,实现文化的主导化;而对整个群体生活的社会而言,文化有着社会导向的功能。

康巴文化的功能,就是指康巴文化对整个康巴地区起着凝聚文化群落、整合多元文化以及塑造群体价值和观念的作用。①

一、凝聚功能

所谓凝聚,即将不同的事物统一于一个主题之下,从而实现统一物的形成。而康巴文化正是在漫长的历史进程中,形成大大小小的不同文化聚落,这

---

① 参见潘定智:《民族文化学》,贵州民族出版社 1994 年版,第 247—265 页;谢立中主编:《从纪林诺斯基到费孝通——另类的功能主义》,社会科学文献出版社 2010 年版,第 303—366 页;费孝通:《费孝通全集》(第 18 卷),内蒙古人民出版社 2009 年版,第 179—273 页。

些不同的文化聚落以藏文化为主体,凝聚成区别于安多文化和卫藏文化的康巴文化。

康巴文化的形成是以其所在的自然地理环境为基础,如前所述,高山峡谷的地形使得康巴文化在形成过程之中,始终呈现出独特的绚丽色彩,创造了不同于其他地域的文化。而所处地理环境的不同和相对封闭的交通状况,使得康巴地区的文化形成了不同的文化亚单元。

如以丹巴为中心的嘉绒藏族文化圈,地域范围主要集中于丹巴、康定和道孚的局部。位于大渡河上游的嘉绒藏族创造了独特的文化形式,嘉绒藏族所持的方言被称为嘉绒方言,与康巴地区其他地缘方言有很大差异,据语言专家分析,其语言中依旧保留着一些古羌语成分;高耸入云、巍峨挺拔、立千年而不倒的丹巴古碉群是嘉绒地区人民创造力和康巴地区历史厚重感的见证;崇拜白石、信仰本教神灵和独特的嘉绒藏族服饰,共同构成了一幅独特的风情画卷。

以德格为中心的康巴文化中心圈,主要包括德格、白玉、石渠和江达等地,同时涵盖甘孜州的大部。康巴藏语就是以德格方言为基础,吸纳不同地区的藏语方言而形成;德格印经院是康巴地区乃至整个藏族聚居区较为著名的藏文书籍印刷和收藏之地,收藏的藏文书籍为世人所瞩目;德格的"噶孜画派"在吸收内地技艺的基础上自成一种画风;德格地区更是藏传佛教不同教派的汇聚之地,是康巴文化和谐理念的代表;此外,格萨尔王的故乡便是在德格,它是康巴文化中多元性和开放性的最佳代表。

而以康定、泸定为中心的地域文化乃是汉藏之间友好往来的明证。汉藏两族民众在此地进行商业上的往来,从而形成重要的汉藏贸易交流文化圈。康定和泸定等地区较为接近四川盆地,比较接近内地,容易与汉地商人进行经济贸易,从而成为汉藏贸易的重要口岸。在历史上,康定地区更是茶马古道上的重镇,四方商贾往来如织,使得康定地区更为发达,至清代注重开发边疆,许多移民至此,更是促进了地区的发展,文化多元与整合功能突出。

大渡河、雅砻江流经横断山区,从而开辟了丰饶的河谷平原。在唐代,吐蕃大量移民于此,最终形成了所谓的"两番"文化圈。该文化圈主要包括泸定、康定、九龙、道孚等地的平原河谷地区。该地区聚落分散,每个村落有自己独特的文化形态,有不同的称谓,如纳木依、贵琼、多须、罗汝、佰木依、扎巴等,他们的生活方式、信仰、民风民俗和语言等均各有不同,其中蕴含着丰富的古代民族文化和族群文化历史遗存。

此外,还有三岩地区的父系氏族文化圈、雅砻流域文化圈、母系氏族文化圈①等,共同构成了康巴文化多姿多彩的亚文化系统。

同时,康巴文化并非仅仅是单一的藏文化,它是以藏族文化为主体、吸收诸多不同的民族文化之后所形成的包含多民族文化的复合文化。藏族聚居区文化与羌族文化、纳西族文化、汉地文化、蒙古族文化等不同族群间的文化在康巴地区融汇在一起,组合成了绚丽多彩的民风民俗。藏传佛教、伊斯兰教、本教、基督教、天主教、道教等各式各样的宗教信仰、不同的哲学理念在此地聚集,相互交织,形成繁盛多姿的信仰习惯。

总之,开放性的康巴文化容纳了不同族群的文化,经过漫长的历史演变,不同族群文化之间相互碰撞,融合,最终凝聚成以藏文化为主体、包含诸多民族文化的康巴文化。

二、整合功能

文化中的差异性越强、分化的程度就越高;多元结构越复杂,文化整合的作用就越重要。正如上文所说,康巴社会是一个复杂的多元社会,是由众多分离而又联结的不同文化单元和类型组成,而不同的文化单元和文化类型都有自己的文化功能,只有这些功能凝聚到一起才能对整个社会的运行产生作用,而在凝聚的过程中,不同文化单元和文化类型之间的相互整合、协调发挥着极其重要的作用。康巴文化的整合、协调功能是在其开放性中体现出来的,正是这种开放性使得康巴文化能有序地实现异质文化间的整合,为我所用,不断丰富康巴文化的内蕴。②

"四江并流"的地理形式使得康巴地区形成了天然的地理通道,成为历史上不同民族在此地交流、迁徙的开放通道;作为汉藏连接部的康巴地区成为汉

---

① 参见任新建:《康巴历史与文化》,巴蜀书社 2014 年版,第 277—278 页。
② 参见杨淑玲、潘郁:《交通安全文化概论》,山东人民出版社 2015 年版,第 12 页。

藏交流、联系的天然区域,不同文化在此交相融汇,使得康巴文化极具开放性色彩。

康巴文化的开放性正如任新建研究员所说的主要表现在宗教信仰和民族文化两个方面①。康巴地区在宗教信仰上呈现开放性,尊重不同教派的信仰体系。在康巴地区,宁玛派、萨迦派、噶举派、格鲁派等,乃至在西藏本土已基本灭绝的觉囊派都不同程度地获得发展,各个教派之间均能并存互容,甚至外来的教派如伊斯兰教、天主教、道教及民间的原始宗教在康巴地区同时存在,互相包容。内地的儒家思想、西藏的本教等同样在此地获得生存的土壤。这些在教理、教法、行为准则、信仰方式等方面有着差异甚至是互相抵触的宗教或思想理念均在康巴地区得以流传,例如康定地区就存在世界五大宗教聚集,藏传佛教中的宁玛派、萨迦派、觉囊派、格鲁派、噶举派五大教派并存,民间信仰各式各样,呈现世界上难见的宗教信仰奇景。同样,在康巴地区的一座藏传佛教寺庙中,供奉着内地道教的玉皇大帝、阎罗王,以及儒家的孔子等,不同的信仰体系存在于一座寺庙中,让人不禁觉得十分惊奇。作为康巴地区的土司首领更是这种开放性的代表,在德格土司和明正土司的家庙中,藏传佛教各教派兼容互补,为土司首领共同信奉,允许各教派在此地自由传教。因崇奉汉文化,各地的土司首领往往会在领地内设儒馆,尊孔圣。

康巴地区是一个以藏族为主、其他民族为辅的多民族聚居区,呈现大杂居、小聚居的分布格局,各种不同的族群文化在康巴地区多元共存,是康巴文化开放性的另一个重要表现。在九龙、康定、丹巴等民族聚集地区,这种开放性体现得尤为明显。特别是不同的民族群众之间的结合,他们各自保持着原有民族中一些固定的生活习惯和行为准则,彼此尊重。比如在许多汉藏结合的家庭之中,一方面,保留有藏族传统生活中常有的家庭经堂、佛像;另一方面,夫妻之间相互尊重,藏族配偶有着自己的每日供奉佛陀的习惯,汉族配偶也有自己独立的生活方式,二者互不干涉,有时甚至夫妻双方相互学习对方的生活方式,寻找二者的相通之处。在饮食习惯上,酥油糌粑、酥油茶、大米、炒菜等有时会共同出现在餐桌上,依据各自的饮食习惯挑选食材。有趣的是,在

---

① 参见任新建:《康巴历史与文化》,巴蜀书社2014年版,第276页。

九龙这一藏、汉、彝三族共居之地,形成了独特的饮食习惯。人们早上以酥油茶和馍馍这样的藏族食物为食,中午以砣砣肉和洋芋这样的彝族食物为食,晚上则以面条或者米饭为食,呈现藏、彝、汉兼容开放式的饮食文化。

康巴地区不同民族之间未因信仰、习俗的不同而发生排斥、互仇的情况,而是呈现出多元文化和谐共存的景象。总之,康巴文化在和平共处、并行不悖的局面中得到协调发展。

康巴文化的开放性特点,使其更加注重对自身文化的整合,通过对自身文化支系的吸收整合,使得外来文化有效地融入到了本土文化之中。例如,康巴地区的"噶孜"画派大量吸收了内地国画的技法和色彩等方面的特色,将其融入了唐卡和壁画之中,形成了独具特色的康巴画风。内地的戏曲艺术传入康区,康巴人结合内地的乐器和表演形式对康巴藏戏进行了改造,形成了风韵独特的康巴藏戏。再如,康巴藏语中包含着许多其他民族语言的印记,可以在其中找到诸如汉族、纳西族、蒙古族、羌族、彝族等不同民族的语言词汇。此外,在生活方式、风俗习惯、教育形式等方面,也有着不同程度的文化整合,而通过对不同文化的整合,使得康巴地区的民众凝聚力增强,形成了共同的思维方式、行为方式、生活方式、道德观念和价值观念,增强了康巴人对自然环境的适应能力,最终融合区域内各民族的文化,加强了康巴人的团结,促进了康巴社会的稳定和发展。

而康巴地区历史上的两次民族大融合更是对康巴文化整合功能的最好诠释。无论是西南方民族还是西北方民族,在不断迁徙中最终定居于此,在长期的相互交往中,在当地自然环境的基础上,作出了改变。其后,当吐蕃王朝统治该地区,藏族民众大量留居于此,他们为了适应康巴地区的自然环境,对自身原有的生存习惯作出改变,最终适应了当地的自然环境,从而形成了不同于卫藏和安多的康巴藏族。大量不同的民族汇聚于此,彼此融合交汇,以开放的胸怀接纳异域文化,并融入康巴文化之中,使得康巴文化多元的特点尤为突出。如果仔细观察,便会在康巴文化中发现诸多民族文化的痕迹,甚至是古代民族的文化遗存,这便是康巴人在适应自然的过程之中不断调适自身的生存文化与自然生态系统相适应,最终在调适中不断满足自身的生存需求,促进康巴文化的健康发展。

三、导向功能

康巴文化作为一份逐步积淀起来的物质和精神财富,一旦成型,便蕴含着特殊的价值体系和规范秩序,对于康巴地区人们的价值取向和行为方式产生导向作用。①

康巴地区是一个宗教信仰极为浓郁的地区,宗教信仰对康巴地区的发展和康巴文化的形成有着重要影响。在康巴人对宗教信仰的追求过程中,所产生的精神追求及其成果,是一种价值理念的体现,会在康巴人的思想和行动上产生一种导向作用。该地区是西藏原有的原始宗教——本教盛行的地区,本教在西藏本土遭到重大打击之后,传至康区并得到了发展,本教在这里生根发芽,丁青寺是藏族聚居区最古老的本教寺院,康巴地区的墨尔多神山是本教在康区的主神山,卡瓦洛日雪山这座财神山一直为本教徒所尊崇。本教信仰"万物有灵",认为世界上的一切均是人类祖先灵魂的居所,人们不得随意破坏,不可轻易侵犯,从一棵小草、一株幼苗到一座高山、一片深湖、一条河流都有传说中的神灵守护,人们需小心翼翼地守护着大自然的一切。其后,佛教也传入康区,康区是西藏"下路弘传"的发源地,藏传佛教各教派在此地传法授业,虽然各个教派在教理、教义、行为准则、仪式等方面均有所不同,但是在一些佛教的基本理念中却是共通的,佛教的"慈悲"观和"业报"思想传入康区,"慈悲"观讲究慈爱众生并给予快乐,怜悯众生并拔除其苦。"业报"思想认为,"由身口意之善恶业因所必招感之苦乐果报",即人们常说的"善有善报,恶有恶报"。"慈悲"观和"业报"思想使得康巴地区的人们注重善业,关注芸芸众生,使得康巴人更加信奉自然、崇尚自然,康巴人努力将自身与自然环境相结合,追求人与自然的和谐相处。正是在这一信仰背景之下,康巴地区的许多神山圣湖被赋予了数不清的神秘传说,雅拉神山、乃龙神山、巴姆神山、翁甲神山、贡嘎山、格聂山、"三怙主山"上布满"胜迹",佛陀、神灵的传说在山中飘扬,许许多多不能侵犯自然的禁忌为人们所恪守,使得人与自然之间的关系更加紧密,人与人之间、人与社会之间的关系愈加和谐。

---

① 参见靳怀堾主编,尉天骄副主编:《中华水文化通论》,中国水利水电出版社2015年版,第15页。

不同的文化类型塑造不同的文化个体，正如"世界上没有完全相同的两片树叶"一样，世界上也没有完全相同的人类个体，也没有在民族性格上完全相同的族群和民族。性情、气质、价值观念、道德理念的不同，根源在于文化的不同。我们常说康巴汉子具有的豪迈、激情、天真烂漫的性格和气质，并非是天然形成的，而是在文化的不断传承之中得以实现的，康巴人讲究"敬仰神灵"，认为万事万物都有灵性，一座山、一片湖乃至一块石头都有生命力，具备灵性。康巴人的这种观念历代传承，每一个康巴人尽可能地在生活实践中将这种观念教给下一代，通过不断的教化，最终形成了康巴人注重人与自然和谐相处的理念。与教化相连接的便是规范，在生活中，康巴人在约定俗成之中形成了一系列的"禁忌"，尽可能地保护自身所赖以生存环境中生态系统的完整性，这些"禁忌"就如同现代社会中的制度一般，成为维护人与自然关系的重要内容。

在浓郁的宗教氛围中所形成的康巴文化，不仅仅追求人与人、人与自然的和谐，更追求不同文化之间彼此的宽容、融合与和谐，使得康巴文化具有特别的神奇风韵。

历史悠久、内容广博、积淀深厚的康巴文化以其绚丽的色彩浸润着康巴大地，谱写出一篇篇华丽的乐章。厚重而又多元的康巴文化，以其神秘的色彩吸引着全世界的目光。康巴文化促进了康巴地区的经济发展和民族的团结，促进了人与自然的和谐。

第一章　地理环境与历史沿革

第一节　地理环境与气候条件

一、地理环境

地理环境是指人类赖以生存的地球表层,这个表层的厚度约为 10 — 30 千米,是一个包括岩石圈、水圈、土壤圈、大气圈和生物圈相互作用的厚能量交错带。这个表层因具有人类活动的三个基本条件:常温常压的物理条件、适当的化学条件、繁茂的生物条件,因而与人类的生产、日常生活、发展等息息相关。而地理环境又受地理位置的影响,地理位置不同,地球表层的组成物质、形态,以及水、热等条件也各不相同,进而形成地理环境结构性差异和地带性特点。

地理环境受地理位置影响而产生的差异性,及其与人类生活息息相关的紧密性,使得它与人类文化也发生密切关系,即"一定的文化总是与一定的地理生态环境相联系",这就使"地理环境的差异"成为"社会及文化产生差异的重要原因"[1]。换言之,一种特殊的民族文化必然是诞生于特殊的地理环境之中[2]。正是基于这样的原因,康巴人基于康巴地区独特的地理环境,创造了独特的康巴文化。

---

[1] 石硕:《如何认识康区?——康区在藏族三大传统区域中的地位与人文特点》,《西北民族论丛》2015 年第 2 期,第 1—13 页。

[2] 参见任新建:《论康巴文化形成的历史地理背景》,载《康巴历史与文化》,巴蜀书社 2014 年版,第 280 页。

（一）大江大河，山川纵贯

康巴全境平均海拔 4000 米，为"川西一大高原"①，"在全国七高原中，仅次于西藏高原"，地势"受山派河流趋势之支配"②。境内江河众多、水道纵横，且多自北向南奔泻而下，将高原进行切割；同时，南北走向的高大山脉排列其间，从而使康巴地区呈现出河谷深切、山川纵贯、东西并列的地理态势。

首先，就该地区的地域范围而言，东、南、西、北四面均以具有地理标识性的山脉或水系为界，如康巴地区东部边界是作为青藏高原东部边界的邛崃山脉，以及将藏族与其他民族的活动区域进行分割的大渡河；南部边界是将青藏高原与云贵高原进行切割的地理屏障——著名的高黎贡山；西部边界是有"西藏第一名山"③之称的鲁贡拉山；北部边界是我国主要的两大水系——黄河和长江的分水岭——巴颜克拉山。

其次，康巴境内的大江大河与高大山脉。常言道"二山之间，必有一水"，在康巴地区尤为明显，呈现出两山之间必有一江、两江之间必有一山的山水交错的地理形态。康巴境内的大山脉自西向东有大致伯舒拉岭、高黎贡山、他念他翁山、怒山、宁静山（芒康山）、云岭、沙鲁里山、大雪山和邛崃山；主要大江自西向东有怒江、澜沧江、金沙江、雅砻江和大渡河五条大江，且均自北向南流经康巴地区，"这五条大江及其众多支流，犹如一把把利剑，在崇山峻岭之中切割出一道道深陷的河谷"④，形成康巴地区高山峡谷纵贯的地貌。除了这五条大江及其众多支流外，还有一大水系雅鲁藏布江，虽然其干流不在康巴境内，但"其支流波曲、穆曲，并为康境大水"⑤，注入长江的岷江水系，也是流经康巴的一大水系。

---

① 杨仲华：《西康纪要》（上），商务印书馆 2004 年版，第 74 页。

② 当时所谓之"七高原"，指新疆高原、西藏高原、蒙古高原、青海高原、甘肃高原、云南高原、西康高原。翁之藏：《西康之实况》，民智书局 1921 年版，第 22—24 页。

③ （清）林儁：《由藏归程记》，载吴丰培编：《川藏游踪汇编》，四川民族出版社 1985 年版，第 104 页。

④ 石硕：《论康区的地域特点》，《西南民族大学学报》（人文社会科学版）2012 年第 12 期，第 1—6 页。

⑤ 任乃强：《西康图经·地文篇》，载《任乃强藏学文集》（上），中国藏学出版社 2009 年版，第 529 页。

这些大山脉与大江大河之间的位置关系大致是,伯舒拉岭与他念他翁山、宁静山(芒康山)并行,就康巴地域而言,伯舒拉岭位置稍靠北,高黎贡山在伯舒拉岭之南,怒山在他念他翁山之南,云岭在宁静山(芒康山)之南。伯舒拉岭、高黎贡山与他念他翁山、怒山之间夹一江,即怒江;他念他翁山、怒山与宁静山(芒康山)、云岭之间夹一江,即澜沧江;宁静山(芒康山)、云岭与沙鲁里山之间夹一江,即金沙江;沙鲁里山与大雪山之间夹一江,即雅砻江;大雪山与邛崃山之间夹一河,即大渡河。因这样一个地区与地理上的横断山区大致相同,因此有学者提出:"康区是以横断山区为自然基础而形成的一个藏族聚居区人文地理单元"[1]。

(二) 河流深切,峡谷深邃

康巴地区的整体地貌是北高南低,使得大江大河之水皆自北向南平行流下,"峻阪陡落,失激而进,飞瀑漫涛,势不可当。于是于向南一面,凿成急峡数道,奔放入海""凡流水侵蚀力,恒与其斜度为正比例。诸大河水之出高原巅,原只凿成深峡于高原边际,但其下游侵蚀既深,则急斜河床渐次牵连与上游部分。干流既深,又复牵连于支流部分。如此渐次向上蔓延,若干万万年后,遂使平旷高原之本身,雕刻成无数树枝形之裂罅矣"[2]。由于地势原因导致的流水切割,形成康巴地区河流深切,峡谷高差巨大悬殊的独特地理景观。如大渡河峡谷,为整个康巴东部最深的峡谷;雅砻江峡谷,为康巴地区最长的峡谷;金沙江峡谷,为康巴中部最深的峡谷;怒江峡谷,为康巴西部最深的峡谷。

这些峡谷从谷底到山顶的相对高差一般在 1000—2000 米,但相对高差最高达 5000—6000 米,最典型的代表就是大雪山的主峰有"蜀山之王"之称的贡嘎山,海拔 7556 米,其东坡从大渡河谷底到山顶水平距离仅 29 公里,但相对高差却达 6400 米。另外,如邛崃山岭脊海拔 3000 米以上,其主峰四姑娘山海拔 6250 米,其东南坡相对高差也达到 5000 余米。由于此种"山高谷深,相对高差极大",康巴地区成为"青藏高原山最大、谷最深的地区,也是高原地区

---

① 石硕:《如何认识康区?——康区在藏族三大传统区域中的地位与人文特点》,《西北民族论丛》2015 年第 2 期,第 1—13 页。

② 任乃强:《西康图经·地文篇》,《任乃强藏学文集》(上),中国藏学出版社 2009 年版,第 467 页。

典型的'V'字形高山深谷区"。以至于出现当地所谓"相对可闻声,见面要十天""一山有四季,十里不同天"的奇特现象①。

（三）高原牧场与峡谷农地

当然,康巴地区并不全是如此深切的大峡谷,著名藏学家任乃强先生初入康区时,虽也感叹峡谷之复杂,但慢慢地也发现,在广阔的康巴地区,除峡谷之外,也有其他地貌。他以海拔为界限,大致将康巴地区分为两大块:海拔3000米以上的,称为高原之部,这部分区域"除少数雪岭外,大都为丰腴多脂之浅丘,与宏阔广坦之河谷",分为雪岭、草原(高原牧场)、浅谷(高原农地);海拔3000米以下的,称为峡谷之部,"河谷深陷达3000米以下者,其两岸山巅,每每仍能保持海拔4000米以上之高度。如此之谷,每每成为深邃之峡江",分为深谷和冈两大部分。深谷主要悬崖绝壁的不能耕种之地,即一般所称之深邃大峡谷,以及距离河面100米以下的因河流冲积形成的河原之地、距离河面100—300米的腹原地和距离河面300—800米的肩原之地,可以耕种之土地。"冈"也同样分为两大类:一是距离河面800米以上,可以耕种的土地;二是冈顶不能耕种但适宜放牧的河谷牧场②。

以上高原牧场,即草原主要有理塘草原、祝庆草原、石渠草原、俄洛草原、木雅草原、玉树草原、纳夺草原、三十九族草原和八宿草原等。高原浅谷因多是"宏阔广坦之河谷",形成高原阔谷之农地,主要又甘孜平原、鲜曲平原、比曲平原、贡觉平原、乍丫平原、察龙平原、麻康平原等。此外,在高原浅谷中,也有一些因流水切割,面积相对狭小的河谷,形成小面积的牧场或农耕之地。

总之,就地理环境而言,康巴以大江大河、高大山脉为主要特色,河流不断下切,河谷越发深陷,山谷越发高升;江河、山川和海拔的共同作用、使境内除了深邃峡谷,也有河谷草原、农场。大江大河、高大山脉、深邃峡谷,宽阔草原等,共同构成康巴地区壮丽的地理景色,使其地理环境呈现出多样性和复杂性的显著特征。史籍中,关于康区的各种指代性称呼有"多康三岗""多康六岗"

---

① 参见石硕:《论康区的地域特点》,《西南民族大学学报》(人文社会科学版)2012年第12期,第1—6页。

② 参见任乃强:《西康图经·地文篇》,《任乃强藏学文集》(上),中国藏学出版社2009年版,第471—483页。

"四水六岗"等称呼,实际就是对康巴地区这种地理环境的形象性概括。因为"多"在藏语中意为"水流汇集之地",可以引申为"四通八达的地方"①;"岗"在藏语中意为两水之间的高地或高原;"四水"指怒江、澜沧江、金沙江和雅砻江,"六岗"即指两江之间"以某个地点为中心的一片区域",主要有色莫岗、勃波岗、擦瓦岗、玛康岗、玛扎岗和木雅惹岗,而"三""六"在藏语中,类似于汉语数字"九",具有泛称、概括性的含义,以此代指整个康区地域。②

二、气候条件

康巴地区的气候,除了受经纬度影响外,更主要的是受到地理环境之地势的影响。多样复杂的地理环境,造就了多样、复杂、多变的气候,呈现明显的高原气候特征。

(一) 气温偏低,气候寒冷

海拔越高,空气越稀薄,大气保温就越差,热量更容易散失。因此,气温随着海拔高度的升高而逐渐下降,海拔越高的地方,气温越低,平均而言,海拔每升高 1000 米,气温下降约 6℃。海拔越高的地方,气温下降越明显,海拔 5000 米以上的地方,每上升 1000 米,气温下降 6.8℃,有的地区甚至每升高 150 米可下降 1℃。康巴地区平均海拔 4000 米,与地球上同纬度的其他地区相比,气温平均要低 17℃之多。

高海拔决定了康巴地区气候的基本特征——寒冷。"一年四季中,冬季占了半年以上,春、秋两季约长五个月,夏季则非常短促。就在七八月间也只有中午可以穿夹衣,早晚尤非皮衣棉衣不暖。"③康巴地区海拔较高的理塘、义敦、邓科等地,一年中有三个月的平均气温低于 0℃,最冷时可达零下 20 多摄氏度。极低的气温,导致"土壤冻结,深达三四尺许,温泉之水,出地即凝,堆叠有似银山,朔风长号,生物俱绝,其平均气温,常在 -10℃矣"。④

---

① 任新建:《略论康藏民族关系史中的几个问题》,《康定民族师专学报》1993 年第 1 期,第 4—15 页。

② 参见任乃强、泽旺夺吉:《"朵甘思"考略》,《中国藏学》1989 年第 1 期,第 136—146 页。

③ 吴传钧:《西康省藏族自治州》,生活·读书·新知三联书店 1955 年版,第 24 页。

④ 任乃强:《西康图经·地文篇》,《任乃强藏学文集》(上),中国藏学出版社 2009 年版,第 561 页。

如今天的玉树藏族自治州地区,境内"除东南部少数地区外,其余大部分地区年均温低于 0.0℃,3/5 的地区低于−3.0℃,年均温普遍较低是自治州最主要的气候特征。就各月平均气温而言,在 0.0℃ 以上的时间大都只有 5 个月,而在 0.0℃ 以下的时间却有 7 个月,如果粗略地将至 0.0℃ 的月份作为暖季,把<0.0℃ 的月份作为冷季,显然,玉树没有四季之分,且大部分地区暖季短促,冷季漫长"[①]。甘孜地区也同样"气温低,冬季长,四季不分明。[②]"昌都地区气候也以"寒冷为基本特点"[③]。

不过,除海拔外,地势也对康巴地区的气温产生极大影响。整体而言,康巴因河流深切形成的众多的河谷,海拔相对较低,气温相对较高,据测量统计,河谷地区气温最冷的一月,平度气温也在 0℃ 以上[④]。但河谷也因走向不同,而气温迥异。"西康河谷,南北向者,无不温暖;东西向者,无不寒冷。"[⑤]南北走向的河谷,由于北方有巴颜克拉山等阻挡寒冷空气的侵袭,南方则可迎接来自海洋的温暖气流,气温要温和很多,"与内地相差无几"[⑥]。但东西走向的河谷,因来自南方海洋的温暖气流被山脉阻挡,仅靠阳光照射改变气温,无阳光照射的阴面比阳面寒冷数倍,因此东西向的河谷相对南北向河谷就显得寒冷异常。"例如怒江与澜沧江之上游,在海拔同高之部,澜沧江能农作者,怒江不能耕种。又如康定与雅江,海拔唯独俱相若,而雅江气候温和,农业发达,康定则寒烈殊甚者,其一为横谷,其二为纵谷故也。若夫山脉之东西横亘者,则山阳暖于山阴倍蓰。"[⑦]

---

① 玉树藏族自治州地方志编纂委员会:《玉树州志》(上册),三秦出版社 2005 年版,第164 页。

② 甘孜州志编纂委员会:《甘孜州志》(上),四川人民出版社 1997 年版,第 198 页。

③ 西藏昌都地区地方志编纂委员会:《昌都地区志》(上),方志出版社 2005 年版,第46 页。

④ 参见吴传钧:《西康省藏族自治州》,生活·读书·新知三联书店 1955 年版,第 26 页。

⑤ 任乃强:《西康图经·地文篇》,《任乃强藏学文集》(上),中国藏学出版社 2009 年版,第562 页。

⑥ 任乃强:《西康图经·地文篇》,《任乃强藏学文集》(上),中国藏学出版社 2009 年版,第561 页。

⑦ 任乃强:《西康图经·地文篇》,《任乃强藏学文集》(上),中国藏学出版社 2009 年版,第562 页。

（二）气温多变,温差极大

由于海拔越高,空气越稀薄,云层少,白天地面接收的太阳辐射更多,地面气温迅速上升;夜晚则由于大气对地面的逆辐射作用弱,保温作用差,地面散热极快,气温急剧下降。因此,在康巴地区气温陡升陡降非常明显,一地在一天中的气温变化也极大,"日中甚热,夜中甚冷。夏季晴日,午后两三(点)时间,亦常达20℃—30℃,日落以后,遂降至12℃"①。如德格甘孜等地,"九月廿白天下午气温可高达20℃,而半夜可冷至-5℃,较差达25℃,犹如长江中下游地区冬夏的变化"。如就一年而言,最高气温与最低气温的绝对温度差多在40℃以上,最高时可达50℃。②

康区气温多变,不仅体现在一地、一天之内的气温变化,还体现在相邻地方的气温变化,"不唯全康各属气候万殊,即土地邻接,相隔咫尺,寒暖亦各不同。……如康定至折多山,距城不过六七十里,而康定城中春风和煦,温暖宜人,一至这附近,则天气骤寒,凉风砭骨矣"③,所谓"十里不同天"也。

在康巴,气温的差异还体现在阴面与阳面的区别。即使同处一地,有阳光照射的地方气温也比无阳光照射的地方高出许多,阴处和阳处气温迥然不同。尤其是东西走向的山脉,此种差异更为明显,"若夫山脉东西横亘者,则山阳暖于山阴倍蓰"④。一座山相同高度的地方,山阴一面积雪不化,山阳一面则可能草木繁盛。"甚至有人骑马上,向阳的腿晒得发热,背阳的腿冷得发抖。"⑤

（三）立体气候,垂直变化显著

康巴气候的垂直变化特征,首先体现在整个区域内的垂直变化。在康巴境内,有一条冰雪线,或称为雪线,大致在海拔4800米的位置。南北略有差异,北部雪线比南部高约400米。雪线以上区域,气候干燥,终年积雪不化,即

① 任乃强:《西康图经·地文篇》,《任乃强藏学文集》(上),中国藏学出版社2009年版,第561页。
② 参见吴传钧:《西康省藏族自治州》,生活·读书·新知三联书店1955年版,第28页。
③ 杨仲华:《西康纪要》(上),商务印书馆2004年版,第78页。
④ 任乃强:《西康图经·地文篇》,《任乃强藏学文集》(上),中国藏学出版社2009年版,第562页。
⑤ 吴传钧:《西康省藏族自治州》,生活·读书·新知三联书店1955年版,第28—31页。

永久积雪带,亦称雪山区。雪线之下,邻近雪线的部分,海拔4000米以上的地段,常年备受冷风侵袭,一年之中少雨多雪,有9个月以上的时间都是积雪期,年平均气温不足0℃,为高寒带。这类地区即高原牧场(草原),夏季"雨水丰盛""野草甚茂",冬季则"遍地冰雪,寸草无存"①,占康巴地区的大部分。海拔4000米以下至3400米的地段,则是高原农地区域,属于亚寒带,冬季较长,最长可达6个月,夏季虽炎热但极短,春秋季稍长,适于农作。在这之下,便是西康高原峡谷地区,主要有森林地带和河谷农耕地带,属于温带、暖温带及亚热带气候②。

这种区域性的垂直变化,在一县一区较明显。"大抵一县之中,附近河谷平原之地,气候最为温暖,有时较内地尤热,低山部分温和,高山则渐凉爽,至达四千七八百米以上之山岭,则百物不生,人迹罕至,雪海冰川,供人之远眺而已。"③再比如今天的迪庆藏族自治州境内,即可依据海拔划分为4个气候带:海拔2300米以下的河谷为南温带,年平均气温17℃—11.2℃,四季分明;海拔2300—2800米的地带为中温带,年平均气温11.2℃—10℃,冬长夏短,春秋相连,每年有6个月的时间为冬季,剩下6个月就是春秋,几无夏季;海拔2800—4200米的地带为北温带,也是高寒层,年平均气温10℃—5℃,冬长无夏,春秋短,全年有9个月为冬季,仅6—8月短短的3个月为春秋季;海拔4200米以上为高温带,即冰雪层,年平均气温-5.6℃以下,终年积雪④。

气候垂直变化除了区域性的体现外,在河谷地带这种特征尤为明显。康巴地区因河谷深邃,"大都为V字形状之长槽,其两侧面,每因高度差异,而备四时气候"。在同一纬度上,夏季时节,山脚河谷是夏季,山腰则是秋季,而山顶则是冬季。如泸定一带,在春夏时节,"河面气温已30℃,岸山高处才15℃—16℃,极

---

① 任乃强:《西康图经·地文篇》,《任乃强藏学文集》(上),中国藏学出版社2009年版,第571页。

② 参见任乃强:《西康图经·地文篇》,《任乃强藏学文集》(上),中国藏学出版社2009年版,第471—473、570—572页;石硕:《论康区的地域特点》,《西南民族大学学报》(人文社会科学版)2012年第12期,第1—6页;吴传钧:《西康省藏族自治州》,生活·读书·新知三联书店1955年版,第33—37页。

③ 杨仲华:《西康纪要》(上),商务印书馆2004年版,第78页。

④ 参见刘群:《迪庆藏族自治州志》(上),云南人民出版社2003年版,第122页。

高部则在零下矣"。① 形成所谓的"一山有四季"和"山顶寒冷、山腰暖和、河谷干热"的奇异现象。《西康之实况》一书记载,"大抵山顶极寒,积雪不化,而山谷中,温暖与江南一带相若"②,即是对河谷气候垂直变化的直观描述。

著名藏学家任乃强先生曾以简单的语句总结康巴的气温,"高原以昼夜为冬夏。河谷因纵横判冷暖。坡陀随高下定温差。山岭以阴阳别寒燠"③,真可谓精辟独到。

(四) 降水与风

一般而言,人们或多或少地对康巴的气候产生一种直观的印象——积雪和强烈日照,即就气温而言,要么寒冷,要么干热。实则不然,康巴地区降水量也很丰富。这里的降水量包括雨和雪两种,在康巴降雪多于降雨,不过雨量也很充沛。

康巴地区的降雨,一是与距离海岸线的距离的有关,二是与高度有关。因与海岸线的远近关系,康巴地区降雨量大体上由南向北、由东向西递减。降雨较多的东部地区年降雨量在 1000 毫米以上,较少的北部地区年降雨量约 400 毫米。

就高度关系而言,降雨大多集中在河谷地区,"河谷愈深者,降雨愈多。盖主要致雨之云为下层云,其高度不过 1800 米(距离河面),河谷高过 3000 米者,已不能见此类之云,更不能致疾骤雨也。中层云也能致雨,大都由地面或南来之温暖气流冲犯云层而成。但其雨不能持久,且多属于细雨"。④

河谷地带的雨期一般开始于春末夏初,持续到秋季。春夏之交,因受季风影响,降雨最多,"一场雨往往连下多天,一月之中很少有完全晴朗的日子",以致当地有"四五六淋得哭"的谚语。进入夏季,则多为阵雨和暴雨,一般两三天下一次,且多是短期性和局部性的。⑤ 秋季以后,降雨明显减少,渐渐不

---

① 任乃强:《西康图经·地文篇》,《任乃强藏学文集》(上),中国藏学出版社 2009 年版,第562 页。

② 翁之藏:《西康之实况》,民智书局 1921 年版,第 37 页。

③ 任乃强:《西康图经·地文篇》,《任乃强藏学文集》(上),中国藏学出版社 2009 年版,第562 页。

④ 任乃强:《西康图经·地文篇》,《任乃强藏学文集》(上),中国藏学出版社 2009 年版,第565 页。

⑤ 参见吴传钧:《西康省藏族自治州》(上),生活·读书·新知三联书店 1955 年版,第29 页。

再下雨转而开始下雪,直到次年春夏之交。秋季是康巴地区的雨雪交替的季节,因此时"北风新至时,雪线低而地气亦盛",易形成冰雹,也是雹灾流行的时候,"唯 2000 米以下之河谷无之,而 3000 米地以上最盛",每年都会下冰雹数次①。

康巴之风主要为季风和山谷风。冬季由北向南的季风掠过康巴地区,"势如流星掣电,飞湍走瀑,但闻太空鸣鸣怒号,彻昼彻夜",海拔越高,风力越大,越接近峡谷底部,风力越小。夏季由南向北的季风,因受地势和植被的影响,相对而言,风力要小很多②。季风因受康巴复杂地形的影响,风向紊乱,风力也多变化。

峡谷地区,虽然季风不明显,但山谷风盛行。一年四季,"不分冬夏,每天下午必然发生,但阴天除外(阴天山地和谷地气温气压较低)"。山谷风在春夏之交和秋冬之交,风力较大,平时一般在三四级左右③。这种山谷风在峡谷交汇的地方,风力特别强劲,如丹巴县城之大金川、先进穿、丹东河、旄牛河和大渡河五河汇流的地方,因五条河流形成的河谷宽度相仿,风力大小也相近,相互之间势均力敌,以致"每年三四月间每有怪风起于江中,卷起水柱,腾喷数丈",有"百神戏水"之称④。山谷风的高度一般不会超过 1500 米,风向不固定,昼夜会更换风向。

第二节　原始文明与早期部落联盟

一、康巴先民与原始文明的出现

文明总是伴随着人类的出现而出现,因此,说到康巴地区的原始文明,就

①　参见任乃强:《西康图经·地文篇》,《任乃强藏学文集》(上),中国藏学出版社 2009 年版,第 566、569 页。

②　参见任乃强:《西康图经·地文篇》,《任乃强藏学文集》(上),中国藏学出版社 2009 年版,第 563 页。

③　参见吴传钧:《西康省藏族自治州》,生活·读书·新知三联书店 1955 年版,第 32 页。

④　参见任乃强:《西康图经·地文篇》,《任乃强藏学文集》(上),中国藏学出版社 2009 年版,第 564 页。

不能不提到康巴先民。长期以来,对于康巴先民的出现,存在着"西羌说""南来说"的观点,尤其是"西羌说"长期占据主流。很长时间内,学术界都认为康巴地区无自己的土著居民,而是由于古羌人迁徙到康巴地区,繁衍生息,才有了后来的康巴藏族,即认为古羌人是藏族的祖先,随着时间的推移,考古学的新发现推翻了这一论断。

"考古发掘证明,至少距今1—5万年的旧石器时代晚期青藏高原已有人类居住。"[1]20世纪20年代,一位善于考古研究的西方传教士艾格尔(Edgar)在康定等地采集到一些打磨石器,30年代他又在道孚、炉霍等地采集到一些打磨更加精细的石器和陶片,其中包括磨制极为精细的骨针,表明该时期的古人类已经具有了较高的生产能力[2]。

1978年,考古学者在昌都发现了一处新石器时代的文化遗存,即卡若文化遗址,作为康巴文化的典型代表,其发掘为康巴先民兴起的"土著说"提供了实物依据。

卡若文化遗址发掘出土了当时居民使用的生产生活工具、居住的房屋和饲养的动物等,如打制石器、磨制石器、骨器、陶片、农作物、房屋、动物骨骼等。出土房屋显示,这是一个"氏族公社的聚居地";从出土器物看,其"原始文化具有较浓厚的地方色彩",这种地方特色"与本土的旧石器时代文化是一脉相承的"[3],但与当时已发现的其他地方原始文化相比,具有完全不同的文化内涵。

同时,卡若文化遗址的出土器物和农作物显示,卡若文化也"并非西藏高原上一种孤立发展的原始文化"它与黄河中上游地区的原始文化存在或多或少的联系,而且对康藏高原东部边缘地带的某些原始文化产生了影响。而从时间上看,卡若文化遗址经历了一个相当长的发展,根据碳14测定,其绝对年代在距今5000—4000年之前,遗址中发掘的原始村落"其时代至少绵延了一千余年",要维持如此长时段的定居生活,必须要有一定水平的生产力才能实

---

① 任新建:《论康藏的历史关系》,《中国藏学》2004年第4期,第84—91页。
② 参见叶长青:《西康的石器时代遗存》,《华西边疆研究学会杂志》1933—1934年第1卷。
③ 西藏自治区文物管理委员会、四川大学历史系:《昌都卡若》,文物出版社1985年版,第149、155页。

现。总之,从卡若文化显示的文化内涵、生产力水平来看,康巴先民创造的远古文明,卡若文化也因此成为康巴地区远古文明的主要代表①。

考古学者推测,"卡若文化是一种吸收了西北氐羌系统文化而发展起来的土著文化",并据此对藏族先民的起源进行了新的思考和推测,认为西藏的原始先民中可能有两种因素:一种是土著居民,其定都在西藏的时代大约在旧石器时代的晚期,主要以游牧和狩猎为业;另一种是迁徙到此地的氐羌民族,主要从事农业生产,认为"西藏以后的种族和文化,有可能就是在以这两者为主体,再接受其他的因素综合而成的"②。

古羌人的迁徙始于新石器时代,综合卡若文化的时间段,这一推测是完全合理的,这就推翻了康藏先民的"西羌说"和"南来说",而"土著说"则逐渐得到认可。

二、早期部落联盟

(一)"旄牛羌"和"笮都夷"

在上古时代,青藏高原还没有如今的高度,气候也与今天截然不同,高原气温适宜,水草茂盛,古羌人最初就生活在这个高原的北部地区,以畜牧业为主,如驯养旄牛、山羊等。后来由于青藏高原海拔不断攀升,气候随之变得寒冷、干燥,大致在新石器时代,这种气候的变化促使古羌人开始离开他们世代居住的地方逐渐向东、向南迁徙。向南迁徙的古羌人,主要沿着金沙江、雅砻江、岷江和大渡河四大河谷行走,他们中的一部分停留在今天的康巴地区,另一部分继续向南进入今天的云南境内。

除了气候变迁外,战争也是促使古羌人大规模迁徙的重要原因。春秋战国时期,随着秦国势力的强大,秦穆公时期(公元前 659—前 621 年)、秦献公时期(公元前 384—前 362 年)以及秦孝公时期(公元前 361—前 338 年)都曾出兵攻打古羌人。据《后汉书·西羌传》记载,古羌人"畏秦之威"向南迁徙,

---

① 参见西藏自治区文物管理委员会、四川大学历史系:《昌都卡若》,文物出版社 1985 年版,第 149—154 页。

② 西藏自治区文物管理委员会、四川大学历史系:《昌都卡若》,文物出版社 1985 年版,第155—156 页。

秦孝公时期,甚至"众羌无不复南度"之说。

这些向南迁徙停留在康巴地区的古羌人,与原来生活在康藏地区的先民融合,因他们善于驯养旄牛,旄牛又是他们主要的生产和生活资料,在汉文史籍中被称为"旄牛羌","是康区各民族的共同祖先"①。

"旄牛羌"虽然在历史上出现的时间较早,但他们的名称是"在汉代中叶以后才见诸文献。在这之前,他们被称作'筰'人",也写作"筰""莋"。"筰"为竹索之意,他们主要生活在大渡河两岸,依靠溜索往来于大渡河两岸而得名②。筰人生活的地域,汉文文献中称为筰都。

《史记·西南夷列传》是最早对筰都进行记录的文献,"西南夷君长以什数,夜郎最大;其西靡莫之属以什数,滇最大;自滇以北君长以什数,邛都最大,此皆魋结,耕田,有邑聚。其外西自同师以东,北至楪榆,名为嶲、昆明,皆编发,随畜迁徙,毋常处,毋君长,地方可数千里。自嶲以东北,君长以什数,徙、筰都最大;……此皆巴蜀西南外蛮夷也"。可见,筰都夷是一个很大的部落。

据任新建先生考证,筰都夷的主要活动在康区东南部的大渡河两岸,北抵金川,南达冕宁、越西一带,活动范围广泛,"是当时大渡河两岸最大的族群,其种落有百余个"③。同时,石硕先生考证指出,汉武帝时期筰都夷的中心区域在今雅安市的汉源、荥经、芦山、宝兴等地④。

进入汉代以后,随着汉朝势力日益强盛,汉武帝时期开始向西南用兵,原西南夷的众部落纷纷归附汉王朝,汉武帝在这些地方推行郡县制。据《后汉书·西南夷列传》记载,汉武帝以司马相如西南招抚使,招降了筰都夷部落,并在这里设置沈黎郡,郡治筰都。由于沈黎郡内部"叛复无常",加上所设各县之地部落以游牧为主,"人无定居,县不能立"⑤,14 年后汉废除沈黎郡,改

---

①　格勒:《康巴史话》,四川美术出版社 2014 年版,第 40 页。

②　参见任新建:《论康区民族史中的几个问题》,《康巴历史与文化》,巴蜀书社 2014 年版,第 75 页。

③　任新建:《论康巴文化形成的历史地理背景》,《康巴历史与文化》,巴蜀书社 2014 年版,第 284 页。

④　参见石硕:《汉代的"筰都夷"、"旄牛徼外"与"徼外夷"——论汉代川西高原的"徼"之划分及部落分布》,《四川大学学报》(哲学社会科学版)2004 年第 4 期,第 112—116 页。

⑤　任乃强:《华阳国志校补图注》,上海古籍出版社 1978 年版,第 179 页。

设蜀郡西部督尉两个,治所分别是旄牛(今汉源县一带)和青衣(今芦山县)。所谓"莋都夷者,武帝所开,以为莋都县①……元鼎六年(公元前111年),以为沈黎郡。至天汉四年,并蜀为西部,置两都尉:一居旄牛,主徼外夷;一居青衣,主汉人"。《华阳国志·蜀志》也记载:"元鼎六年……西部筰(都)为沈黎郡……天汉四年,罢沈黎,置两部都尉,一治旄牛,主外羌;一治青衣,主汉民。"

沈黎郡下辖21个县,"大都为康区东部及大渡河两岸的筰人地区"。在汉代,"旄牛"和"筰马"等成为"筰人"与西南夷其他部落和巴蜀商人交换的主要产品,而且交易量相当大,以至于巴蜀商人因此而"殷富"。正是由于这个时期旄牛成为筰人与外界交换的主要物品,"'旄牛羌'一名才取代'筰'人之名"②。"筰都夷"的称谓也随之被取代,代之以"旄牛羌"或"旄牛夷"。因此,所谓"筰都夷",即"旄牛夷",是汉文史籍中对生活在同一地区部落族人在不同时期的称呼。

不过,关于"筰人"("筰都夷")与"旄牛羌"的关系,也有一些其他的看法,如段渝认为:"莋都是旄牛羌的一支,当是旄牛种之白狗羌"③,此说当时依据《后汉书·大宛传·正义》中"莋,白狗羌也"的记载。但也有人认为旄牛夷是筰都夷的一部,如"筰都的旄牛夷,以善于畜养旄牛著名"④。

进入汉代后,旄牛羌的活动范围相比筰都夷而言进一步扩大,到达雅砻江流域,逐渐形成以西昌为中心,包括今凉山州、雅安市,甘孜的泸定、九龙、康定,阿坝的金川,以及云南丽江、迪庆部分地区在内的广大地区。此时,旄牛羌也逐渐由以畜牧业为主的"随畜迁徙"的游牧生活,进入以农业为主的定居阶段,开始种植农作物如水稻、小麦、麻和桑蚕等,并兴起手工业,如冶铁和炼铜,

---

① 莋都县的位置,一说是在今泸定县沈村一带,一说是在原青衣县,即今芦山、宝兴一带。详见任乃强:《华阳国志校补图注》,上海古籍出版社1978年版,第203页;任新建:《康巴历史与文化》,巴蜀书社2014年版,第285页;石硕:《汉代的"莋都夷"、"旄牛徼外"与"徼外夷"——论汉代川西高原的"徼"之划分及部落分布》,《四川大学学报》(哲学社会科学版)2004年第4期,第112—116页。

② 任新建:《论康区民族史中的几个问题》,《康巴历史与文化》,巴蜀书社2014年版,第75页。

③ 段渝:《西南夷考释》,《天府新论》2012年第5期,第119—127页。

④ 得荣·泽仁邓珠:《藏族通史·吉祥宝瓶》,西藏人民出版社2001年版,第82页。

人口也日益增多,商业交换频繁,城镇开始兴起。

(二)"旄牛徼外"和"白狼"部落

汉代撤销沈黎郡后,分设旄牛都尉和青衣都尉,治所分别在旄牛县(今汉源县)和青衣县(今芦山县)。旄牛都尉"主徼外夷",说明西汉政权对西南夷的众多部落存在"徼外"和"徼内"之分。"徼内"即汉朝中原政权直接统治的地方,"而在'徼外'地区,虽然设县,但未能进行直接统治"①,西汉最初所设沈黎郡所管辖的地区就包括了"徼外"的大部分地区。但因这些地方部落众多,且多数还过着游牧迁徙的生活,以致所设之县无法维持,被迫撤销,但西汉政权并不愿意就此放弃这些地方,因而设旄牛都尉进行管理。旄牛县是当时西汉政权直接控制的边界县,因此西汉将"主徼外夷"的都尉治所设在旄牛县,也由此而有了"旄牛徼外"的称呼。换言之,"旄牛徼外"是对旄牛县以西,不被汉朝中央政权直接统治的众多部落的总称,这些部落与汉朝之间存在相当程度的联系和交往。

"旄牛徼外"的地理范围相当广阔,大致位于今大渡河以西,包括今甘孜藏族自治州在内的广大地区,"原来沈黎郡所辖的牦牛夷地方都包括在内"②。首次对"旄牛徼外"的部落进行记述的汉文史籍是南朝历史学家范晔的《后汉书·南蛮西南夷列传》,其记:"永平中,益州刺史梁国朱辅,好立功名,慷慨有大略。在州数岁,宣示汉德,威怀远夷。自汶山以西,前世所不至,正朔所未加。白狼、槃木、唐菆等百余国,户百三十余万,口六百万以上,举种奉贡,种为臣仆。"又记:"和帝永元十二年,旄牛徼外白狼、楼薄蛮夷王唐缯等,遂率种人十七万口,归义内属。"这里所列举的白狼、槃木、唐菆等,乃"旄牛徼外"在汉代归附的部落;而"百余国",实际是指百余个部落,并非真正意义上的"国"。

《后汉书·南蛮西南夷列传》还提到东汉明帝时,"永平中……白狼王唐菆等慕化归义,作诗三章",此处的"作诗三章",即后世流传的《白狼歌》,"白狼"部落正是因为其内附时进献的《白狼歌》而驰名中原。

"白狼"部落,在史籍中,一般称为"白狼夷",也称为"白狼国"。有学者

---

① 石硕:《汉代的"筰都夷"、"旄牛徼外"与"徼外夷"——论汉代川西高原的"徼"之划分及部落分布》,《四川大学学报》(哲学社会科学版)2004年第4期,第112—116页。
② 任新建:《论康区民族史中的几个问题》,《康巴历史与文化》,巴蜀书社2014年版,第77页。

认为"白狼夷"在族源上是羌族的一支,是在羌族南迁的过程持续南下,"到达川滇边区后逐渐改成以农为主的羌部"①。现在一般认为"白狼"部落位于今天甘孜藏族自治州的理塘和巴塘一带②。不过有学者也根据《后汉书·南蛮西南夷列传》白狼归附时"路经邛崃大山零高坂,峭危峻险,百倍岐道"的记载,推测"白狼等部当时应在大渡河岸一代。后来历经迁徙,辗转分散到康南的巴塘、理塘、木里和盐源、宁蒗、丽江一带",才使得"方志中多有称理塘、巴塘为'古白狼国地'之说"③。

"白狼"部落从东汉明帝起,与中原王朝的联系明显增加,而其归附时进献的《白狼歌》:"帝嘉之,事下史官,录其歌焉。"明帝让史官誊录《白狼歌》显示出汉朝政权对归附的"白狼"部落的重视,格勒博士认为这说明"白狼"部落"在牦牛徼外地区 100 多个部落中有着举足轻重的地位和作用"④。学者对《白狼歌》记录的白狼语言进行考证,发现与今天普米族的语言有相近之处,与嘉绒藏族的语言也有关系,多数学者认为"白狼"部落应属于藏缅语系。吐蕃兴起以后,"白狼"部落被吐蕃兼并,自唐以后,史籍中再无"白狼"部落的记载。

汉以后,魏晋南北朝时期,康巴地区还有很多其他的部落或部族,如附国、党项、白兰、东女国、宕昌、嘉良夷等几十个之多,随着吐蕃的兴起,这些部族大多被吐蕃兼并。

第三节　唐蕃争夺与羁縻州的设立

一、唐与吐蕃争夺康巴地区

早在隋朝时期,康区就有附(bù)国存在。"隋之附国,为党项族(羌族)

---

①　任新建:《白狼、白兰考辨》,《康巴历史与文化》,巴蜀书社 2014 年版,第 43 页。

②　关于"白狼"部落的地理位置,详细可参见格勒:《康巴史话》,四川美术出版社 2014 年版,第 44—45 页;任新建:《白狼、白兰考辨》,《康巴历史与文化》,巴蜀书社 2014 年版,第 35—44 页;得荣·泽仁邓珠:《藏族通史·吉祥宝瓶》,西藏人民出版社 2001 年版,第 79 页。

③　任新建:《论康巴文化形成的历史地理背景》,《康巴历史与文化》,巴蜀书社 2014 年版,第 284 页。

④　格勒:《康巴史话》,四川美术出版社 2014 年版,第 44—45 页。

之农业古国。国都在今甘孜附近一带。辖地包今道孚、炉霍、甘孜、德格、邓柯、康定、白玉、丹巴等县。为一狭长农业地带。"①

地处四川西面的康藏高原，隋唐时称为西山。这里有很多古羌人的部落，习惯上称为西山诸羌。其中又以"西山八国"最为著名。西山八国即东女国、哥邻国、白狗国、逋祖国、南水国、悉董国、清远国、咄坝国。②（另有一弱水国，因势力较小，未能列入西山八国。）东女国为西羌别部所建，"其王居康延川"，"康延川"即今昌都地区，故"其地当在今西藏昌都地区及四川甘孜藏族自治州西部"。哥邻国即隋唐之嘉良，其遗裔即今川西北之嘉绒藏人（今阿坝州之汶川、理县、马尔康、小金、金川、壤塘及甘孜州之丹巴以及雅安市之宝兴等县内之居民）。白狗国在今阿坝州理县杂谷脑一带。逋祖国在今阿坝州茂县、汶川一带。南水即黑水，故黑水国当在今阿坝州黑水县一带。弱水即澜沧江，故"弱水西"悉董国，其地当在今藏东怒江及其支流鄂宜河一带。清远国与咄坝国"虽不能确指其所在，知其地亦在藏东昌都地区西部一带"。弱水国当在"今藏东察雅、芒康（竹卡）一带"。③ 由此可见，东女国、悉董国、清远国、咄坝国、弱水国确在今康巴藏族聚居区。

进入 7 世纪，唐朝和吐蕃分别崛起。618 年，李渊建立唐朝，定都长安（今陕西西安）。此后，经过李渊、李世民父子的征讨，消灭了其他争雄势力，于 628 年完成了中原地区的统一。与此同时，在我国青藏高原，雅鲁藏布江中段南岸的悉补野部落逐渐强大起来，在该部落杰出领袖松赞干布（汉文史籍作"弃宗弄赞"）的领导下，先后征服其他各部，约于 644 年，完成了统一的大业。"吐"为汉语"大"字的唐音；"蕃"音 bó，吐蕃人自称

---

① 任乃强：《附国非吐蕃——与岑仲勉先生商榷》，载《任乃强民族研究文集》，民族出版社 1990 年版，第 210 页；李绍明先生的《唐代西山诸羌考略》[《四川大学学报》（哲学社会科学版）1980 年第 1 期]一文中认为，"附国非吐蕃以外之另一国，而系其东部领地者"，"东境已达川西甘孜州东部"。两相比较，虽然两位先生对附国与吐蕃是否为一国有争论，但都认为，附国的地理位置应在今甘孜州境内。

② 关于"西山八国"的考证，可参见吕思勉：《吕思勉读史札记》，上海古籍出版社 1982 年版，第 1074—1078 页。

③ 以上"西山八国"的地望考订，可参见李绍明：《唐代西山诸羌考略》，《四川大学学报》（哲学社会科学版）1980 年第 1 期，第 83—95 页。

"博巴"。①

（一）松州之战与公主和亲（618—650年）

两个强大政权,必然发生交流融合和摩擦碰撞。634年,松赞干布派遣使者向唐太宗进贡,并向太宗"请婚"。由于受吐谷浑的干扰,唐太宗犹豫不决,没有立即答应。638年,松赞干布"帅众二十余万",进攻松州（今四川松潘）,理由是"来迎公主"。唐太宗决心反击,命吏部尚书侯君集等率兵征讨。唐军先锋牛进达"掩其不备,败吐蕃于松州城下,斩首千余级"。② 松赞干布惶遽退兵,但仍要求通婚。唐太宗审时度势,同意了这一要求,将宗室女文成公主嫁给了松赞干布,促成了汉藏之间的友好往来。641年,文成公主在礼部尚书江夏王李道宗的护送下,入吐蕃与松赞干布完婚。松赞干布"慕中国衣服、仪卫之美",逐渐开始学习中原文化,"遣子弟入国学,受《诗》、《书》"。在唐太宗、松赞干布、文成公主的努力下,唐蕃之间维持了将近十年的友好关系。

（二）唐蕃交战（650—750年）

649年,唐太宗驾崩。650年,松赞干布去世,其孙芒赞即位为赞普。"赞普幼弱,政事皆决于国相禄东赞。"禄东赞为使吐蕃进一步强大起来,决定对唐朝及其藩属国用兵。从此,唐蕃走上争斗的道路。据学者分析,唐蕃斗争主要发生在四个地区:一是争吐谷浑,二是争西域之安西四镇,三是争南诏,四是争河陇地区（即河西道和陇右道）。③ 其实,康巴也是唐朝和吐蕃争夺的一个地区。

667年,吐蕃攻取生羌十二州。其强盛时,势力曾东达唐朝的松（今松潘）、茂（今茂县）、雅（今雅安）、黎（汉源）、嶲（西昌）诸州。康巴地区的诸部落,也臣服于吐蕃。据敦煌吐蕃文书记载,678年,"赞普（赤都松赞）……隆冬于'邓'集会议盟"。④ 据专家考证,"邓"应该就是邓柯县（今德格县西北）。⑤

① 参见任乃强:《释吐蕃》,载氏著《川大史学·任乃强卷》,四川大学出版社2006年版,第568—576页。

② 苏晋仁编:《通鉴吐蕃史料》,西藏人民出版社1982年版,第4页。

③ 参见马大正:《公元650—820年唐蕃关系述论》,《民族研究》1989年第6期,第69—78页。

④ 王尧、陈践译注:《敦煌本吐蕃历史文书》,民族出版社1992年版,第147页。

⑤ 康定民族师专编写组:《甘孜藏族自治州民族志》,当代中国出版社1994年版,第3页。

唐朝政府为加强对康巴地区的统治,防止吐蕃蚕食,于仪凤二年(677 年),唐置大渡县,隶属雅州。① 据任乃强先生考证,"唐大渡县为今泸定县地","县治为今沈村"。② 垂拱四年(688 年),武则天欲"自雅州开山通道",经过今康巴地区,"出击生羌,因袭吐蕃"。陈子昂上书,认为这种做法"为贼除道",得不偿失。于是武则天停止了这项行动。③

　　吐蕃强盛时期,其势力曾东达唐王朝的松(松潘)、茂(茂县)、雅(雅安)、黎(汉源)、巂(西昌)诸州,康巴地区几乎完全在吐蕃统治之下。④

　　(三) 吐蕃与南诏联兵攻唐(750—907 年)

　　750 年,位于今云南地区的南诏,由于自身发展的需要和唐朝边地官员的狂妄昏庸,其首领阁罗凤起兵反唐。在吐蕃的支持下,南诏于 752 年和 754 年两次大败唐军,重创唐朝的军事力量,并且北进"取巂州(今四川西昌)会同军(今四川会理),据清溪关(今四川汉源县南)"。⑤ 755 年,安史之乱爆发后,唐朝政府集中力量对付东边的安史叛军,疏于对吐蕃的防范。广德元年(763 年),吐蕃在攻入长安的同时,也向西川进攻。西川节度使高适练兵出击,结果大败,"吐蕃陷松(治今松潘)、维(治今阿坝理县)、保(治今理县)三州及云山新筑二城"。⑥ 次年(764 年),高适被召回京,严武再镇西川,当年先后攻取当狗城和盐川城(皆在今理县东)。此后,吐蕃仍不断进攻西川。777 年,"吐蕃寇黎(治今汉源县)、雅(治今雅安)州"。大历十四年(779 年),"吐蕃与南诏合兵十万,三道入寇,一出茂州,一出扶、文,一出黎(今汉源县)、雅(今雅安)"。唐德宗命李晟率军反击,"李晟追击于大渡河外",大破吐蕃、南诏联军。但由于吐蕃与南诏联合攻唐,西川的军事形势仍十分紧张。

　　贞元三年(787 年),宰相李泌献策"北和回纥,南通云南,西结大食、天竺,如此,则吐蕃自困",唐德宗采纳了这一建议。南通云南,即争取南诏的任务,

----

① 参见欧阳修、宋祁:《新唐书》卷 42《地理志六》,中华书局 1975 年版,第 1084 页。
② 任乃强:《泸定考察记》五十《唐大渡县考》,载《任乃强藏学文集》(中册),中国藏学出版社 2009 年版,第 244—245 页。
③ 参见苏晋仁:《通鉴吐蕃史料》,西藏人民出版社 1982 年版,第 32—33 页。
④ 参见格勒:《甘孜藏族自治州史话》,四川民族出版社 1984 年版,第 49 页。
⑤ (宋)欧阳修、宋祁:《新唐书》卷 222 上《南蛮上》,中华书局 1975 年版,第 6271 页。
⑥ 苏晋仁:《通鉴吐蕃史料》,西藏人民出版社 1982 年版,第 119 页。

由西川节度使韦皋(746—805年)负责执行。韦皋首先招抚东爨首领,通过他们从中斡旋,掌握南诏王异牟寻的动向。又先后取得清溪关(788年)、嶲州(789年)、峨和城(794年)、雅州(801年)、维州(802年)等战役的胜利。贞元九年(793年),西山八国"各率其种落,诣剑南西川内附"。其次,成功离间了吐蕃与南诏的关系,促使南诏降唐。793年,异牟寻派出三批使者到达成都,致书韦皋,表示"愿竭诚日新,归款天子"。次年(794年),韦皋派使者与异牟寻父子会盟于点苍山,南诏立誓永不叛唐,史称"点苍山会盟"。会盟后,南诏大破吐蕃于神川(今云南丽江塔城),夺其城邑十六座,将吐蕃势力全部赶出云南。唐朝与吐蕃在争夺康区的斗争中,一时占了上风。

可惜后来南诏权臣蒙嵯巅撕毁盟约,于829年倾南诏兵力,进攻西川,陷嶲州、邛州(今四川邛崃),直抵西南重镇成都。"自成都以南、越嶲以北,八百里间,人畜为空。"①太和四年(830年),李德裕任西川节度使,他积极巩固边防,训练士卒,修理兵器,并于次年(831年),成功招降了维州(维州自759年被吐蕃攻陷)。由于李德裕与牛僧孺的矛盾,朝廷竟"以其城归吐蕃"。②

而后不久,吐蕃也渐渐分崩离析。838年,吐蕃赞普墀祖德赞遇弑;842年,朗达玛遇弑,吐蕃陷入内乱之中,无力再争夺康区。869年,康区的甘孜、德格、昌都一带,爆发了一场震动全藏的大规模起义,藏文史籍称为"邦金洛"起义。起义队伍攻下康区后,一路打到拉萨,强盛一时的吐蕃王朝被彻底摧毁。902年,南诏被权臣篡位。907年,唐朝也被藩镇朱温灭亡。中原地区和青藏高原几乎同时陷入混乱之中,谁也无力再争夺康巴地区了。③

二、羁縻州的设置与变化

(一)唐代羁縻州的设置

羁縻州是唐代于周边少数民族内附部落中设置的一种特殊行政区域,

① 尤中:《云南民族史》,云南大学出版社1994年版,第208页;方国瑜:《云南民族史讲义》,云南大学出版社2013年版,第442页。

② 关于"维州事件"是非功过的讨论,可参见傅璇琮:《李德裕年谱》,河北教育出版社2001年版,第181—188页。

③ 参见格勒:《甘孜藏族自治州史话》,四川人民出版社1984年版,第55—56页。

包含羁縻都护府、都督府、州、县四级。习惯上总称羁縻州,又称蕃州。唐高祖武德年间开始在今四川等地设置少数羁縻州,唐太宗贞观年间大量设置,并定制称为"羁縻州"。正如《新唐书·地理志七下》载:"唐兴,初未暇于四夷,自太宗平突厥,西北诸蕃及蛮夷稍稍内属,即其部落列置州县,其大者为都督府。以其首领为都督、刺史,皆得世袭。虽贡赋版籍,多不上户部,然声教所暨,皆边州都督、都护所领,著于令式。"①这是对唐朝羁縻州的概括。

贞观元年(627 年),唐朝将全国分为十道,今四川一带称剑南道。② 开元二十一年(733 年),又进一步划分为十五道③,四川一带为剑南道(今四川中部;云南北部中部)与山南东道(今四川省嘉陵江、渠江流域)。据《新唐书·地理志七记》记载,剑南道下辖松州都督府、茂州都督府、巂州都督府、雅州都督府、黎州都督府、戎州都督府、姚州都督府、泸州都督府 8 个都督府。其中,雅州都督府和黎州都督府下辖的羁縻州多在今康巴地区。有学者分析,雅州都督府下辖的当马州、林波州、中川州、林烧州、钳矢州、会野州"约治今四川康定县一带";当仁州、金林州、东嘉良州、西嘉良州"约治今四川小金县境内";东石乳州、西石乳州、涉邛州、汶东州、费林州、徐渠州、强鸡州、长臂州、杨常州、罗岩州"治今四川泸定县北"。黎州都督府下辖的上贵、贵林、米川、归化、上钦、合钦、河东、大渡等州"约在今四川石棉、汉源等县以西",可见都位于今天四川的甘孜藏族聚居区。④

(二) 宋代羁縻州的"虚像"

960 年,赵匡胤建立北宋政权,是为宋太祖。964 年,宋太祖命大将王全斌等挥师南下,次年(965 年)便消灭了割据两川的后蜀孟氏政权。相传王全斌平蜀

---

① (宋)欧阳修、宋祁:《新唐书》卷 43 下《地理志七下》,中华书局 1975 年版,第 1119 页。清代史学家王鸣盛在《十七史商榷》卷 79《羁縻州》条中认为:"羁縻州,《旧志》(按:指《旧唐书·地理志》)各缀于每道之下,殊觉冗赘,《新志》(按:指《新唐书·地理志》)改为总聚于后,别立一目,较为明净。"故本节叙述以《新唐书·地理志》为主,参考《旧唐书》等史料。

② "贞观十道"指关内、河南、河东、河北、山南、陇右、淮南、江南、岭南、剑南。

③ 即将江南道分为江南东道、江南西道、黔中道,山南道分为山南东道、山南西道。

④ 参见吴松弟:《两唐书地理志汇释·新唐书地理志》,安徽教育出版社 2002 年版,第 309—315 页。

后,准备乘胜攻取云南,宋太祖下令阻止,他"以持玉斧画舆图,自大渡为界曰:此外吾不有也"。史称"宋挥玉斧"。① 因此,位于大渡河以西的康巴地区,宋朝就无法直接控制了。

宋代地方政权实行路、府(州军监)、县三级管理模式。今四川地区的路级行政机构有四处:成都府路、潼川府路(梓州路)、利州路、夔州路。川峡四路,简称四川。康巴地区的羁縻州主要由成都府路下辖的黎州、雅州"管理"。在《太平寰宇记》《元丰九域志》以及元修《宋史》中,都详细记载了黎州(治今四川汉源)和雅州(治今四川雅安)的羁縻州情况。其中,《宋史·地理志》记载黎州"领羁縻州五十四",雅州"领羁縻州四十四",其具体方位多在今四川甘孜、阿坝、凉山三州。② 但宋代的羁縻州与唐代很不相同,宋代的羁縻州与中央政府除了极少的朝贡关系外,"史籍所载的部分羁縻州入宋以来已名存实亡",而黎州、雅州等宋朝所领的羁縻州就是其中的典型。③ 对康巴地区真正形成有效统治是从元朝开始的。

唐蕃关系史年表简编

公元年	年号纪年	史　　事
638	贞观十二年	松州之战
641	贞观十五年	文成公主入藏
663	龙朔三年	吐蕃灭吐谷浑
667	乾封二年	吐蕃破生羌十二州
670	咸亨元年	吐蕃陷西域十八州,唐罢安西四镇。大非川之战
688	垂拱四年	陈子昂谏开雅州山道击生羌
692	长寿元年	王孝杰大破吐蕃,复安西四镇
696	万岁通天元年	素罗汉山之战。吐蕃求四镇十姓,郭元振献计拒之

---

① (宋)王象之:《舆地纪胜》卷146,中华书局2003年版。近年来有学者认为"宋挥玉斧说系虚构",参见周立志:《"宋挥玉斧"再认识》,载姜锡东主编:《宋史研究论丛》(第15辑),河北大学出版社2014年版,第284—302页。但大渡河以西、以南,宋朝的确无法控制。

② 参见郭黎安:《宋史地理志汇释》,安徽教育出版社2002年版,第196—198页。

③ 参见刘复生:《宋代的羁縻州"虚像"及其制度问题》,《中国边疆史地研究》2007年第4期,第1—7页。

续表

公元年	年号纪年	史　　　事
700	久视元年	洪源之战
707	景龙元年	金城公主入藏
733	开元二十一年	赤岭立碑
759	乾元二年	吐蕃陷维州
763	广德元年	吐蕃入长安，郭子仪反攻。吐蕃陷松、维、保三州
764	广德二年	严武拔当狗城、盐川城
765	永泰元年	第一次兴唐寺会盟
767	大历二年	第二次兴唐寺会盟
779	大历十四年	吐蕃与南诏合兵入寇，李晟追击于大渡河外
783	建中四年	清水会盟。朱泚陷长安，韦皋遣使求援于吐蕃
785	贞元元年	韦皋镇蜀
787	贞元三年	吐蕃寇陇州。平凉劫盟 李泌献策，联回纥、云南、大食、天竺，以困吐蕃
788	贞元四年	清溪关之战
789	贞元五年	巂州之战
793	贞元九年	西山八国降唐
794	贞元十年	唐诏点苍山会盟。韦皋破吐蕃于峨和城
800	贞元十六年	马定德降唐
801	贞元十七年	韦皋大破吐蕃于雅州
802	贞元十八年	维州大捷
805	永贞元年	韦皋薨
819	元和十四年	盐州之战
820	元年十五年	吐蕃寇灵武、盐州、泾州、雅州
821	长庆元年	长庆会盟
822	长庆二年	
830	太和四年	李德裕任西川节度使
831	太和五年	悉怛谋事件
838	开成三年	吐蕃彝泰赞普被弑，朗达磨即位
843	会昌三年	李德裕追论悉怛谋事件
851		张义潮归唐

第四节　元、明、清时期的行政建制

一、元代"土官治土民"与土司制度的形成

康巴地区因自古多部落,小部落割据意识相对浓厚。吐蕃崛起后,先后吞并了康巴地区的许多部落。在唐与吐蕃争夺康巴期间,康巴地区原有的部落要么依附唐朝中央政府,要么依附吐蕃政权。但9世纪下半叶,吐蕃崩溃,半个世纪以后,唐朝灭亡,两大政权均进入分裂期,康巴地区的众多部落又陷入互不相属的分裂局面。宋朝沿袭唐制,以羁縻州加以笼络,而并未结束这种部落割据的分裂局面。直到元朝建立初期,康巴地区仍然"处于各部落头人占地为王、各自为政、互不统摄的割据状况"①。

元朝甫建,对康巴地区继续沿用羁縻之策,采取"因其俗而柔其人"的治理方式。忽必烈在经过康区进攻云南的过程中,便诏谕各部落率其人民入附,宣布:凡归附者,均授给世袭官职,并颁给"玺书记金银符"予以确认。此即以"土官治土民"的土司制度之始。这一政策取得极好的效果,"西康各部,遂入于元"②,结束了康巴地区各部落分裂割据的局面。

元朝对归附的土司划分等级,主要的土司职官有"宣慰司、宣抚司、安抚司、招讨司"和"长官司"等,其中"宣慰司"为最大的土司。据《元史》记载:"宣慰司,掌军民之务,分道以总郡县,行省有政令则布于下,郡县有请则为达于省。有边陲军旅之事,则兼都元帅府。"③说明"宣慰司"在行政职能上是介于行省与郡县之间的负责上传下达的行政机构,如果兼有军权,则称为"宣慰司都元帅府"。

元代在康藏地区一共设置了吐蕃等处宣慰使司都元帅府、吐蕃等路宣慰使司都元帅府和乌思藏纳里速古鲁孙三个宣慰使司都元帅府,作为管辖康藏地区的地方最高行政机构,并兼摄军权。其中,吐蕃等路宣慰使司都元

---

① 格勒:《康巴史话》,四川美术出版社2014年版,第102页。
② 杨仲华:《西康纪要》(上),商务印书馆2004年版,第24页。
③ (明)宋濂:《元史》卷91志第四十一上《百官七》,中华书局1976年版。

帅府管理范围包括青海玉树、果洛二州,四川甘孜、云南迪庆和西藏昌都的全部,以及四川阿坝的部分地区,范围与一般所称的康区相近。因这个范围"主要是朵甘思地区",因此吐蕃等路宣慰使司都元帅府又简称为"朵甘思宣慰司"①。

元朝规定宣慰使司都元帅"秩从二品,使三员,同知二员,副使二员,经历二员,知事二员",吐蕃等路宣慰使司都元帅除有宣慰使4员、副使1员外,其余皆与此同。其下有朵甘思田地里管军民元帅府,治所在今德格境内;剌马儿刚等处招讨司,治所在今芒康县;奔不田地里招讨司,治所在今巴塘境内;亦思马儿甘万户府,治所在今白玉县境内;以及奔不儿赤思刚百户、朵甘思哈答、鱼通路万户府、六番招讨司等②。

这些土司均由朝廷任命,职位世袭,在各自的辖区内行使管辖的权力。元朝对土司的任命、承袭、升迁、惩处、职责、义务等都做了规定。如土司官职需由"朝廷正式赐予诰敕(任命书)、印章、虎将、驿传玺书与金(银)字圆符等信物"后才正式生效③;再如土司即经朝廷任命,就需按规定向朝廷纳贡和纳赋,以象征土司臣服于元朝的统治,其所管辖地区是元朝版图的一部分。

土司制度的确立,在一定程度上有利于维护中央政权对康巴地区的统治,"终元之世,陇蜀边境,烽镝不惊"④之说,即是对土司制度在维护中央对边疆地区统治上积极成效的描述。

二、明代土司制度的完备

元代形成的土司制度,在对边疆的治理上虽有积极的一面,但也有不足之处。土司各自发展自己的势力,相互争夺,实力强大时或不遵中央王朝,以及

---

① 任新建、泽旺夺吉:《"朵甘思"考略》,《中国藏学》1989年第1期,第136—146页。"朵甘思"的地域范围,据任新建先生考证,主要指青海西南部、西藏东部、四川西部及云南迪庆州的一部。大致相当于今青海之玉树、果洛二州,四川的甘孜州、西藏的昌都地区及云南的中甸、维西、丽江等地。

② 参见格勒:《康巴史话》,四川美术出版社2014年版,第101—102页。

③ 参见龚荫:《中国土司制度》,云南民族出版社1992年版,第32页。

④ 杨仲华:《西康纪要》(上),商务印书馆2004年版,第26页。

人民反叛的事件也时有发生。因此,明初的统治者曾试图放弃这一制度,通过军事策略彻底将其纳入中央王朝的统治之中,但却引起更加强烈的反抗,无奈之下,只好沿袭元代的政策,依然实行"土官治土民"的土司制度。"明太祖区一宇内,征唐代吐蕃之祸,袭元朝招徕之策,思制御之,惟因其俗,尚用僧徒,化导为善,乃遣使广行招慰"①,各部落纷纷归附明朝并获授官职,"洪武初,西南夷来归者,即用原官授之"②。明代土司的官衔分为宣慰司、宣抚司、招讨司、安抚司和长官司。

明代在康藏地区设置了朵甘行都指挥使司、乌斯藏行都指挥使司,这二者隶属于陕西行都指挥使司。朵甘行都指挥使司管辖范围包括白利、德格等地。另设有董卜韩胡宣慰司,治所在今四川宝兴县;长河西鱼通宁远宣慰司,治所在今天的康定,管辖康定、泸定、雅江、乾宁等地。可见,明代在康藏地区设置的土司数量多于元代,这是明代推行"多封众建",以控制和削弱土司势力的结果。因此,在康巴地区就有了朵甘行都指挥使司、长河西鱼通宁远宣慰司和董卜韩胡宣慰司三个土司,任何一个管辖范围和势力都无法遍及全康。

据《明史》记载,明代推行土司制度时已经认识到土司制度存在的利与弊,因此在沿袭元代土司制度的同时才会有所改进:"踵元故事,大为恢拓,分别司郡州县,额以赋役,听我驱调,而法始备矣。然其道在于羁縻。彼大姓相擅,世积威约,而必假我爵禄,宠之名号,乃易为统摄,故奔走惟命。然调遣日繁,急而生变,恃功估过,侵扰益深,故历朝征发(伐),利害各半。其要在于抚绥得人,恩威兼济,则得其死力而不足为患。"③反映明代在推行土司制度的措施上不是单纯的"征发",也不是单纯的赐给爵禄名号,而是恩威并重,通过"示以恩信,谕以祸福"④,使各土司臣服。为了加强对土司的控制,明代对土司的授职、衔品、信物、承袭、升迁、惩罚和贡赋等,有更加详细的规定,如"以

---

① 杨仲华:《西康纪要》(上),商务印书馆 2004 年版,第 26 页。
② (清)张廷玉等:《明史》卷 310 列传一百九十八《土司》,中华书局 1974 年版。
③ (清)张廷玉等:《明史》卷 310 列传一百九十八《土司》,中华书局 1974 年版。
④ (清)张廷玉等:《明史》卷 310 列传一百九十八《土司》,中华书局 1974 年版。

劳绩之多寡,分尊卑之等差""袭替必奉朝命,虽在万里外,皆赴阙受职"等①。

而除了这些之外,对于康巴地区,明代既重视原有土官,对宗教势力也非常重视,并善于用经济手段来巩固政治统治。

宗教上的措施是"崇教礼僧",主要是沿袭元制,通过赐封宗教领袖,利用其宗教影响力,笼络人心,强化统治。明代康藏地区的宗教上层人物有被封为灌顶国师、大宝法王、大乘法王、大慈法王阐化王、赞善王、护教王、阐教王和辅教王等,"俱赐给印章诰命",确定不同的品级和职位,"比岁或间一赴京师"②,以强化宗教人物对明王朝的臣服之心和明王朝对他们的控制,进而强化中央王朝对康巴地区的政治控制。这项措施的推行吸引了很多朝贡者,"洪武十八年,太祖复以西番,悉入职方,番俗惟僧言是听,乃宠以国师诸美号,令岁朝,诸番来者遂日众"。③ 由于宗教上层人物在当地都极具影响力,因此,这项措施对于安定康巴起到较好的作用,"自从西僧以来,康藏不为边患,遇有寇盗之警,遣僧谕之,罔不和解"④。同时,土司作为地方的实际统治者,又需要依靠宗教首领的支持;反之,宗教首领也需要依靠土司的帮助获得发展,二者形成相互依赖的政教联盟,且个别土司或在宗教领袖同时兼有两种职务,这样的状况使得康巴地区的政教合一制度得到巩固。

经济上的措施是所谓的"以茶制番"。由于康巴地理位置的关系,以及茶在康藏人民生活中的重要性,明代统治者"将原来纯属经济互补的'茶马互市'提到政治层面,作为治理藏族聚居区的一种政治手段,制定极为严格的'茶法'"⑤。具体而言,因为茶马互市中,内地人需要大渡河以外的马,而康藏人则需要内地的茶,明代"便控制边茶入藏的数量,使藏族聚居区深深地感到缺茶的压力。在运作上,一方面,严禁私茶入藏,规定茶马互市的限额;另一方面,又允许来京朝贡之人可以在内地采购一部分茶叶,或以赏赐之物换取茶叶"。同时,朝廷对于朝贡者"不仅都给予封号,而且给予的赏赐之物往往多

---

① (清)张廷玉等:《明史》卷310列传一百九十八《土司》,中华书局1974年版。
② 杨仲华:《西康纪要》(上),商务印书馆2004年版,第28页。
③ 杨仲华:《西康纪要》(上),商务印书馆2004年版,第28页。
④ 杨仲华:《西康纪要》(上),商务印书馆2004年版,第28页。
⑤ 任新建:《论康藏的历史关系》,《中国藏学》2004年第4期,第84—91页。

于贡物之若干倍"①。这项措施也取得了积极的效果,有明一代,"诸番恋东市之利,且欲保其世官",进京朝贡者络绎不绝,人数和队伍不断增加,以致明朝廷不得不下令限制朝贡的人数和次数。另据记载,诸番为茶利和世官,在这样的制度下,皆臣服于明王朝的统治:"洪武十八年……又以西番地广人狂犷狡,欲分其势而杀其力,使不为边患,故来者辄授官,又以其地倚中国茶马为命,故设茶课司于天全。六番今以马市而入贡者,优以茶布,诸番恋东市之利,且欲保其世官,不敢为变。"②

三、清代土司制度的兴盛

清代为强化对康巴地区的治理,沿袭元、明之制,继续在康巴地区推行土司制度:"西南诸省……在宋为羁縻州。在元为宣慰、宣抚、招讨、安抚、长官等土司……远者自汉、唐,近亦自宋、元,各君其君,各子其子,根柢深固,族姻互结。假我爵禄,宠之名号,乃易为统摄。"③清军入关时,"西康各部土司,相继归附"④,清政府均给予土司职衔。

清代土司的设置,主要集中在顺治和康熙两朝。

顺治帝曾多次发布谕旨,如"各处土司,原应世守地方,不得轻听叛逆招诱,自外王化。凡未经归顺,今来投诚者,开具原管地方部落,准与照旧袭封;有擒执叛进来献者,仍厚加升赏;已归顺土司官,曾立功绩及未经投职者,该督抚按官通察具奏,论功升投授"⑤,"湖南、四川、贵州、云南等处地方,所有土司等官……其中有能效力建功者,不靳高爵厚禄,以示鼓劝(励)"。在这样的政策鼓励下,前明土司,纷纷归附清王朝。

除原有土司外,一些新的民族首领也在清王朝的政策诱使下归附,清王朝也同样授予土司职衔。如康熙年间,先有"打箭炉、木鸦等处番民一万九千余

---

① 任新建:《论康藏的历史关系》,《中国藏学》2004 年第 4 期,第 84—91 页。

② 杨仲华:《西康纪要》(上),商务印书馆 2004 年版,第 28 页。

③ (清)赵尔巽等:《清史稿》卷 512《列传二百九十九·土司一》,中华书局 1977 年版。

④ 杨仲华:《西康纪要》(上),商务印书馆 2004 年版,第 32 页。

⑤ (清)赵尔巽等:《清世祖实录》卷 41《顺治五年十一月辛未》,台湾华文书局影印本,第 481 页。

户归顺,请增设安抚使五、副使五、土百户四十五,以专管辖",后又有"雅陇(砻)江瞻对、喇衮、革布什咱、绰斯甲布诸土目各率所属户口投诚,请授五品安抚司,其副为六品土百户,从之"。①

清代土司主要分为宣慰司、宣抚司、长官司、土千户和土百户,除了前明土司的归附外,加上新归附的部落或民族首领,清王朝也都授予土司职衔。因此,清代土司在数量上比前明多了许多。据统计,清代新设置的土司总计有701个,前明归附的土司有1078个,整个清代土司总数达到17779个。

就康巴地区而言,前明归降清政府的土司有55个,如长河西、鱼通、宁远等土司;清政府新设置的大小土司有65个。因此,清代康区总计有大小土司120个,"清廷给这些土司都分别颁发了新官印,并明确宣布这120个土司分别归属明正、理塘、巴塘、德格四大土司领导。四大土司又统一归打箭炉厅管辖",打箭炉厅直属雅州府,清王朝以土司制度和如此层级隶属的关系,确立并加强了对康巴地区的统治②。

清代在康巴设置的众多土司中,较大的就是明正、德格、理塘、巴塘四大土司。

明正土司即明代设置的长河西鱼通宁远宣慰司,因该土司正式设置于明代,清代文献中称为明正长河西鱼通宁远宣慰司,简称明正土司。清政府用兵康区,在瞻对、单东、喇滚等地新设立大小土司50余个,并将他们"交归明正土司管辖",使明正土司的管辖范围大大增加,"从而二郎山内外无人不晓明正土司"③。清时,明正土司下辖安抚司5个,土千户1个,土百户48个。其管辖范围相当于今天甘孜藏族自治州康定县,以及雅江县、道孚县的大部分和凉山州冕宁县小部分地区。

德格土司崛起于元代,其管辖范围东界450里瞻对,西界280里上钠寺,南界350里昌都,北界210里邓柯,大致包括今甘孜藏族自治州的德格、白玉、石渠3县,以德格为统治中心。德格土司境内有各教派寺庙35座,尤以萨迦

① （清）赵尔巽等:《清史稿》卷276《列传第六十三·贝和诺》、卷281《列传第六十一·费扬古》,中华书局1977年版。
② 参见格勒:《康巴史话》,四川美术出版社2014年版,第198页。
③ 格勒:《康巴史话》,四川美术出版社2014年版,第136页。

派势力最大。德格土司在兼容各教派的同时,也利用他们维护和增强自己的统治,加上德格土司在明清两代依靠蒙古的军事力量和明清中央政府的支持,成为全康区面积最大的土司,也是实力最强的土司。在康区甚至流传"郎德格,沙德格"之语,意为"天是德格的天,地是德格的地"①。

理塘土司始建于元代,在清雍正年间其制度趋于完备。清代雍正七年(1729年)册封理塘土司为理塘宣抚司(正副两员),下辖长官司、土千户、土百户和头人等②。理塘土司管辖范围东界中渡220里明正土司,西界二郎湾河240里巴塘,南界拉空岭甕水关530里云南中甸,北界长坦瞻对400里叠盖③,相当于今天理塘、稻城、乡城,以及新龙和雅江的部分地区。

巴塘土司于康熙五十八年(1719年)投诚,雍正七年(1729年)予以授职并颁给印信和号纸。管辖范围东界二郎湾240里理塘,西界宁静山200里昌都江卡,南界耿中桥600里云南中甸,北界巴尔巴400里三岩,以巴塘为统治中心,管辖纳西族和藏族人民共3633户④。

四、土司制度的衰落

土司均"世袭其职、世长其民、世领其地",因此,随着时间的推移,土司开始"暴虐淫纵,作威作福",他们割据一方,对土民任意杀害,或施行残酷的刑罚,或横征暴敛,掠夺土民;更有甚者私自建立军队,不服从朝廷节制,举兵叛乱。这样的土司既被土民憎恨,也是中央王朝的心腹之患。因此,取缔土司或削弱土司的势力势在必行,雍正四年(1726年),"清王朝开始进行全国性大规模的改土归流"⑤。

康藏地区的"改土归流"始于1896年,这年时任四川总督鹿传霖首次提出对康藏土司施行"改土归流",但遭到了康藏土司头人和西藏地方上层势力的强烈反对,清政府为缓和矛盾,继续维持对康藏地区的统治只好将鹿传霖另

---

① 格勒:《康巴史话》,四川美术出版社2014年版,第136页。
② 参见格郎杰:《康南理塘土司概况》,四川省甘孜州政协:《甘孜州文史资料》(第8辑)1989年版,第70—87页。
③ 参见谢启晃等:《藏族传统文化辞典》,甘肃人民出版社1993年版,第652页。
④ 参见丹珠昂奔等:《藏族大辞典》,甘肃人民出版社2003年版,第35页。
⑤ 龚荫:《中国土司制度》,云南民族出版社1992年版,第147页。

委他职,调离四川。8 年,驻藏帮办大臣凤全进驻巴塘,布置当地"改土归流"。但最终凤全因强征差役、限制喇嘛教的发展、学洋话,行洋礼等行径,激起民众的强烈不满和反抗,命丧巴塘,其推行的"改土归流"至此而"流产"。

此后,清政府任命赵尔丰为川滇边务大臣,他就任后在康巴地区积极推行"改土归流",提出"永远革除土司之职,改土归流"①,在原土司管辖的地方改设汉官进行管辖。赵尔丰在康区"练兵、屯垦,专力经营"②,以武力迫使土司土官屈服,强行收回确认他们职衔的印信和号纸,取消各级土司机构,改设道、府、厅、州、县等国家政权的组织机构。在武力的驱使下,赵尔丰的"改土归流"进展迅速,1908 年,他就完成了对康定、理塘和巴塘的"改土归流",在打箭炉设置康定府,在巴塘设置巴安府,在理塘设置里化厅、中渡设河口县,在稻城设稻城县、盐井设盐井县,在三坝设厅、定乡设县等。1909 年,赵尔丰又统一德格土司的管辖地,设置石渠县、邓柯县、德格县、白玉县和同普县。

1909 年,清政府鉴于赵尔丰在康巴地区"改土归流"的成就,任命其为驻藏大臣兼川滇边务大臣,以继续推行整个康藏地区的改土归流。但赵尔丰在康巴"改土归流"中的行径以及清政府的任命,导致清政府与西藏地方上层矛盾激化,西藏地方拒绝赵尔丰入藏。清政府无奈之下,只好免去赵尔丰驻藏大臣的职务,赵尔丰则继续留在康巴推行"改土归流",直到1911 年,他抵达成都出任四川总督为止,沿途还一边打仗一边"改土归流"。

"改土归流"期间,赵尔丰征服有野番之称的三岩,设武城县;改流甘孜孔萨土司,设甘孜委员会,"并饬灵葱、白利、倬倭、东科、单东、鱼科、明正各土司,一律缴印,改土归流";之后,又收回瞻对,设瞻对委员会;进剿鱼通土司,收其印信;入川途中,"沿途收缴咱里、棱边、沈边三土司印",又收缴乍丫、察木多呼图克图印信,"改流其地,设乍丫、察木多两理事官,查收粮赋、更定税则",色达、上罗科、下罗科以及鱼科土司等投诚,"崇善、毛丫、曲登、纳夺诸土司,亦先后缴印,上粮纳税"。至此,整个康巴地区的"改土归流"基本完成,"秘藏数千年之西康,遂发其覆,全部底定"③。

---

① 吴丰培:《赵尔丰川边奏牍》,四川人民出版社 1984 年版,第 190 页。
② 杨仲华:《西康纪要》(上),商务印书馆 2004 年版,第 33 页。
③ 杨仲华:《西康纪要》(上),商务印书馆 2004 年版,第 34—35 页。

赵尔丰在康巴地区的"改土归流",虽在方式上引人非议,但其积极成果也当予以肯定,其"改土归流之成果,清政府遂直接统辖东藏诸地,并跻于县志之列"①,从而打破了该地区长期以来由土司和宗教上层人物把持割据的局面。而且,赵尔丰"改土归流"之后,还在经济、教育、交通等各方面推行了系列措施,以促进这一地区的发展,客观上有利于社会的改革和进步。

① 崔保新:《西藏 1934 黄慕松奉使西藏实录》,社会科学文献出版社 2015 年版,第 127 页。

第二章　民族与人口

中华民族来源于哪里？这是困扰中华诸民族的最根本性问题。中华诸民族自古以来就被这个问题吸引和困惑，而这个答案也是解开一个民族历史发展、民族文化如何形成的重要钥匙。作为中华文化之一的康巴文化为什么如此绚丽多彩、博大精深、积淀深厚、形态丰富呢？要回答这个问题，只有探索了康巴民族的族源，并一层层剥开时间在康巴地区、在康巴先民身上留下的深邃历史、民族、文化印记，才能寻找到线索，进而解开谜题。

那么，康巴地区究竟是从何时开始有人类居住的呢？康巴先民到底来自于哪里？他们又是如何在这片土地上衍化、发展形成了今天居住在康巴地区的各民族？他们与康巴地区周边其他民族关系怎样？又是怎么创造了今天丰富多彩的康巴文化？

本章试图从康巴文化的创造者入手，探寻他们的族源及与其他民族的关系，并从中寻找到康巴文化区别于其他地域文化的重要原因。

第一节　源流复杂的康巴先民

20 世纪 80 年代以来，藏族族源包括青藏高原东部藏族族源的讨论逐渐成为学术界讨论的热点问题，不同学科领域的专家学者们试图从不同的研究视角，努力作出相关回答。因为康巴地区是横断山脉走廊地区，"更"或"也"是各民族南来北往、东进西出交流的重要孔道，因此对于青藏高原藏族族源的探索，大部分需从康巴地区开始。归纳起来，关于康巴先民的源流，目前主要有：土著说、西羌说、土著与羌人融合说、多元说等多种说法，伴随着讨论的展开及新的考古发现证明，越来越多的学者逐渐推翻康巴先民源流单一的说法，倾向于康巴族源多元说。事实上，康巴地区历来是民族迁徙交汇、融合较频繁的地区。历史上是我国西北地区氐羌系民族南下，彝族北上，汉族西进，吐蕃东渐，均是经此通道，不同的族群在此区域内迁徙或定居、交汇或融合，使得此区域民族渊源复杂、成分众多。康巴先民既有世居在青藏高原东部的土著居民，也有历史上各时期从其他地区迁来的族群，他们因各种机缘来到康巴地区这块神奇的大地上，与其他族群相互融合，逐渐形成了世居在这里的各民族，并共同创造了丰富多彩的康巴文化。

一、远古时代的康巴先民

康巴地区究竟是从何时开始有人类居住的呢？康巴先民的生活情况究竟怎样？他们又是怎么来到这片土地上并扎根于此的呢？这些都是一直困惑着康藏研究学者的热点学术问题。目前，对这段历史的研究，因为相关材料的缺乏等因素限制，学术界还缺乏详尽、系统的科学解释。大多数研究都通过在康巴地区发掘到的远古时代遗留物，运用现代科技、考古学知识对康巴远古居民进行研究。从考古发现传递的重要信息中，努力探索康巴远古居民的起源，并从中对康巴地区原始人群的生活情况、对外交往等方面情况作出分析。

考古学的证据表明，早在1万年前的旧石器时代和距今1万年至4000年前的新石器时代，康巴地区史前时期的文化就同华北、西南地区的旧石器、新石器文化有着千丝万缕的联系。1983年，中科院组织的青藏高原综合科学考察队在今甘孜藏族自治州炉霍县调查时，在虾拉沱附近鲜水河左岸的亚巴和宜木两地分别发现了四枚人类牙齿化石和一批人工打制石器以及13种哺乳动物化石。经考古学家研究，在亚巴发现的人类牙齿形态与现代人的门齿很相似，属较晚的晚期智人，这是迄今为止康巴藏族聚居区发现的最早古人类化石。骨化石经碳十四测定，为距今11500+200年。[①] 宜木发现的人工打制石

---

① 叶茂林：《四川旧石器时代遗存浅论》，载四川大学考古专业编：《四川大学考古专业创建三十五周年纪念文集》，四川大学出版社1998年版，第15—16页。

器为 1 件石核和两件石片,其中石核人工加工痕迹非常明显,具有较明显的砍砸器功能。同时,还发现了一批哺乳动物化石。① 1984 年 7 月,由中国西南民族学会组织的"六江流域民族综合科考队",在甘孜藏族自治州考察时,在炉霍县境内鲜水河两岸的色得龙、宜绒、若海、吾都、固衣、戈巴龙和热巴共七处又采集到了石核石器和刮削器等石片石器共计 32 件。由于采集的石器,均发现于地面,缺乏地层及其他遗迹比较,所以很难断定是旧石器时代石器。② 这批采集石器的发现,与先前发现的古人类和旧石器材料相印证,说明至少在距今 1.1 万年前的旧石器时代晚期,康巴藏族聚居区就已有人类在这块土地上生活、繁衍、生息。但是,由于目前考古发现资料所限,对于鲜水河流域生活的这些古人类的群体规模、人群来源、生活情况、对外交往等诸方面情况仍知之甚少。从发现这些旧石器遗存和古人类材料的两个地点均处于雅砻江支流鲜水河河岸的台阶地上来看,当时的原始人群生活在康巴地区水源丰富、气候温暖湿润、自然资源丰富的河流阶地。通过考古发现的人工打制石器及哺乳动物化石,可以知道,活动于这一区域最早的原始人类,与其他很多地区的原始人群一样,仍以采集狩猎为主要生计方式。另外,科学家也通过对西藏、青海各地藏族地理群体的 Y-染色体和线粒体 DNA 进行了大样本的谱系地理学分析,发现他们具有一些独特的 Y-染色体和 mtDNA 的单倍型类群。这些单倍型类群根据分子钟估算的共祖时间最早的在 3 万年以上,也从侧面证明了藏族早在旧石器时代已经定居青藏高原。③

进入新石器时代后,康巴地区人类活动范围逐渐增大,在今西藏昌都、四川甘孜、青海玉树、云南迪庆等地相继发现和出土了大量新石器文化遗存,这些文化遗存为我们了解康巴地区原始社会人群的生产生活、社会发展、对外交往等方面情况提供了重要线索。其中,代表性的新石器文化遗址有:昌都卡若遗址④、

---

① 宗冠福、黄学诗:《四川炉霍县虾拉沱晚更新世哺乳类化石》,《古脊椎动物学报》1985 年第 4 期。
② 李淼、李海鹰:《炉霍的打制石器》,《六江流域民族综合科学考察报告二》之《雅砻江上游考察报告》,中国西南民族研究学会、甘孜藏族自治州人民政府 1985 年编印本,第 103—107 页。
③ 《中国科学家解密青藏高原史前人类迁徙史》,中国新闻网,2013 年 5 月 17 日。
④ 早期前段,距今 4655±100 年(树轮校正 5555±125);早期后段,距今 4280±100 年(树轮校正 4750±145 年);晚期,距今 3930±80 年(树轮校正 4315±135)。

甘孜丹巴中路乡罕额依遗址。从整体来看,康巴地区的古代文化呈现复合型的特点,既具有本土的土著性特点,又与北方草原地区的游牧文化和中原地区的原始文化有着广泛的联系和交流。如昌都卡若文化既具有较浓厚的地方特点,同时又与仰韶彩陶文化系统的马家窑、半山和马厂文化存在着广泛而密切的联系。在卡若发现了大量具有黄河流域氐羌系统原始文化特征的彩陶,出土了黄河流域的传统作物粟米。[①] 通过对甘孜丹巴中路乡罕额依遗址的考察,也发现在汉代以前不同的历史时期内,大渡河流域的"中路人"在文化上与西北仰韶文化、岷江上游石棺墓葬文化和青衣江上游石棺葬文化均有着一定的文化交流关系。[②] 在青海玉树通天河、扎曲河流域发现的多处遗址也具有与昌都卡若及川西地区石器时代遗址相似的文化特征。[③] 云南迪庆州的戈登新石器时代遗址也包含了黄河流域氐羌文化因素和北方草原文化因素。[④] 这些遗址的发现说明,从新石器时代开始,康巴地区的早期人类与中原文化就有持续的交往。

二、汉文典籍中对康巴地区早期部族的记载

康巴地区经历过多次大的民族融合,在漫长的历史时期里,逐渐形成了族源复杂、成分众多的各民族。在汉文史籍中也有关于康巴地区早期部族人群如何在这片土地上迁徙、融合、繁衍、发展的相关记载。

据《史记·五帝本纪》记载黄帝的儿子:"其一曰玄嚣,是为青阳,青阳降居江水;其二曰昌意,降居若水,昌意娶蜀山氏女,曰昌仆,生高阳,高阳有圣德焉。"其中,"江水"是岷江的古称。"若水",据北魏郦道元《水经·若水注》记载:"若水出蜀郡旄牛徼外,东南至故关为若水也。"《汉书·地理

① 西藏自治区文物管理委员会、四川大学历史系所编:《昌都卡若》,文物出版社 1985 年版,第 151—153 页。
② 四川省文物考古研究所、甘孜藏族自治州文化局:《丹巴县中路乡罕额依遗址发掘简报》,载四川省文物考古研究所:《四川考古报告集》,文物出版社 1988 年版,第 74—77 页。
③ 吴平:《青海省玉树、果洛藏族自治州考古调查报告》,载四川联合大学西藏考古与历史文化研究中心、西藏自治区文物管理委员会编:《西藏考古》第 1 辑,四川大学出版社 1994 年版,第 29—36 页。
④ 李钢:《考古在迪庆》,李钢、李志农主编:《历史源流与民族文化"三江并流地区考古暨民族关系研究学术研讨会"论文集》,云南大学出版社 2011 年版,第 91 页。

志》又记载了康巴地区雅砻江的支流鲜水河"鲜水出徼外,南入若水。若水亦出徼外,南至大莋入绳",可以得知"若水"为今天康巴地区的雅砻江。虽然黄帝时期,尚无文字记载,多为传说。但是结合在康巴地区发现的新石器遗址来看,大约在距今 4600 年前的黄帝时期(新石器时代晚期),因为黄帝"迁徙往来无常处,以师兵为营卫"①,黄帝的活动范围已经到达今康巴地区的雅砻江流域;黄帝部落中黄河流域氐羌系统的居民也同时期不断从甘肃、青海一带南下,向青藏高原的雅砻江、大渡河、岷江流域迁徙,并在青藏高原定居下来。

关于康巴地区第一次有明确历史文献记载的大融合发生在春秋战国时期。生活在黄河流域甘肃、青海一带的古羌人向西、西南迁徙至今康巴地区,与原有居住在此的部族相互融合,逐渐形成了生活在康巴地区的各部族。秦献公(公元前384—前362年)初立时,对羌人用兵,而羌人"畏秦之威,将其种人附落而南,出赐支河西数千里,与众羌艳远,不复交通。其后子孙分别各自为种,任随所之,或为牦牛种,越嶲羌是也;或为白马种,广汉羌是也;或为参狼种,武都羌是也"②。至秦汉时期,青藏高原已有大量的羌人部落分布各地,但是因为大多未通中原,汉文典籍中没有有关这些部族明确的地理记载,只有对其"无君长,辫发,随畜迁徙无常"③的记载。在康巴地区的最东缘,在今四川的天全、雅安、汉源一带有徙、筰都,汶川、茂县一带有冉駹,南坪、平武及甘肃武都一带有白马,都是氐羌人的部落。汉武帝时期,派司马相如为中郎将(前130年)招抚各部。汉武帝元鼎六年(前111年),以筰都设沈犁郡,管辖牦牛(今汉源)、徙(今天全)、青衣(今芦山)、严道(今雅安),冉駹设汶山郡,白马设武都郡。④ 到东汉年间,内属羌人有的已逐步被同化,"不能自立,分散为附落",有的则"绝灭无后,或引而远去",而有的如"发羌、唐旄等绝远,未尝往来"⑤。隋唐时期在今康巴地区的羌人部落主要有:附国、嘉良、白兰、白狗等。

① (汉)司马迁:《史记·卷1五帝本纪第一》,中华书局1962年版,第9—11页。
② (宋)范晔撰,(唐)李贤等注:《后汉书·西羌传》,中华书局1965年版,第2898页。
③ (宋)范晔撰,(唐)李贤等注:《后汉书·南蛮西南夷传》,中华书局1965年版,第2844页。
④ (宋)范晔撰,(唐)李贤等注:《后汉书·南蛮西南夷传》,中华书局1965年版,第2854页。
⑤ (宋)范晔撰,(唐)李贤等注:《后汉书·西羌传》,中华书局1965年版,第2898页。

还有大小左封、昔卫、葛延、白狗、向人、望族、林召、春桑、利豆、迷桑、婢药、大峡、白兰、北利摸徒、那鄂、当迷、渠步、桑悟、千碉等小的部族，"其风俗略同于党项。或役属吐谷浑，或附国"①。

三、藏文典籍及神话传说中的康巴先民

除考古发现和汉文史料记载以外，藏文典籍中也有康巴先民的记载；同时，居住在康巴地区的各族群，大都拥有自己族群的族源记忆，他们通过神话、故事、诗歌、传说的方式，向自己的子孙后代讲述族群的来源，并通过此，代代相传，不断强化其族群意识和认同感。通过很多学者的记述，也让我们从侧面了解康巴先民的历史。

猕猴变人是藏族流传最广的关于人类起源的一则神话，它不仅仅是人们口头传承的古老传说，还在《玛尼宝训》、《五部遗教》、《柱间史：松藏干布遗训》、《西藏王统记》、《贤者喜宴》、《西藏王臣记》和《汉藏史籍》等诸多藏文史籍中均有记载。据记载，藏族是由居住在雅鲁藏布江南岸泽当一带的雅隆地区的神猴转变而来的，猴崽之间因为争夺谷物产生不合，逐渐分化为色、穆、董、冬四个部落，吐蕃之人，大多由此分化而来。后来又繁衍为色、穆、董、冬、惹、柱六大族姓。② 其中，康巴地区的藏族先祖即是由"董"氏发展而来。也有部分从其他姓氏发展而来，如德格土司，据传是来自惹氏和柱氏，族姓为果。③ 康巴地区的各部族大多有猴族传说记忆，如藏文古典籍中也有霍尔人是从猿人繁衍而来的相关记载。据记载："猿人繁衍的人群内有开明汉、兵舅霍尔、色彩门、丝毛蕃国四族。霍尔又分蚕甥、神甥两大类。"④

---

① （唐）魏徵等：《隋书·附国传》，中华书局 1982 年版。

② 达仓宗巴·班觉桑布著，陈庆英译：《汉藏史集——贤者喜乐赡部洲明鉴》，西藏人民出版社 1986 年版，第 70—71 页。

③ 来作中：《清王朝在川边藏区的土司设置》，载中国人民政治协商会议甘孜藏族自治州委员会编：《甘孜藏族自治州文史集萃》（第二辑下），第 38 页。

④ 热贡·多杰卡：《藏族古代历史概论》，转引自冉长生、胡宗彦编著：《积淀炉霍的远古文明：鲜水河上石棺文化探源》，四川民族出版社 2007 年版，第 22 页。

第二节　区域内主要民族的形成

康巴地区在历史上处于"藏彝走廊"的核心地带,千百年来各民族在这里交汇、接触、交融、繁衍,形成了以藏民族为主体,多民族和谐共处的民族格局。除藏族外,这里还有汉族和彝、羌、回、纳西等十多个民族,各民族间,形成"大杂居,小聚居"的状态。在漫长的历史发展过程中,藏族和其他各民族在康巴地区长期和谐共处,相互依存,共同开发了这一片美好家园,生动地体现了藏汉民族相互依存,谁也离不开谁,"你中有我,我中有你"的事实。

一、藏族的形成

康巴藏族作为藏族的民系之一,是一个多源的民族,是南下的氐羌各部落与东渐的吐蕃在血缘、文化相互融合,并且在漫长的历史长河中融入了汉族、蒙古族、羌族、纳西族等诸多民族的血缘与文化形成的。

（一）吐蕃东渐与康巴地区部族的"蕃化"

7世纪,吐蕃在今西藏雅鲁藏布江南岸兴起后,在松赞干布的率领下,迁都逻些(今拉萨),并开始向周边发起了大规模的征战。吐蕃通过政治上的兼并、文化上的传播,加快了青藏高原各部族融合过程。松赞干布首先征服了苏毗、羊同,完成了西藏高原的统一,继之又率兵攻打青海东部的吐谷浑(属鲜卑族系),并攻下党项、白兰诸羌,进一步南下占领了今青海南部、四川甘孜、西藏昌都等大部分康区的广阔区域。以康巴地区为重要据点,吐蕃与唐王朝展开了前后长达200年争夺川西北地区的战争。

670年,"唐蕃大非川战役"之后,康巴大部分地区纳入吐蕃的统治之下。吐蕃占领康区北部后,吐蕃赞普和大臣们先后于藏历虎年(678年)、马年(682年)在"邓"(今甘孜州西北部,金沙江上游东北岸德格县境内)、道孚(今甘孜藏族自治州道孚县)两次进行集会议盟。同时,吐蕃通过政治、军事、宗教的力量,将大批吐蕃士兵调往康区,与征服的党项、诸羌部落组建军队,与唐朝展开争夺土地的战争。除此之外,吐蕃还辅之以移民、联姻、混居等手段,将吐蕃人大量迁入康区,与原来康区诸羌相互杂处、融合。783 年,唐蕃清水会盟,沿岷江、大渡河画线,以东属唐朝,以西属吐蕃,康区诸羌完全纳入吐蕃管辖。吐蕃统治范围东达雅(雅安)、黎(汉源)、嶲(西昌)诸州边境,南达西洱河(今云南大理),今康巴地区尽为吐蕃王朝所据。

吐蕃控制了大渡河以南诸族和西山诸羌后,原来世居在康区的各部族首领纷纷向吐蕃称臣纳贡,成为吐蕃的附属领土,吐蕃也通过一系列管理手段开始了"蕃化"康区各部族的过程。

首先,吐蕃通过在康区设置官员,加强对康区的管理和驻守。

吐蕃在今康巴地区设置了故洪节度、腊城节度、囊功节度等节度使,进行行政管辖,并派遣吐蕃军队进行驻防。

根据《安多政教史》记载,在吐蕃与霍尔交界之处,吐蕃选拔了九员骁将带领部下驻防,并命令他们"在没有接到国王命令之前,不得回防"。① 吐蕃对康区诸部落,采取了同吐蕃境内同样的军政管理方式,实行军事、行政、生产三位一体的管理方式。闲时务农、战时为军,加之吐蕃通常实行以部落为单位的群体出征,部落设有部落长、先锋官、农田官、财务官等职,以管理部落的生产、军事和赋税等。吐蕃部落征服之处,通常与被征服部落为共同利益结成一定范围内的联盟,经过一次次征战,逐渐扩大联盟,因此吐蕃部落在康巴地区,迁徙比较频繁②,大多与当地土著逐渐血缘相混,生息繁衍。

其次,吐蕃通过在康区征收徭役、赋税,加强对康区的统治。

藏史典籍《西藏王统记》载,松赞干布建厌胜十二殿时,"在康修建隆塘卓玛庙,由弥约工头领修之"③。《旧唐书·东女国传》则记载吐蕃时期,东女国"皆为吐蕃所役属。其部落大者不过三二千户,各置县令十数人理之,土有丝絮,岁输于吐蕃"。④

再次,吐蕃还通过与康区各部族首领联姻,加速了吐蕃与康区诸羌的融合

---

① 智观巴·贡却乎丹巴绕吉著,吴均等译:《安多政教史》,甘肃民族出版社 1989 年版,第22 页。

② 《吐蕃军队兵役制度》,载西藏自治区地方志编纂委员会编:《西藏自治区军事志》,中国藏学出版社 2007 年版,第 157—158 页。

③ 索南坚赞著,刘立千译注:《西藏王统记》,民族出版社 2000 年版,第 86 页。

④ (五代)刘昫:《旧唐书》卷 197《东女国传》,中华书局点校本 1974 年版。

进程。

最后,吐蕃统治康区时期,还将吐蕃的宗教文化不断传往康区。因此,在吐蕃近二百年的统治下,从而使得康巴地区的各部族在政治、文化及血缘上都不同程度的"蕃化",康巴地区的各诸羌部落融合成为藏部落。

吐蕃王朝统治末期,驻扎在康区的吐蕃奴隶和平民首先爆发奴隶起义,这次起义"初发难于康,侵而及于全藏,喻如一鸟飞腾,百鸟为从,四方骚然,天下大乱"①。震撼了整个吐蕃王朝。康巴地区分裂为大大小小的互不相率的许多部落。起义结束后,部分吐蕃人有的回归吐蕃故土,有的则留居康巴地区,与当地部落人群相互融合,有的还逐渐成为康区当地的地方首领。如德格土司自称是藏王松赞干布的大臣呷当巴的后裔,嘉绒地区不少土司也自称是吐蕃将领之后。吐蕃王朝结束后,"蕃化"康巴地区各部的进程并未结束,在西藏因受达摩赞普灭佛威胁,遭受迫害的僧人也纷纷逃亡康巴地区的金沙江边,进一步加快了吐蕃本土文化向东传播的进程。11世纪起,康巴地区成为藏传佛教"下路弘法"的发源地,藏传佛教在康巴地区重新兴起,康巴地区的主体民族——藏族才真正形成。

(二) 成分复杂、多源的藏族支系

自吐蕃东渐康区以来的几个世纪里,康巴地区的诸羌部落与吐蕃人融合,逐渐形成了康巴地区的主体民族——藏族。此后,仍不断有其他民族以各种方式进到康巴地区,与藏族相互融合,形成了今天康巴地区成分复杂、支系繁多的藏族支系。康巴地区的藏族支系包括:

"霍尔","霍尔"一词是藏语对北方民族的泛称,即汉语"胡儿"一音的藏译。康巴地区的霍尔藏族主要分布在昌都地区的"霍尔三十九族"和康北四川甘孜州的甘孜、炉霍、道孚等"霍尔"部落,20世纪50年代以前尚存在称为"霍尔"的土司。13世纪初,蒙古族崛起于我国北方大漠南北地区。蒙古部首领成吉思汗兼并群雄,统一诸部,建立蒙古汗国。1252年,忽必烈率大军途经康区,南征云南大理,沿途招谕康区藏族诸部首领,各部落也竞相归附。在康巴地区的各要隘,元朝统治者派遣蒙古、汉军等前往戍守。如至元十六年

---

① 语自在妙善者,刘立千译:《续藏史鉴》,华西边疆研究所出版社1960年版,第1页。

（1279 年）"六月，碉门、鱼通及黎、雅诸处民户，不奉国法，议以兵戍其地。发新附军五百人、蒙古军一百人、汉军四百人，往镇戍之"。① 至元十七年（1280）"丙午，敕东西两川发蒙古、汉军戍鱼通、黎、雅"。② 另据《元史·文宗纪三》记载：元统元年（1333 年）六月"丙午，朵思麻蒙古民饥，赈粮一月"③。因此，元代因为戍守等原因，蒙古兵丁、蒙古族血统的统治者向康藏迁徙十分频繁，不少蒙古驻军逐渐在康巴地区生活了下来，与康巴地区的当地族群相互融合、共同生活，成为生活在康巴地区的"霍尔"藏族。部分蒙古族还成为当地的最高统治者——土司，如康巴甘孜地区的霍尔竹窝安抚司、霍尔章谷正副安抚司、霍尔甘孜孔撒安抚司、霍尔东科安抚司、霍尔白利长官司、霍尔咱安抚司等土司。而昌都"霍尔三十九族"，据《卫藏通志》记载，"昔为青海、蒙古奴隶"，因此其部族首领，均在名字前冠以"霍尔"之称呼，表明其祖先的血统来历。④

"木雅"，木雅藏族主要分布在今甘孜藏族自治州道孚以东、丹巴以西、雅江，康定县的大部分地区。木雅，《唐书》中称为"弭药"，在藏文典籍中记载的"多康六岗"中有"木雅热岗"。关于康巴地区木雅人的来源，现在学术界还没有统一的说法。部分学者认为木雅人的来源与西夏有密切关系，甚至认为木雅人就是西夏灭亡时南迁入康区的西夏人。

"嘉绒"，全称"嘉莫察瓦绒"，意为"女王的温暖河谷"，主要分布在今甘孜州丹巴县、康定县部分地区及阿坝州金川、小金等地。其族源应与汉代的冉駹、隋唐时的嘉良夷有关。吐蕃东扩时被融入后成为藏族，在嘉绒藏族的记忆中，其祖先是自西藏"琼部"迁徙到嘉绒地区，嘉绒地区土司都有源自"琼"所生之卵的祖源传说。⑤

"西番"，在不同区域，分为"纳木依""多须""里汝"三种自称。木里、九龙一带的藏族自称为"纳木依"或"纳木日"，凉山冕宁县与甘孜九龙县交界一带的藏族自称为"里汝"，"多须"则在安宁河流域分布。关于西番族的族源，

① （明）宋濂：《元史·志第四十七兵二》，中华书局 1976 年版。
② （明）宋濂：《元史·世祖纪八》，中华书局 1976 年版。
③ （明）宋濂：《元史·本纪第三十四文宗三》，中华书局 1976 年版。
④ 格勒：《藏族早期历史与文化》，商务印书馆 2006 年版，第 344 页。
⑤ 马长寿：《嘉戎民族社会史》，载周伟洲编《马长寿民族学论集》，人民出版社 2003 年版，第 135 页。

有"西藏起祖说"和"西天起祖说"等说法。① 新中国成立后,西番人口被识别为藏族。

二、对其他民族形成的历史考察

(一) 汉族

在康区的汉族主要有三大类:多次用兵留下的士兵、内地陆续赴康经商的汉商以及清末川边推行屯垦、练兵、兴学等从内地招入的大批汉人。

汉代开西南夷,置两都尉,一居牦牛主徼外,与康巴地区边境民族已发生交往。唐代在大渡河沿岸设立许多羁縻州,并于泸定沈村筑城驻军与吐蕃对峙,有汉民迁入大渡河沿岸居住。宋时国家需大量马,汉人遂进入边区以川茶易马。元代,征长河西,调"益州兵三千"往征驻防。明代,伴随茶马贸易的兴起,汉边之民"专务贸贩碉门乌茶、蜀之细布,博易羌货,以赡其生。天全六番招讨司茶户常以茶与西番蛮人贸易毛缨、茜草等物,商旅往蔺贩"。② 汉民贸易的频繁往来,是明代汉人徙居的主要形式。清代茶禁开放,康巴地区的打箭炉(康定)、昌都及青海结古是茶马贸易的主要口岸,汉人前往做生意的逐渐增多。从康熙时代起,清廷先后用兵西藏、大小金川、瞻对等地,大量汉族随军进入康区,汉人旅居者更多。加之军务竣后,立成边官兵3年轮换,驻留康区世居下来的汉族增多。如昌都大部分汉人为岳钟琪征藏遗兵之后裔。③ 清末赵尔丰经边,首重农商。光绪三十二年(1906年),招募内地垦民入康垦殖。如宣统三年(1911年)招垦民1723名分发康定等9个县。这些垦民、移民中,有泥、木、瓦、石等各种工匠。抗日战争时期,伴随着西康建省,西康省成为抗战的大后方之一,徙居康区谋生的汉人,也逐渐增多。

(二) 回族

回族散布于康巴地区各县。其中,甘孜藏族自治州的康定、丹巴两县分布最广,大多与汉、藏等各族群众杂居。回族的迁入时期,最早可以追溯到元朝

---

①　何耀华:《川西南藏族史初探》,载李绍明、刘俊波主编:《尔苏藏族研究》,民族出版社2007年版,第324—344页。

②　(清)张廷玉等:《明史》卷331《长河西鱼通宁远宣慰司》,中华书局1974年版。

③　张化初:《西康之民族》,《西北问题季刊》1936年第2卷第1—2期,第69页。

蒙古军南征西南地区时。1253年,忽必烈南征云南大理,经松、茂、雅、黎所属之地,穿行于康藏部分地区,南渡金沙江至云南,大量的回族人随军南下,有少部分士兵因各种原因滞留在了康巴地区。至元二十五年(1288年),元朝"总制院"改称宣政院,统管全国佛教寺院及其征服的少数民族地区,对藏族的上层喇嘛和地方首领均授以封号,并准其世袭官职。康巴地区第一次出现了由封建王朝正式册封的大批土司。元朝在河州(今甘肃临夏)设吐蕃等处宣慰司都元帅,并辖松、茂、雅、黎诸州及碉门、鱼通、黎、雅、长河西、宁远等六安抚司,隶属陕西行中书省管辖。在今甘孜等区北部、南部及昌都地区,设置了吐蕃等路宣慰司都元帅。因吐蕃等处宣慰司都元帅府隶属陕西中书省管辖,康巴地区与陕西的政治、经济、军事、文化等方面进一步加强,进入康巴地区的回族也逐渐增多。

回族迁入康区的极盛时期,是清廷对藏用兵于瞻对、大小金川、康定昌侧集烈之乱、赵尔丰改土归流之际,且大多是从陕、甘、川、江、浙等地迁徙而来。除了随军进入康巴地区的回族,还有伴随着茶马贸易的兴盛,入康经商的回族。

(三)纳西族

纳西族,又称"么些""摩西"。康巴地区的纳西族主要居住在四川凉山彝族自治州木里藏族自治县的俄亚纳西族乡,甘孜藏族自治州的巴塘县的白松、门扎两个行政村,以及昌都芒康县下的盐井村及迪庆的中甸、维西、德钦一带。唐代,纳西族建立地方政权"么些诏",为云南"六诏"之一。唐代吐蕃兴起后,么些亦受其统治。元初即受封土司,成为当朝命官。明朝初年,云南一带发生叛乱。明朝皇帝朱元璋派大军前往云南平息。丽江七代土司因效忠明朝皇帝,率部协助平息叛乱,得到皇帝的赏识并赐予木姓,封丽江知府土司职衔。明朝万历年间,丽江的纳西族在木氏土司姜萨当布杰统治下逐渐强盛,在滇、川、藏的势力迅速壮大,先后占领了今云南西北迪庆藏族自治州的中甸、德钦,四川甘孜藏族自治州的巴塘、理塘、稻城、乡城、得荣等藏族聚居区,四川凉山自治州的木里县,西藏昌都的盐井、芒康等地,并将大量纳西族迁入藏族聚居区。据《滇云历年传》载,丽江木土司对康区巴塘、理塘施行统治,直到清初。康熙十年(1671年),滇省巡抚李天浴题奏曰:"丽江土府,元明时俱资以障蔽蒙、蕃,后日渐强盛,于金沙江外则中甸、巴塘、理塘等处,江内则喇普、处旧、阿敦子等处,直至江卡拉、三巴、东卡,皆其自用兵力所辟,蒙、番畏而尊之曰萨当汗。"……并请求将所有中甸等处额征米豁免。① 直至清雍正五年(1727 年),才将巴塘、理塘正式划归四川管辖,并彻底取消了木氏土府对这一地区的统治。此后一部分纳西族仍留在巴塘等地,继续垦种、繁衍,与藏族关系密切,且受藏族影响并与之融合。目前,在今甘孜藏族自治州的巴塘、得荣、稻城等县还有少数纳西族生活,巴塘仅南部白松乡一带还住着纳西族 500 余人,木里县还居住有纳西人口近 4000 人,他们部分生活习惯已和藏族相似。

(四) 彝族

康巴地区的彝族主要分布在甘孜藏族自治州的九龙、泸定县及凉山彝族自治州的木里县,迪庆藏族自治州中甸也有部分彝族。其中,九龙县因藏彝汉各居三分之一而知名,也是彝族的主要聚居区,由 7 个彝族聚居区组成。此外,泸定县的彝族主要分布于磨西、新兴、得妥、加郡 4 个乡。有关彝族从凉山进入康区的历史,有比较详尽的历史记载。据载,清代中叶,凉山地区的彝族向西、北方向发展。居住在凉山喜德马里均一带的彝族,有的不堪忍受封建统治和汉族地方势力的歧视和压迫,以及内部频繁的冤家械斗,力图另觅生路。随着成批彝民的迁入,垦荒地逐渐从高山坡地向平坝、洼地拓展,于是冕宁、喜德、越西的彝族家支,先后迁居九龙,共有罗洪、保伍、果基、阿鲁、莫八、马黑、瓦扎 7 个家支,并按彝族的习俗,由各家支的黑彝统治,依靠白彝和娃子进行劳动生产,把彝族聚居区的全套社会制度和习俗,完整地搬到新迁之地。到 20 世纪 50 年代初,彝族居住面积已占九龙县全部面积的一半左右,人口也达全县总人口的 44%。除三四区为彝族聚居区外,一二区均为彝、藏、汉杂居区。② 而居住在木里的彝族,则多是从冕宁、盐源、九龙和云南的宁蒗等地迁居来的。其中尤以屋脚、牦牛坪、芽租、列瓦、李子坪、保波、下麦地等乡最多,有的是纯彝族村落。③

(五) 蒙古族

康巴地区的蒙古族主要居住于四川的木里藏族自治县,有项脚蒙古族乡、

① (清)倪蜕辑,李埏校点:《滇云历年传》,云南大学出版社 1992 年版,第 528 页。
② 罗洪则腊口述:《彝族迁居九龙、泸定的历史梗概》,载政协四川省甘孜藏族自治州委员会编:《四川省甘孜藏族自治州文史资料选辑(第 1 辑)》,1987 年,第 75—76 页。
③ 《木里藏族自治县概况》编写组:《木里藏族自治县概况》,民族出版社 2009 年版,第 19 页。

屋脚蒙古族乡,其余大多与汉、藏、纳西等民族杂居。

蒙古族第一次大规模迁徙入康区是在南宋末年。宋宝祐元年(1253 年),蒙古大军分兵三路进攻云南时经过康区,其中西路军经今松潘、理塘、稻城、中甸一带南下云南;由忽必烈和抄合也只烈率中路和东路军经今茂县、鱼通、泸定、汉源,到西昌后分兵,东路经德昌、会理进入云南;中路在忽必烈亲自率领下,路经盐源、宁蒗,抵金沙江,进军大理,灭了大理。次年(1254 年)忽必烈还师,留大将兀良合台镇守云南。忽必烈曾在今木里、宁蒗一带屯兵驻扎过一段时间,沿途派驻了官员,并留驻了士兵。元末明初时,大量蒙古族军士滞留今盐源、木里一带,归顺明王朝后,有的还被分封为当地土官。

（六）羌族

康巴地区的羌族主要居住在今甘孜藏族自治州丹巴县小金河流域的太平乡丹扎村、长胜店等乡镇。[①] 乾隆年间大小金川之役后,大小金川地区人口锐减,清廷从川北移汉民到大小金川、丹巴等地垦荒,恢复农业生产,发展商业贸易,屯垦练兵。为了管理屯民,朝廷从维州(今阿坝藏族羌族自治州茂县)等地的九子、上孟、下孟三个羌兵营中,抽调勇武精悍的羌民武弁,前往丹巴,监督屯民练兵,防止土司、头人作乱。这些羌族屯练带着亲眷在丹巴繁衍生息,成为今天生活在康巴地区的羌族。[②]

除了上述的几个主要民族以外,在康巴地区与外界接壤的部分区域还生活着白族、苗族、傈僳族、维吾尔、壮族、满族等民族。

第三节　一千年来的人口增减与文化兴衰

人类社会的发展历史证明,一个地区人口的增减是受该地区所处的自然环境及不同历史时期的社会经济条件、政治变动等众多因素影响和制约的;另

---

① 《甘孜藏族自治州概况》编写组:《四川甘孜藏族自治州概况》,民族出版社 2009 年版,第 18 页。

② 周晓阳:《丹巴羌族的来历与演变》,载中国人民政治协商会议甘孜藏族自治州委员会编:《甘孜州文史资料》(第 13 辑),1993 年,第 132—133 页。

外,该地区的文化、宗教、风俗习惯等方面也会影响到一个区域的人口数量变化。由于高山阻隔、河流纵横、地广人稀、居住分散、交通不便,加之历史上长期处于封建农奴制社会,生产力水平低下,社会发育程度低,所以康巴地区人口的增长速度较为缓慢。同时,有关历史上康巴地区人口的记载资料很零星,大部分为估算的数字,部分确切数字的可信度、准确性亦不够,连西康省政府主席刘文辉主政西康时也发出"西康的人口是个谜"①的感慨。再加之康巴各个区域在不同历史时期分属于不同的行政区划,人口统计区域的范围变化很大,因此要准确摸清康巴地区一千年来人口的增减变化是非常难的事情,我们只能从历史文献梳理出康巴部分地区的人口的数额及变动情况。

一、一千年来人口的增减

最早关于康巴地区人口的资料是汉代《后汉书·南蛮西南夷传》记载,东汉永平十七年(74 年),"永平中益州刺史好立功名……汶山以西前世所不至,正朔所未加。白狼、槃木、唐菆等百余国,户三十余万,口六百万以上举种奉贡称为臣仆"。② 永元十二年(100 年),白狼、楼薄夷王唐缯等"率种人口十七万,归义内属,诏赐金印紫绶"。③ 其中,据文献记载白狼、槃木、唐菆等部在汶山以西,也就是今四川茂县以西,后逐步向西南迁移至今康巴地区。白狼的大体位置据部分学者考证,在今甘孜巴塘与金沙江西岸的昌都区域,有的学者认为槃木是纳西族。丽江纳西族土司《木氏宦谱》也记载元初管辖范围达白狼、槃木等处地方。其中,文献记载"白狼、槃木、唐菆等百余国,户三十余万,人口六百万"。根据当时的生产力水平和在东汉的经济发展状况,加上"益州刺史好立功名",不排除其对其功绩进行了夸大记载,因此该数据不具真实性。隋唐时期,汉文文献对康巴地区的部分部落人口有记载。如附国"国有二万余家,号令自王出"。④ 按每户 5 人计算,附国人口大概有 10 万人。东女

① 刘文辉:《建设新西康十讲》,载赵心愚、秦和平、王川编:《康区藏族社会珍稀资料辑要》(下),巴蜀书社 2006 年版,第 525 页。
② (宋)范晔撰,(唐)李贤等注:《后汉书·南蛮西南夷传》,中华书局 1965 年版,第 2855 页。
③ (宋)范晔、(晋)司马彪著:《后汉书》,岳麓书社 2009 年版,第 1107 页。
④ (唐)魏徵等:《隋书·附国传》,中华书局 1982 年版。

国有:"户四万余众,胜兵万余人。"①按每户 5 人计算,东女国人口大概有 20 万人。据《新唐书》记载:白兰部落"胜兵万人,勇战斗,善作兵"。不过,因为战争原因,在吐蕃时期,诸羌部落的人口应该是处于下降趋势。吐蕃王朝崩溃后,康巴地区出现了部落头人分裂割据的局面,加上部落纷争,人口不断衰减。

元朝建立后,忽必烈于1260 年、1268 年和 1287 年,先后三次派人在今西藏的卫、藏地区进行户口清查,其中,1268 年的调查,范围包括今青海和四川西部部分地区。1269 年,根据调查,按照人口的多少,仿照汉地的驿站制度,在藏族聚居区设立了二十七所驿站,其中在朵甘思设立了九站。

康巴地区有详细的户口人口登记是从清代开始,但是数字比较粗略。如清廷青海灭和硕特蒙古势力后,在康巴地区进行了人口清查,清廷对康巴地区的巴塘、理塘、昌都等地进行了人口统计。据清查,在察木多有"喇嘛四千五百众,百姓七千六百三十五户";在巴塘有"头人三十九名,百姓六千九百二十户,大小喇嘛二千一百一十众";在理塘有"头人三十名,百姓五千三百二十户,大小喇嘛寺院四十五座,(喇嘛)共三千二百七十余众";在打箭炉(康定)"户口总计二万四百二十四户"②。但是此次清查,也没有完全覆盖康巴地区,还有很多地方因为各种原因没有清查到。清末赵尔丰经营康区,仿照内地编造户口,曾于 1910 年、1911 年两次清查康区户口,对川滇边务大臣所管辖的巴塘、三坝、定乡、盐井、德格、同普、石渠、白玉、林葱土司、孔撒土司、麻书土司、理塘、河口、稻城、登科、革什咱土司、乍丫、察雅、江卡、桑昂、杂榆、东科土司等进行了户口清查。据清查结果显示,共有正户 46362 户、附户 2512 户。③民国时期,为筹建西康省,西康建省委员会对所管辖的康定、泸定、丹巴、九龙、雅江、理化、巴安、稻城、定乡、得荣、道孚、炉霍、甘孜、瞻化、德格、白玉、邓柯、石渠、义敦等地人口又进行了清查和统计,并对丹、道、炉、甘、邓、石的土著进

---

① (五代)刘昫:《旧唐书》卷 197《东女国传》,中华书局点校本 1974 年版。

② 乾隆《卫藏通志》,载张羽新主编:《中国西藏及甘青川滇藏区方志汇编》,学苑出版社 2003 年版,第 256—259 页。

③ 《1910 年川滇边务大臣所属户数表》,四川省档案馆、四川省民族研究所编:《近代康区档案资料选编》,四川大学出版社 1990 年版,第 171 页。

行了估算,统计共有男丁 347845、女口 362535,共计 710380 人。① 新中国成立后,才开始了正式意义的人口普查工作。

康巴部分地区人口数据统计表②

地区	康熙年间（单位:户）	雍正七年1729 年	1910 年（单位:户）	1935 年（单位:人）	1950—1953 年（单位:人）
打箭炉（康定）	20424	6842（户）	6842	38012	47704
泸定	403 户③		5000	51332	34294
丹巴	4823			37662	33438
九龙				22411	20000
雅江			860	20694	19700
巴塘	6920④	3236（户）	3457	54069	18138
理塘	5320	6529（户）	1684	47967	30754
稻城			2445	25538	14674
道孚			3135⑤	37385	24357
炉霍			5752	24504	23688
甘孜				44622	35307
瞻化				60387	24019
德格			3330	25743	41246⑥
白玉			3455	20615	25225
邓柯			1226	31100	

---

① 《1935 年 2 月西康行政专员公署造报各县人口概况统计表》,《近代康区档案资料选编》,第 184—185 页。

② 该表根据清中期、1910 年、1935 年、1950—1953 年几个时间点或时间段的调查数据填写,总体而言,一千多年来康巴地区的人口虽然历经调查,但大部分调查漏查少报、未及实查严重,大部分系估计数据。民国时期,对康区的调查开始重视,但是通过不同渠道公布的人口数字差距仍然非常大,新中国成立以后,对康巴地区有了较为科学的人口普查,数据相对可信。数据来源于:康熙《卫藏通志》;康区各县县志;《1935 年 2 月西康行政专员公署造报各县人口概况统计表》等资料。

③ 泸定大部分人口算入打箭炉,此人口数仅为冷边、沈边、咱里三土司管辖人口数。

④ 当时得荣县和昌都地区的盐井、芒康县的莽岭及云南的中甸、维西、阿墩子等地均属巴塘管辖。

⑤ 1911 年数据,统计范围包括原甘孜孔撒、麻书、康定明正、丹巴丹东、玉科等地。

⑥ 将原邓柯县 8 个乡人口划入德格。

地区	康熙年间 （单位：户）	雍正七年 1729年	1910年 （单位：户）	1935年 （单位：人）	1950—1953年 （单位：人）
石渠			3101	32410	46451
义敦				16140	
木里					54285
玉树地区					113424

从上表可以看出，各个时期对于康巴地区的人口调查资料数据差距比较大，而且人口增长非常缓慢，在一定历史时期内部分地区还呈现人口减少趋势，分析其原因如下：

一是调查数据只是部分地区的抽样调查或估算数据，加之交通、通信极其不便，错登、漏登、重复登记情况突出，因此数据的准确性不高。二是部分区域在不同的历史时期，其辖区范围发生了变化，因而户口数也随之增加或减少。如清代打箭炉地区明正土司管辖范围大体包括以炉城（康定）为中心，向东北延伸，南达玉龙西、磨西（今泸定县）一带，北达今丹巴南部以及道孚惠远寺一带。而清末、民国期间统计的是康定县的人口数，所以数据差异较大。三是人口登记的时候，可能并未将流动人口登记入册。据民国时期任乃强先生对康定的考察：当时康定人口据粮册登记才2411户，登记人口实际"不足二分之一"，在康定，当时纯汉族就有4800人，混血族有1万人，很多人没有登记在册。① 四是各种因素的影响，康巴地区的人口确实存在负增长情况。

总体而言，在较长一段历史时期内，康巴地区的人口增长速度非常缓慢，甚至在一定的历史时期，还出现了负增长情况，究其原因如下：

一是特殊的社会制度、自然条件、经济、文化发展水平等制约，康巴地区人民的生活、健康水平不高，医药卫生条件较差，疫病时有流行，有病求诸于神的现象普遍，人口发展处于低出生、高死亡、低增长类型，使得康巴地区人口出生率也相对较低。

二是康巴部分地区民风彪悍、好械斗，人口流动迁徙频繁，严重地影响人

---

① 任乃强：《康定县视察报告》，载《任乃强藏学文集》（上），中国藏学出版社2009年版，第12页。

口增长速度,因此人口增长相对缓慢。同时,受康巴地区群众普遍信仰藏传佛教的影响,为数不少的青壮年入寺为僧为尼,不从事人口生产,致使出生率逐渐递减,也影响到康巴地区的人口繁衍。

三是清代及近代伴随着在康巴地区战事的增多,导致康巴局部地区人口减少。据初步统计,近三百年来在康巴地区发生大的军事活动有:康熙三十九年(1700年)平定西炉和硕特营官之乱、乾隆年间的大小金川之乱、雍正至同治年间先后五次平定瞻对之乱、清末赵尔丰改土归流、民国时期藏军东进康区等多次的战争和内乱使得康巴地区的劳动人口在战争中损失严重。如乾隆四年,大小金川战役时期当地藏族人口约75000人,乾隆四十一年金川土司战败时,仅存了2万余人。① 除了在康巴地区发生的战争外,几次中央王朝在西藏的军事行动,也从康巴地区征调了不少人口。如清乾隆晚期,廓尔喀(今属尼泊尔)人两次侵略西藏,1791年,廓尔喀侵略军攻陷日喀则,扎什伦布寺的大量金银财物包括清朝的御赐物品被洗劫一空,清廷发兵数万征讨,也抽调了不少康巴士兵。

二、康巴地区的文化兴衰

一个地方文化的兴盛和发展是与其特殊自然区位、发展历史息息相关的。康巴地区是以藏族文化为主体的多元一体民族文化,纵观近千年来康巴地区的文化发展历史,最具代表性的便是藏传佛教在康巴的复兴和发展、格萨尔文化在康区的诞生以及伴随着茶马贸易形成的多元民族文化(多元民族文化见第八章)。由于康巴地区在历史上曾长期实行"政教联盟"和"政教合一"制度,宗教文化不仅成为传统文化的重要组成部分,而且还渗入人们的精神世界和社会的各个层面,从而使康巴地区的传统文化具有强烈的宗教属性。除了宗教的影响之外,康巴地区的传统文化也受到各种非宗教文化因素的影响,其中格萨尔文化即是最为典型的民族文化。

(一) 藏传佛教在康区的复兴和发展

康巴地区是藏传佛教传承和发展的重要地区。从839年起,吐蕃赞普朗

---

① 四川省人口普查办公室编:《四川藏族人口》,中国统计出版社1994年版,第21页。

达玛毁灭佛教,藏传佛教在吐蕃遭受严重打击,康巴地区便成为吐蕃部分僧人的避难所之一,吐蕃佛教徒携带佛教经典,逃往康巴、安多地区。如西藏僧人藏饶色在多康广收佛教徒传播佛法。吐蕃王朝灭亡后,藏传佛教在康巴、安多再度复兴,并又重新传回西藏,宗教史家称为"下路弘法"或"下路弘传"。"下路弘法"时期,康巴地区出现了一些藏传佛教的开山祖师,如帕竹噶举的开创者帕木竹巴、达垅噶举的开创人达垅塘巴·扎希贝、藏传佛教噶玛噶举派的创始人都松钦巴、噶玛噶举黑帽系的开创者噶玛拔希等均出生在康巴地区。他们创立了教派后,又将康区作为弘法的重要法场,弘扬其佛法,卫藏地区众多僧人也前往多康地区学习佛法,他们回到西藏弘扬佛法。经过长期的发展,在康巴地区形成了许多大小教派,主要有宁玛、萨迦、噶举、格鲁等教派。经过近千年的发展,康巴地区已成为绝大多数民众信仰藏传佛教的地区,由于一千多年来藏传佛教的深刻影响,使藏传佛教深入到社会的各个层面和广大人民群众的精神世界,并渗透到藏族聚居区的政治、经济、文化、社会生活的各个领域中去,人们的道德观念、价值判断、行为准则和社会关系受宗教影响极深。

伴随着藏传佛教在康巴的兴起和发展,康巴地区原来的本土宗教也面临巨大地挑战。藏传佛教在传入康巴之前,在康巴地区流传的是原始本教。随着藏传佛教在康巴地区的发展和壮大,一部分原始本教为了保存自己的实力,不得不主动或被动地迎合佛教,向藏传佛教转化,成为藏传佛教的重要一派。目前,本波教在康巴地区的很多县都有广泛分布,著名的有理塘县的崩波寺,道孚县的单巴绒珠寺、桑珠寺,康定县的折洛寺,新龙县的纳卡寺等。而另一部分原始本教为了生存,在其他地方以顽强的生命力生存和延续着,仍然对康巴地区的社会生活产生深远的影响。目前,藏族的原始宗教信仰中,还带有很多原始本教的原始形态。如大渡河鱼通的"公嘛",大小金川流域的"更巴",道孚一带的"奥外",甘孜等地的"阿龙",在九龙一带的"阿什",在巴塘、乡城等地的纳西人的"东巴"。虽然称谓不太一样,但是它们具有多神信仰、自然崇拜、相信万物有灵、尊崇巫师的共同特点,仍然带有原始本教的显著特征。

（二）格萨尔文化的诞生及发展

由于特殊的自然地理环境、社会形态,在康巴地区还孕育了有世界影响力的格萨尔文化。吐蕃王朝崩溃后,康巴地区部落分立,它们互不相率、互争雄长,长达三百年之久。这长达三百年之久的部落相争历史,为英雄史诗《格萨(斯)尔》的诞生创造了条件。[①] 虽然学术界关于格萨尔王其人和格萨尔王的降生地,尚有多种说法,但是主流观点大多认为:格萨尔史诗形成于 10 — 11世纪,格萨尔王的故事发生在康巴和安多的交界区域,格萨尔史诗反映了古代藏族地区各部落的生产情况、经济生活、宗教信仰、风俗习惯,是研究古代藏族聚居区社会历史、民族、宗教、语言、文学、风俗的一部百科全书,至今还在传承和发展过程中。近千年来,康巴地区成为孕育格萨尔文化、格萨尔史诗广泛流传的核心区域。目前,格萨尔文化在康巴地区生存的自然和人文语境依然有较好的保存,并且深刻、长期地影响着康巴民众的精神生活。在康巴地区仍然有大量的格萨尔遗迹与传说,在德格阿须草原还有格萨尔的纪念堂,民间还流传着《格萨(斯)尔》的不少珍贵文本,深受群众喜闻乐见,在民间广为流传。格萨尔王文化渗透到群众生活的各个方面,格萨尔藏戏、格萨尔的唐卡、壁画、雕塑、石刻等仍然处处可见。格萨尔史诗所表达的勇敢、进取、坚强、智慧、惩恶扬善和英雄主义精神,已成为众多康巴汉子普遍的价值取向。

同时,格萨尔文化通过康巴地区格萨尔艺人的传唱在民间流传下来的,并逐步形成了数目众多的木刻本和手抄形式的《格萨(斯)尔》文本。目前,《格萨尔史诗》不仅在藏族地区广泛流行,还传播至蒙古族、土族、纳西族、裕固族地区,在印度、尼泊尔、不丹、巴基斯坦、外蒙古等国也有流传。国外有英、法、日、德、俄、印、拉丁等文字的部分译本,被国际学术界称作"东方的荷马史诗"。

第四节　区域周边的主要民族及其关系

康巴地区地处川、滇、藏、青四省区交界处,周边居住着汉、彝、羌、纳西、白族等多民族,同时与安多藏族等藏族支系有着广泛、密切的联系。康巴地区与周边各民族在较长的历史时期内有着经济、文化等方面持续的互动。

---

① 任新建:《康巴文化的特点与形成的历史地理背景》,载袁晓文、陈国安主编:《中国西南民族研究学会建会 30 周年精选学术文库》,民族出版社 2014 年版,第 498 页。

一、经济上的互利往来

康巴地区与周边地区各民族的互动,在经济交往上的体现尤其明显。一方面,伴随着周边民族人口因为各种原因进入康区,特别是清代汉藏贸易全面兴起后,大量的陕西、山西、江西、湖广、四川汉、回等族商人进入康巴地区,部分汉、回商人还在康巴地区经商的同时,长期扎根于康巴,融入康巴地区各民族中去。在元朝,今康巴地区被划归陕西行省管辖,为陕西商人进入康巴地区经商提供了便利的条件。至明朝,一些汉族商人开始深入康巴部分地区经商。

至清代,川、汉商人的经营规模及经营范围逐步扩大。川、陕商人数量较多的地区主要有集中在康巴地区打箭炉、察木多、理塘、巴塘等重要商贸集镇。乾隆十六年(1751年),四川总督策楞的上奏中称:"查各省民人在打箭炉以外贸易者,不止西藏一带,如类乌齐、察木多、乍丫及里塘、巴塘、明正土司所属地方,在在都有。"①伴随着经济交往的加强,康巴地区对外经济交往的要求越发强烈。如清同治年间,章谷土司、麻书土司因瞻对之乱而赴成都求援时,看到成都的繁华,颇为钦慕,遂派人到打箭炉招汉商前往炉霍开市,不少汉商应招到炉霍、甘孜等地,此地的汉商遂日益增多。② 清末民初以前,内地商贾已经在炉霍、甘孜一带从事商贸活动,设庄或分号。由于这些商人的努力,进一步促进了康巴地区物资的丰富和社会经济的繁荣。如清宣统元年(1909年),奉赵尔丰命随川军钟颖进藏的管带(营长)陈渠珍自打箭炉出关经炉霍时,详细地描述了当时炉霍的商业情况,当时在炉霍市场上,已有猪、豆豉等汉族人常用之食物及藏族聚居区少见的海产品鱿鱼等。他们在炉霍,购买了"猪一头,鱿鱼数斤,切碎,豆豉炒之,分盛两桶,载之以行"③。在康巴地区的康定、道孚等许多地方,新中国成立前还有诸如"老陕街""陕西街"等街名。这些商人对促进康巴地区与外界的物资交流及康巴地区的经济发展、百姓生活改善、社会各项事业的发展,也为康巴地区的民族团结作出了很大的贡献。

---

① 西藏研究编辑部编辑:《清实录藏族史料》,乾隆十六年八月癸亥条,西藏人民出版社1982年版,第33—34页。

② 任乃强:《甘孜县视察报告》,载《任乃强藏学文集》(中),中国藏学出版社2009年版,第76页。

③ 陈渠珍:《艽野尘梦》,重庆出版社2013年版,第100页。

另一方面,伴随着康巴地区与周边民族频繁的经济往来,近代在康巴地区也涌现出一批精明、诚信、善于经营、不畏艰苦、有开拓精神的康巴商人,他们奔走于卫藏、汉区、纳西族地区从事商品交易活动。

他们从雅安、云南丽江等处采购砖茶收购后批发给藏族商人,并将西藏、康巴地区收购的丰富土特产品贩运至周边地区。康巴商人创办的邦达昌、桑多昌、安珠昌等商号,势力雄厚,商号遍布重庆、武汉、上海等大城市,并在印度等地开设了"喜马伦"、"大达"等公司,控制了西藏的对印贸易。康巴巨商邦达·多吉,以拉萨和康定为中心,将生意做到了成都、重庆、昆明、上海、印度等地,在内地建立起了巨大的贸易网络。在拉萨老城形成之初,在八郎雪地区,有很多康巴商人在那里经营茶叶生意。①

二、血缘上的相互融合

康巴地区各民族与周边地区民族血缘的融合比较普遍。伴随清代纳西族、彝族进入康南,以及近代大量汉人入康经商、为官、垦殖,加之红军长征时期一部分伤病员,汉藏两民族之间互为婚姻的情况较为普遍,汉藏民族间人口血缘上的相互交融,达到前所未有的深度和广度。在康巴地区经过数百年的通婚关系,出现了汉藏混血的几代人(俗称为"扯格娃",现通常称"团结族")。据载"民初以来川人入康经商因而成为赘婿,遂成为就场经营之商人者,其数亦即不下数万人"。② 在甘孜巴塘,民国时期老街上百分之五六十的居民都是汉藏通婚的后代。③

红军长征时期,在各地留下了一部分伤病员和干部,由地方组织和各族群众保护起来,以各种形式定居下来。以炉霍虾拉沱为例,据新中国成立初期对炉霍虾拉沱初次开展的社会调查记载,虾拉沱村共 57 户,219 人,男 106 人、女 113 人,其中纯汉族 11 户,41 人。汉藏联姻 38 户,150 人,男 74 人、女 76

---

① 达瓦:《古城拉萨市历史地名考》,社会科学文献出版社 2014 年版,第 20 页。
② 周太玄:《西康通志稿·工商志》,四川省档案馆藏,第 22 页;见四川省地方志工作办公室编纂:《西康通志稿》(下册),方志出版社 2016 年版。
③ 石硕、邹立波:《汉藏互动与文化交融:清代至民国时期巴塘关帝庙内涵之变迁》,《西南民族大学学报》2011 年第 6 期,第 49—54 页。

人;其中,留炉红军有 10 人。① 在昌都地区,汉藏、汉纳、藏纳等民族之间的通婚也大量存在,以致在昌都出现了大量"扯格娃"。②

同时,在与其他地区交界区域,各民族杂居普遍、血缘上的融合也更甚。明朝木土司统治康南时,大量纳西族被强迫迁入康南各地,清朝木氏土府对这一地区的统治结束以后,仍有大量的纳西族在康南生活下来。据 1954 年在康南的民族识别调查,在西康地区的纳西族有 5000 户以上,但是因为大多数与藏族已相互融合,大部分被识别为藏族。③ 目前,巴塘东南区的藏族中很多是纳西族的后代,他们在结婚时有背家谱的习俗,可以追溯到纳西族的祖先,两族关系也很融洽。在今甘孜丹巴、阿坝金川等地,乾隆征大小金川前,已有不少外地来此经商的陕西人与藏族互相通婚并定居下来。大小金川之役后,大批汉族进入该地区定居下来。

三、文化上的相互影响

由于康巴地区各部族在青藏高原东南缘的频繁迁徙,因此康巴地区与周边民族的互动呈现动态化的状态,表现在文化上,则是文化相互交融、相互渗透。伴随着各民族在血缘关系上的亲和,又进一步加深了各种文化的相互影响。在康定、巴塘、昌都等汉藏通婚较多的地区,汉藏文化的亲密融合尤其明显。如在巴塘,伴随着清代汉族商人的陆续迁入,形成了汉人相对集中的巴塘老街,出现并融入了藏族本土宗教元素、藏汉群众共同信仰的关帝庙。④ 而在康巴地区的回族商人,因为在康巴地区长久经商,不仅会操娴熟的藏语,在生活方式上也吃藏式的手抓羊肉、酥油糌粑、奶茶、穿藏式长袍,生活方式也极为藏式化,还有不少与藏族联姻。⑤

另外,在康南地区,藏纳文化的相互融合、渗透也非常普遍。明代以来,伴

---

① 炉霍县文史资料委员会编:《炉霍县文史资料》(第 2 辑),1997 年版,第 3 页。

② 王川:《西藏昌都近代社会研究》,四川人民出版社 2006 年版,第 220 页。

③ 方国瑜、和志武:《纳西族的渊源、迁徙和分布》,《民族研究》1979 年第 1 期。

④ 石硕、邹立波:《汉藏互动与文化交融:清代至民国时期巴塘关帝庙内涵之变迁》,《西南民族大学学报》2011 年第 6 期,第 49—54。

⑤ 马平:《近代甘青川康边藏区与内地贸易的回族中间商》,《回族研究》1996 年第 4 期。

随着木土司在康巴地区统治的建立,纳西族文化在传入康巴南部的同时,藏传藏族文化也开始传入木土司统治的周边地区。受到康巴地区藏传佛教的影响,丽江木土司开始成为虔诚的佛教徒,特别是明武宗正德十一年(1516 年)丽江土司木定迎请黑帽八世活佛以后,丽江的纳西族首领,必定将其中一子送往喇嘛寺为喇嘛,藏传佛教发展成为丽江地区的主流宗教,藏传佛教开始得到广泛弘扬和传播。

　　嘉靖二年(1523 年),木土司在白沙建成的大宝积宫,其壁画多有孔雀明王、法会图、护法神像等藏传佛教的绘画内容及藏文题字。① 在今康南纳西族和藏族的混居区域,如纳西族教藏族种水稻,藏族教纳西族养牲口,纳西族种的红米,所造的木器、铜器、土布等除自给外也供给藏族人民。两族间的经济文化密切合作,是使他们互相融合的根本原因。②

---

　　①　冯智:《明代丽江木氏土司与西藏噶玛派关系述略》,载陈庆英主编:《藏族历史宗教研究》第 1 辑,中国藏学出版社 1996 年版,第 63 页。
　　②　四川省地方志编纂委员会编纂:《四川省志·民族志》,四川人民出版社 2000 年版,第 203 页。

第三章　民俗文化

　　民俗文化,是指依附于人民的生活、习惯、情感以及信仰而产生的文化,是民间民众的风俗生活文化的统称,也泛指一个国家、民族、地区中集居的民众所创造、传承的生活习惯。地处青藏高原东南缘的康巴,包括西藏昌都、云南迪庆、青海玉树、四川甘孜阿坝等地区。广义上的"康巴文化"是指:康区各族人民在漫长的历史发展过程中创造并积淀下来的物质文明与精神文明的总和。康巴文化的核心是人与自然的和谐统一、人与自然的和谐共处、不同文化间的和谐共存①。

第一节　生产民俗

　　康区的地理环境与卫藏、安多等地区有很大的不同,这里高山纵横、河流密布并形成了多样化的自然生态环境:既有宽广的草原,也有险峻的雪山;既有起伏的丘陵,也有湿润的河谷盆地②。因此,康巴地区的生产类型主要为农牧混合的经济类型;同时,又兼有手工业。

一、农业
　　康巴藏族聚居区的农业生产主要以种植业为主,海拔在 2600 米的康巴东

---

① 任新建:《康巴历史与文化》,巴蜀书社 2014 年版,第 272 页。
② 石硕:《青藏高原东缘的古代文明》,四川人民出版社 2011 年版,第 504 页。

南部高山峡谷地区由于属于河谷亚热带和山地暖温带,种植业最为发达,农作物为一年两到三熟。但是,康巴藏族聚居区海拔高于 3000 米的山地面积占整个地区土地面积的 90% 以上,且以石子含量较多的山地陡坡为主,而海拔高于 3000 米的地区气候相对来说较为寒冷,并不适宜农作物的生长。所以总体来说,康巴地区的种植业受自然环境的限制导致用地的质量较低,生产效益不高。

康巴藏族聚居区传统的耕作方式主要有二牛抬杠、轮作、复种、休耕等。20 世纪 80 年代,在康东的极少地区还保留着原始刀耕火种的耕作方式。随着国家经济政治政策等的支持,康巴藏族聚居区农业现代化水平提高,传统的耕作方式也在逐渐改变,主要表现在以"人畜力"为主的耕作方式被机械化生产逐步取代。

康巴藏族聚居区在耕作方面有自己独特的耕作习俗。其中,春耕和秋收的习俗较为突出,无论是春耕还是秋收,康巴藏族聚居区的居民都会举行隆重的仪式以显示对其的重视。春耕时,每户人家都会请当地寺庙里德高望重的高僧选定具体的耕作时间,仪式一般都是在地里举行。在耕作这一天的清晨,男人们会早早起床,为自家的耕牛精心打扮,比如说梳理好皮毛,扎好牛尾,并且为耕牛系上哈达或红绫,老人和妇女则将"切玛"摆放在地边,并燃起桑烟,念诵经文,祈求神灵庇佑。秋收的时候人们会举行各种各样的活动来表示自己的欢喜。其中有一个庆典活动是每家都会做的,那就是将当年收获的一部分粮食酿成酒与大家分享,在酒酿过程中康巴藏族聚居区有一个共同的习俗,那就是非常忌讳外来人的到来。他们认为有了外人的干扰,发酵的酒酿会变成一桶酸水,而不是酒,因此,在酿酒的时间,人们会在房间门口倒扣一个背篓,并挂上黑布,登门拜访的人看见就会离开,择日再来。[①] 无论是对于耕种或是秋收的仪式,还是酒酿的分享,无不体现了在生态脆弱的高原地区,淳朴的康巴人民对于自然环境的依赖以及对于神灵的敬畏。

二、牧业

以山区为主的地形决定了康巴藏族聚居区有大面积的天然牧场,因此,畜

---

① 凌立:《康巴藏族民俗文化》,四川人民出版社 2012 年版,第 60 页。

牧业在当地经济中占有很大的比重。康巴藏族聚居区的畜牧业主要是游牧方式，也就是"逐水草而居"，这样的放牧方式既可以饲养家畜又可以保护草场，以利于资源的再生长和利用。

康巴藏族聚居区牧民们饲养的牲畜以绵羊、牦牛、马为主。藏族聚居区的羊主要有绵羊和山羊，主要为牧民提供羊肉和羊皮毛。牦牛因其具有较强的高寒环境的适应能力和广泛的用途而成为藏族聚居区主要饲养的牲畜，素有"世界牦牛中国最多，中国牦牛康巴最多"的说法。

根据季节的不同，牧民们将草场分为冷季草场和暖季草场。主要是由于冬季大雪封山，天寒地冻，为了让牲畜安全地度过寒冷的冬季，便需要不断地更换草场。传统的畜牧管理比较粗放，没有栅栏和饲料的喂养，牧民也没有培植牧草、储草过冬的习惯，为了充分地利用草场以及适应季节的变化，冷季草场一般在沟川向阳地带，而暖季牧场一般在地势较高的边远草场。两季草场的管理十分严格，绝不能在冬季到暖季牧场放牧抑或是夏季到冷季牧场放牧，正如民间的说法"冬草夏不食，夏草冬不食"。

三、手工业

康巴藏族的手工业具有悠久的历史，手工业生产主要有服装、木工、金银制作以及铁器加工等行业。

编织业：在康巴藏族地区，从事编织业的多为女性，一般不占用劳作时间，而是在农闲时生产，工序是剪毛、洗毛、成线、纺织成呢等，编织的产品主要是褐子、褐子被，以及毛衣、毛裤等。在寒冷的康巴地区，牛毛制品有耐热、耐寒、耐湿的特点，所以毛制品在康巴藏族聚居区很受欢迎。而藏民们编织的产品除了少量是供给自家使用外，大部分是用于出售，来换取生活的必需品。

木匠：木匠一般为男性，主要是房屋的修建，家具以及木碗的制作，等等；也包括装饰房屋所需要的木制品。手艺一般的木工主要从事房屋的架梁以及门框楼梯等的修造，而手艺高超的木工可以到富裕人家或是寺庙内从事雕刻花窗、经堂内修、木制佛像佛塔等精细木制品的制作。

银匠：银器在康巴地区很受欢迎，无论是银制茶壶、茶盖、银碗等日用品，还是耳环、项链、手链等女性配饰，抑或是寺庙用的供器、法器等，都离不开金银。银匠制作的银器不仅具有较高的实用价值,而且做工精美细致,具有较高的审美和收藏价值。

铁匠:铁匠的工作一般为修理加工农具、打制道具等。值得注意的是,有些铁匠受佛教文化的影响,不愿意打制刀具,只是给寺庙或是为农牧民修理、打制铁锅。

四、商业

商业的本质是交换,交换不仅受到自利动机的驱使,同时也因不同地域之间的物质需求而变得必要。高寒贫瘠的康巴地区"百物缺乏,大都仰给内地,故关外商业颇关重要,而北路甘孜区尤为商业集中要点①"。

康巴藏区的商业贸易是随着"茶马古道"兴起的,"茶马古道"是一个有着特定含义的历史概念:它是指唐宋以来至民国时期汉、藏之间进行茶马交换而形成的一条交通要道②,具体来说,茶马古道分为南北两条道,即川藏道和滇藏道。川藏茶马古道,"自成都经康定,过昌都,至拉萨,至尼泊尔,甚而远至印度,是一条名副其实的古代国际商贸通道③"。随着"川藏、滇藏"古道的兴起,在一定程度上冲击了康巴地区的自给自足的经济体系。虽然早在 2000 年前的西汉时期,四川已经将茶作为一种商品进行交易,但当时饮茶之习尚未在我国风行。唐代以后,茶传入吐蕃,不过最初仍是被作为一种珍贵的医疗保健品在吐蕃王室中使用,而并非是一种日常饮料。关于这点,从《汉藏史集》记载"高贵的大德尊者全都享用"可见一斑。后来,随着唐蕃之间的交往逐渐增强,大量价格便宜的茶输入藏族聚居区,才为普通民众饮茶创造了条件,逐渐地,饮茶之俗也在康巴地区传播开来。

汉藏之间的茶马贸易始于汉唐。北宋时期,茶叶在西北少数民族特别是藏族人民生活中进一步普及,川、陕地区的茶叶生产也不断发展,而北宋政府与辽、夏对抗又大量需求马匹,因此,茶马互市得以大规模开展。熙宁七年,北

---

① 川边:《甘孜商业概况》,《四川月报》1936 年第 9 卷第 2 期,第 461 页。

② 石硕:《青藏高原东缘的古代文明》,四川人民出版社 2011 年版,第 432 页。

③ 格勒、海帆:《康巴——拉萨人眼中的荒凉边地》,生活·读书·新知三联书店 2005 年版,第 27 页。

宋政府在四川成都正式设立榷茶司负责茶叶收购,在秦州设买马司负责用茶叶同藏族聚居区的易马事宜。① 清朝初年,茶马贸易"逐渐发展为更为开放与民间化的汉藏贸易,其贸易重点也向南转移到藏彝走廊内的康定和松潘两地"。② 民国时期,由于军阀混战以及川藏纠纷,政府角色逐渐淡出,但是汉藏之间的茶叶交易依然很活跃,内地茶叶仍畅销于藏族聚居区,并在当时的特殊条件下成为沟通内地与藏族聚居区的重要纽带。随着汉藏商业活动的日渐频繁,在茶马古道上进行贸易的商品越来越多,从而促使茶马古道上的康巴地区较早改变了"重农轻商"的观念,并推动商业的发展。

藏民喝茶的历史虽不如植茶市茶的汉人久远,但嗜茶如命的习性却是根深蒂固。据到过藏族聚居区的汉人观察,藏民平日三件事最重要:一是喝酥油茶,二是念经,三是刷坝子,③可见藏民们对于喝茶的重视程度。康巴藏族人民生活在高山峡谷地区,气候干燥、寒冷,饮食又以牛羊肉以及奶制品为主,饮茶可以解油腻、促消化,还可以补充人体所必需的维生素,因此,康巴地区每日对于茶的需求量是极大的。再者,民间风俗把茶作为送礼的佳品,甚至在婚嫁丧礼等礼仪中,即使缺少其他东西,茶也是必须准备的,由此可见藏族人民对于茶的重视。四川是茶的故乡,源源不断的茶叶运往藏族聚居区,在促进四川经济发展的同时,也加强了汉藏两地的文化交流。

汉藏经济交流除了山路崎岖险峻的障碍,还有语言不通的困难。于是,茶马古道上出现了别具一格的中介商:一是四川康定的"锅庄"④,二是云南丽江的"马店"。锅庄主和马店老板"不但通晓汉藏语言及其风土人情,而且精通

---

① 李明伟:《丝绸之路贸易研究》,新疆人民出版社 2010 年版,第 461 页。

② 陈一石:《清代川茶业的发展及其与藏区的经济文化交流》,载马大珩、马大正主编:《清代边疆开发研究》,中国社会科学出版社 1990 年版。

③ 格勒、海帆:《康巴:拉萨人眼中的荒凉边地》,生活·读书·新知三联书店 2005 年版,第 29 页。

④ "锅庄"之名的来由,学界至今未有定论。有人认为,早年西藏商人来打箭炉做生意时,往往拾三块石头架锅熬茶,言其一锅三桩。但也有人认为,"锅庄"是藏语"谷章"(贵族之意)的变音,因为锅庄主多数是藏族上层人物。藏族的一种民间舞也叫锅庄,同音不同义。(参见格勒、海帆:《康巴——拉萨人眼中的荒凉边地》,生活·读书·新知三联书店 2005 年版,第 41 页)鉴于本书中锅庄主在汉藏经济交流中所起的中介作用,笔者以为此处的"锅庄"应该是藏语"谷章"的变音更接近史实。

茶马交易中的各个商务环节"。①

康巴藏族聚居区的贸易经济,是特定条件下藏汉两族的民族贸易,是两族特色物资交流的体现。由于与汉区的经济交往有很大的利益可图,所以康巴藏族聚居区在经济上表现出了强烈的东向性,从内地输出的主要以茶叶、粮食、生活用品为主,藏族聚居区输出则多为牛羊的皮毛以及藏族聚居区药材。我们有理由相信,随着"西部大开发"的深入和康区各项事业的不断完善和发展,康巴藏族在经济上的东向性只会加强不会削弱,而经济上的东向性和文化上的西向性发展,则是康巴地区的又一大特点。

第二节　生活民俗

康巴藏族聚居区气候寒冷、昼夜温差大,而且海拔较高,这些特殊的地理环境和气候特点使得康巴地区的人与自然有着紧密的联系,并且在衣食住行方面体现着此地区独特的生活习俗和习惯。

一、服装

服饰作为一种物质文化,是了解和认识一个民族的重要途径,藏族服装在其款式、结构形成和发展过程中,深受自然条件、劳动生产和文化交流的影响,形成了具有典型雪域高原民族独有的地方风格特色。由于所处地域和生活习惯的差异,藏族聚居区各地服饰于整体中也有各自的特点,一般来说以拉萨为中心的卫藏服饰雍容华贵、等级分明;甘青地区的安多服饰富丽堂皇;而居住在康区东部的康巴人的服装服饰则宽大粗犷、英武健美、豪气飒爽。② 康巴服饰与卫藏、安多地区均有一定的差异,以其夸张的形制、明朗的色彩、多彩的款式在藏族服饰中独树一帜。正如一首古老民歌这样传唱赞美:我虽不是昌都

---

① 格勒、海帆:《康巴——拉萨人眼中的荒凉边地》,生活·读书·新知三联书店 2005 年版,第 40—41 页。

② 格桑益西:《康巴藏族服饰文化》,《西藏艺术研究》2003 年第 3 期,第 29 页。

人,昌都装饰我知道,昌都装饰要我讲,铜带环腰口琴吊;我虽不是贡觉人,贡觉装饰我知道,贡觉装饰要我讲,项珠三串胸前抛;我虽不是德格人,德格装饰我知道,德格装饰要我讲,头顶明珠金莲抱;我虽不是霍柯人,霍柯装饰我知道,霍柯装饰要我讲,红绿带儿绕满腰①。由此可见,康巴藏族服饰的飒爽豪美、庄重富贵、英武粗犷。

康巴藏族生活在地势高、气候寒冷、自然条件恶劣的青藏高原东南部,以牧业、农业为主。因此,为有效地御寒保暖,康巴地区的民族服装(俗称"康装")主要以"厚重的氆氇、毡子、羊皮裘等制作长袍(俗称藏袍),腰间扎以各种质地和花色的宽长衣带,足蹬皮质藏靴,头戴金盏帽、礼帽、狐皮帽等②"为主,为了适应逐水草而居的牧业生产的流动性,逐渐形成了大襟、束腰,在胸前留一个突出的空隙,这样外出时可存放酥油、糌粑、茶叶、饭碗,甚至可以放幼儿。天热或劳作时,根据需要可袒露右臂或双臂,将袖系于腰间,调节体温,需要时再穿上,不必全部脱穿,非常便当,夜晚睡觉,解开腰带,脱下双袖,铺一半盖一半又成了一个暖和的大睡袋,可谓一物多用。

康巴地区的男女发饰亦极具特色:"康巴藏族男子发式是独有的英雄结式盘发,头戴发箍、耳环、项链,身挂呷乌(护身盒),手戴手镯、板指,腰部佩戴火镰袋、皮包、腰盒、吊刀等。康巴藏族妇女头饰多以金银、玛瑙等宝石作为饰物装饰头帽,或梳妆成各种各样的发型,或头顶各式挑花头帕,腰上佩戴以金银、玛瑙等宝石精工制成的雕花腰饰带、腰盒、皮包、奶桶钩、银链、小吊刀等。"③

"哈达"是藏民族十分珍爱且普遍使用的一种吉祥物,相当于汉族古代的礼帛,象征彼此之间的友好和睦,表明献者的真诚,用以表示敬意和吉祥。④哈达的颜色多以白色为主,白色给人以纯洁、神圣、朴素、高洁、坦诚、高雅之意。藏族人喜爱白色,认为白色是善的代名词,不仅寓意纯洁和忠诚,还象征吉祥和喜庆。藏族人崇尚白色和宗教有一定的渊源,本教作为藏族的原始宗

① 凌立:《康巴藏族民俗文化》,四川人民出版社 2012 年版,第 1 页。
② 徐学书、况红玲、王瑜:《康巴民俗文化民族艺术的资源价值》(上),《四川烹饪高等专科学校学报》2006 年第 3 期,第 46 页。
③ 徐学书、况红玲、王瑜:《康巴民俗文化民族艺术的资源价值》(上),《四川烹饪高等专科学校学报》2006 年第 3 期,第 46 页。
④ 拉都:《浅谈藏族的哈达》,《康定民族师范高等专科学校学报》2005 年第 2 期,第 22 页。

教,虽然它的地位为后来的藏传佛教所代替,但藏族人的信仰或多或少地留下了本教的痕迹。

本教的宗教传说流传着他们对白色的崇拜:"宇宙形成之初,首先产生了两束光芒,一白一黑,他们又产生了两个人,从黑光中诞生了一个黑人,从白光中诞生了一个白人。黑人代表着否定和不存在的原则,他来自星辰、魔鬼、干旱,随身带来了各种瘟疫和灾难,诸如鬼、魔、罗刹这样的魔鬼便开始做恶性循环。白人则是生灵之神,代表一切善的本源。"①在佛教中,白色占有相当的地位,佛教中用莲花作比喻的例子很多,而莲花又以白莲花最为高贵,再比如大日如来佛的特征是白色。由此,我们不难看出,宗教信仰对于藏族人崇拜白色、喜爱白色哈达有着极大的影响。

二、饮食

饮食习俗的形成主要受当地出产食品品种、自然生态环境和区域文化背景等因素的影响。康巴地区地处内地和青藏高原的过渡地带,饮食习俗具有鲜明的地域特色,大体上可分为牧区、康北农区、康南农区、康东农区等几个饮食文化圈。

牧区的饮食以牛羊肉、乳制品、糌粑、面粉为主,兼及"卓马"(俗称人参果),油类以酥油为主要食用油,兼牛羊板油。康北农区饮食以青稞、小麦、豌豆为主,兼牛、羊、猪肉和乳制品、洋芋等。康南农区饮食以青稞、小麦为主食,兼玉米、荞麦、洋芋和牛、羊、猪肉等,酒类有青稞酒、玉米酒以及玉米、小麦、高粱合酿的杂酒。因康南农区产辣椒,故冬季以干辣椒佐食,并以玉米粉、青椒腌制的"渣海椒"为常年佐食品。康东农区主食玉米、荞麦,兼以大豆、芸豆等,大渡河一带食鱼及蔬菜、水果,有芫菁、萝卜、莲花白等。因康东农区盛产花椒、辣椒,且盐的来源较方便,故味多麻辣,并喜食酸菜;食用油以酥油为主,兼猪膘、猪板油,并有少量核桃、菜籽、花生等植物油作补充和调剂②。

康巴藏族聚居区一般以糌粑、面粉为主食。糌粑是用炒过的青稞磨制而

① 杨蜀艳:《浅析藏族礼仪文化中的哈达》,《中央民族大学学报》2005 年第 5 期,第 31 页。
② 徐学书、况红玲、王瑜:《康巴民俗文化民族艺术的资源价值》(上),《四川烹饪高等专科学校学报》2006 年第 3 期,第 47 页。

成的一种食物,糌粑有多种吃法,多数是以酥油茶搅拌再捏成团食用,面粉主要有玉米面、荞麦面以及小麦面。在副食方面,康巴地区的肉类食品主要是牛羊肉。牛主要是牦牛,羊则主要是当地的绵羊,羊肉的做法很简单,多为炒和炖。康巴地区肉类丰富,但受气候及地域环境的影响,蔬菜缺乏,品种少,像土豆、萝卜这类便于保存的蔬菜在康巴地区十分受欢迎。但是,在康巴地区有一种保存蔬菜的方式——酸菜,一般用青菜或是萝卜的叶子做成,酸菜可以新鲜吃,也可以晒干后扎成一捆捆放置,等要食用时拿出即可。

康巴饮食文化中不得不提的还有酥油茶。这是在藏族聚居区最为普遍的一种茶制品,在藏族聚居区更有"宁可三日无粮,不可一日无茶"之说①。这是因为茶在藏族聚居区人民的饮食结构中起着十分重要的作用。首先,酥油茶是一种具有高热量的饮品,对于生活在高寒地区的居民来说具有御寒的作用;其次,藏族人民喜食肉类且缺少新鲜的蔬菜,而酥油茶的茶汁可以解腻,还可以降低少食蔬菜对于身体的伤害。因此,茶对于藏族人民来说是招待客人的必备品,至少要喝三碗,客人若谢绝则视为失礼,同时也体现了康巴藏族人民热情好客、豪爽不羁的一面。酥油茶在藏族聚居区还有一个传说,据说,从前的藏族聚居区有辖和怒两个部族,曾因发生冲突而势不两立。但是,辖部落土司的女儿美梅措在劳动中与怒部落土司的儿子文顿巴相爱。由于两个部落的历史冤仇,辖部落的土司派人杀害了文顿巴,当在为文顿巴举行火葬仪式时,美梅措奋不顾身地跳进火海殉情。二人死后,化作茶树上的茶叶和盐湖里的盐,这样每当藏族人打酥油茶时,茶和盐就能再次相遇。这样一个凄婉的传说更是为康巴藏族聚居区的文化添上了一抹神秘色彩。

三、建筑

建筑作为人类生活最基本的物质生活四大基础之一,是了解和追溯文化传承的一个重要切入点。在康巴藏族聚居区丰富的文化资源中,建筑被誉为"立体的绘画"、"凝固的音乐",体现出康巴地区浓郁的地域特征和文化特征。对康巴建筑的探寻,有助于我们了解康巴藏族人民在这片广袤的草原上创造的独特文化。

---

① 凌立:《康巴藏族民俗文化》,四川人民出版社 2012 年版,第 38 页。

藏式建筑根据生产方式可以分为牧区民居和农区民居两大类。在牧区，居民一般是居住在帐篷里，就地取材是牧区和农区居民的共性。牧区的就地取材即从放牧的牛身上获得牛毛，经过编织加工后做成牛毛帐篷；同时，受康巴地区气候影响，为防止雨水渗入，在搭设帐篷的时候，要选择向阳以及背风的地方。牛毛帐篷具有防水、保暖以及防腐蚀的性能，是牧区藏民主要的居住方式，经由时间的变迁仍保存下来。在农区，居民则为固定建筑，大多是两三层的楼房或是一层的平房，高达四五层的建筑是比较少的。就地取材在农区则体现为木材、石材以及泥土。

康巴地区的碉楼民居早在秦汉时期就有了，是康巴人的重要象征。碉楼是以"传统的上下层居住结构为主、顶层住人底层蓄养牲畜的一体式建筑①"，多呈四角状，也有五角、八角，甚至多达十六个角的。碉楼不仅是权力的象征，也是财富的象征。据说，扎巴地区"当地富户为炫耀其财富，以显其雄厚的势力就修建八角碉，并认为修的角越多、越高就表明其财富多、势力大②"。从建筑学意义而言，康区碉楼的砌墙技术十分高超，其砌墙是拿"一堆不规则的大小石片，一片一片往上堆，可以堆五六十米高。石片间既没用现代水泥黏合，也没用古代汉人筑城时所用的那种糯米灰浆嵌缝"，但却能"屡经地震摇动，数百年数千年屹立不倒③"。近年来，碉楼的建筑形态逐渐从人畜在同一个入口进入的平面"方形"和"I"形向"人畜分流"的平面"L"形发展④，体现出藏民对人居环境舒适性的意识加强。

碉楼内部至少有三四层楼面，层与层之间由独木梯⑤上下。简易的独木

---

① 常乐、郭田甜、刘砚：《理塘藏区碉楼民居形态特点及演变探析》，《四川建筑》2016 年第 36 卷第 4 期，第 48 页。

② 刘勇、冯敏：《鲜水河畔的道孚藏族多元文化》，四川民族出版社 2005 年版，第 36 页。

③ 格勒、海帆：《康巴——拉萨人眼中的荒凉边地》，生活·读书·新知三联书店 2005 年版，第 58 页。

④ 常乐、郭田甜、刘砚：《理塘藏区碉楼民居形态特点及演变探析》，《四川建筑》2016 年第 36 卷第 4 期，第 48—49 页。

⑤ 独木梯十分简约，仅用一根原木做成，就在原木上等间隔砍出一个个楔槽，斜斜地靠在碉楼内，没东西固定它。上楼的人，只能拿半个脚掌踏槽登梯；因为这梯子没扶手，人不得不像猴子一样躬身攀援。（参见格勒、海帆：《康巴——拉萨人眼中的荒凉边地》，生活·读书·新知三联书店 2005 年版，第 59 页）

梯显示出康区生活的古朴与艰辛,同时,独木梯在出现险情时,也能发挥安全防御作用,因为主人抽走梯子,楼下的人是上不来的。

在康巴地区,无论是寺庙建筑,还是堡建筑,抑或是居民建筑,都有一个共同的特征,那就是:屋皆平顶。这个特征源于康巴地区的自然环境,那就是高远的蓝天、辽阔的草原、巍峨的雪山。康巴藏族聚居区的人民出于对生存环境的喜爱,将房屋建成平顶,如此可以将整个草原的环境映衬在屋顶上,形成一种独特的审美价值。

四、交通

交通运输是人们社会经济生活的重要组成部分,是随交往需要的产生而产生,也是随着经济的发展而发展的。康巴地处横断山系的高山河谷地区,境内崇山峻岭和深沟峡谷,交通甚为不便。过去,生活在这里的康巴藏族为出行的需要,开辟了陆路和水路,随着商品交换的发展,开辟了以康定为中心通向各个县城的大小通道。

康巴藏族聚居区过去的陆路交通运输主要靠"骑牛、马、骡、毛驴,渡江过河只能依靠溜索桥、木桥、栈道、牛皮船等传统交通工具[1]"。康巴地区河谷众多,且河谷两岸多宽阔,建桥和架索道都比较困难,在这种情况下,康巴人民发明了牛皮船和羊皮船。牛羊皮船在藏族聚居区如此流行,除了轻便灵活外,重要原因在于这种材料不用藏族人民去购买,只需要从自己放牧的牛羊身上即可获得。马在康巴地区占有重要地位,"不吃它的肉,不挤它的奶,不用它的皮",已在藏族聚居区约定俗成。就茶马古道上的马帮来说马与马帮成员的关系用伙伴、伴侣式关系来形容也不过分,正如甘孜州道孚民歌中所唱"要问谁是我的朋友,胯下的骏马就是我的朋友"。[2]

如今,随着我国交通运输业的蓬勃发展,康巴藏族聚居区的交通设施也大为改善,交通工具更加丰富。目前,康巴地区形成了以南北两条川藏公路为主

---

① 曾丽、胡玖英:《略论康巴藏族传统交通工具中的体育文化》,《内江师范学院学报》2015年第30卷第4期,第99页。

② 何小军等:《浅谈康巴地区马文化的转型》,《绵阳师范学院学报》2013年第8期,第115—116页。

动脉、县县相连的县级公路为辅路的纵横交错的公路网,而各种横跨大江大河的高架桥、钢索桥也已取代了溜索、藤桥、木板桥、石拱桥等,这既便利了区域交通,也保障了康巴人的生命财产安全。货物运输也以现代运输工具取代了人背马驼,进一步打破了藏族聚居区与内地交往不便的局面。

第三节　社会民俗

康巴藏族的社会民俗是在长期的发展过程中形成的,经过长期的生产实践活动,人们认识了动植物的生长规律与自然环境的关系,并逐渐形成了一系列自身行为规范准则。

一、岁时节庆

节日文化是一种综合的文化现象。康巴藏族节日文化是康巴藏族聚居区社会历史的一面镜子,其中,藏历新年是藏族节庆活动中最有规模、最具特色的节庆活动,每年都要早早做过年准备,用酥油和面粉赶制油炸"果子"(将白面做成各种花样在油锅里炸酥脆)和"喜玛"(用糌粑加酥油、糖合成),酿制青稞酒,还要准备彩色酥油花塑的羊头,这些准备是标志过去一年的收成,以期盼新一年的丰收。十二月下旬开始就要打扫屋子、缝制新衣、贴年画,有些人家会在屋门顶凸起的每根木头上抹酥油和贴羊毛,祈祷来年畜旺粮丰[1]。在生态脆弱的康巴藏族聚居区,藏族人民对于自然环境的依赖性较强,所以对于每年的收成更多地寄希望于自然气候,祈祷神灵保佑。

每年农历的腊月二十三至正月十五这段时间,康巴藏族人民不仅过藏历的新年也要过传统的春节,同内地习俗一样,康巴人民也会吃团圆饭、守夜。如今的藏族聚居区,春节期间活动更是多种多样,除了演出藏戏,文体部门还会组织文艺晚会、书法、灯谜等文体活动,农村群众还会表演赛马、跳锅庄等,反映了内地和藏族聚居区,交往日益密切,两地的差异也在逐渐缩小。

---

[1]　凌立:《康巴藏族民俗文化》,四川人民出版社 2012 年版,第 303 页。

二、人生礼仪

(一) 诞生礼

在康巴藏族聚居区,诞生礼居于四大礼仪之首,由此可见藏民们对于诞生礼的重视程度。当地居民认为,一个婴孩的出生还只是一个生物意义的存在,并不能称其为一个社会意义上的"人",只有对婴儿举行过诞生礼之后,他才能获得社会上的地位。

"酥油"在藏族人民心中是一种神圣的物质,用酥油来擦拭小孩的身体,不仅可以防止青藏高原的干冷气候造成孩子皮肤干裂,还具有滋养的作用。但是,在擦拭的过程中,唯独保留头部,这是因为藏民将头部看得特别神圣,不允许他人触摸,只能用哈达缠绕,因为哈达是用来敬奉给神灵以及尊贵的客人的,用哈达缠绕头部,表达藏族人对于婴儿的关爱,祈求神灵赐福,保佑婴儿健康快乐成长。

(二) 成人礼

成人礼在康巴藏族聚居区是对于少女才有的礼仪,藏族女子在 16 岁时就要选择一个吉日来举行少女成人礼。在成人礼的这一天,少女家长要请一位生年属相好、父母健在、有福气的同龄女性来为少女梳辫子(未成年的女子梳一条辫子,成年后的女子则要梳两条辫子),围上彩裙,戴上头饰,接受父母、亲友以及来宾献上的哈达。仪式结束之后,少女要在亲友的陪同下去寺庙祈福。藏族少女只有在举行成人礼之后才可以参加男女之间的社交活动,才可以享受生活、享受爱情。

(三) 婚丧礼

康巴地区早期盛行抢婚和自由婚,到后来比较普遍实行"父母之命,媒妁之言"的婚俗。男子若看好哪家姑娘,必须先请媒人,先下聘,还需要彼此的"八字",请当地的高僧勘合两人的"八字",若"八字"不相克才可以成婚。康巴人民对于结婚很讲究门当户对,贵族是不能和平民通婚的,其礼俗显然受到《周礼》《礼记》的影响。人死后要举行七七四十九天的"荐七"活动,也是金城公主将此汉习推广到藏族聚居区的。①

---

① 任新建:《康巴历史与文化》,巴蜀书社 2014 年版,第 300 页。

三、禁忌习俗文化

在民俗学研究中,"禁忌"作为特殊的民俗事项,具有两方面的含义:一是对于受尊敬的神物不许随便使用,使用是一种亵渎神的行为;二是对于污秽、鄙贱之物不许随便触碰,一旦触碰便会招致不幸。在蓝天白云、高山流水的康巴自然生态环境中,藏民不仅对自然的神秘有着匪夷所思的奇谲幻觉,而且十分笃信宗教,崇拜神灵,因此,其禁忌习俗处处都体现出对神灵和自然的敬畏之情。

(一) 宗教禁忌

宗教禁忌是康巴地区流传较广的一种禁忌,它源于"藏族相信自然界的每样物品都有它自己的神[①]"。宗教禁忌和藏民族的原始宗教有关,原始宗教认为自然物中的太阳、火是神圣的,藏人在发誓或诅咒时一般不轻易说出太阳和火,同时也不可以用手指太阳和火,否则会受到神的诅咒。图腾物在康巴地区也是神圣不可侵犯的,对于被敬为树神的大树不能随意砍伐,对于被敬为水神的溪水不能有半点污秽,不然就会受到惩罚。

(二) 语言禁忌

康巴地区的语言禁忌表现在对语言灵物的崇拜和某些语言在特殊场合的禁用和代用。比如说,晚辈对于长辈不能直呼其名,要用代称,若长辈为男性就叫"阿伍",若为女性就叫"阿妮"。康巴地区对于"死"字也是十分忌讳的,如果有人大清早准备出门时听见谁说"死"字,那么他一天都会感到不舒服,如果没有什么要紧的事,便会选择一天都不出门。如果当地的高僧去世,人们也不会用"死",而是会用"秋"或"虾"来表示[②]。

(三) 生活禁忌

生活方面,忌讳女性将梳头时掉落的头发扔入水中,代表女性的日子比水长,有克夫之意;忌讳男性将梳落的头发扔入火中,意味着男性的命短,将会留下孤儿寡母。除此寓意之外,水与火在藏族人民心中是神圣的,将杂物扔入其中本身就是一种不敬的行为。

---

① 阿绒甲措、噶玛降村、麦波主编:《藏族文化与康巴风情》,民族出版社 2004 年版,第72 页。

② 龚建康:《康地民间禁忌一观》,《西藏艺术研究》1994 年第 4 期,第 77 页。

民间的禁忌习俗文化虽然是从宗教的神秘色彩出发的,但是在保护生态环境方面确实起着积极的作用,同时也是帮助人们识别真善美和假恶丑的有力途径,可以培养人们健康、正直的伦理道德。因此,社会风俗是在一定的社会经济发展基础上产生的,但也是当地经济、文化、历史的真实写照。

第四节　游乐民俗

一个民族的产生和发展必然要同当地的生态环境相适应,二者在相互作用中产生了独特的民族文化,而在特定的地域环境和历史传统中不断形成的民族文化特质也逐渐内化于人的活动中。同样,康巴地区的文化活动也反映着当地的文化特质以及价值观念。

一、赛马

赛马,藏语称"达久"[1],康巴人酷爱马,认为马代表了一种驰骋强悍的力量,赛马成为康巴藏族人民最喜爱的传统体育活动之一。传说格萨尔王在一次盛大的赛马比赛中,展现了高超的赛马技能,并获得比赛冠军。因此,藏族人民以民族英雄格萨尔为荣,赛马也就成了藏族人民群众一种经常性的体育活动。每逢赛马节时,青年们都会盛装打扮,喜气洋洋地参加比赛,比赛种类主要有四种:速度赛、走马赛、骑马拾哈达以及骑术赛。在比赛过程中,竞争异常激烈,周围有人呐喊助威,获胜的青年将会在观众的欢呼声中牵着马绕赛场一周,然后接受人们的祝贺。赛马活动不仅可以锻炼康巴人民的体力,还是一种健身的佳选;同时,也体现出藏民汉子的豪爽不羁的性格。

二、摔跤

摔跤被普遍认为是世界上最悠久的竞技活动,在中国,摔跤运动同样有着悠久的历史。在康巴地区,摔跤作为一种角力运动很受藏族群众的喜好,摔跤

---

① 侯金涛:《康巴地区藏族体育文化特征研究》,《安徽体育科技》2014年第3期,第16页。

不仅在节日、集会或收获后的庆祝活动上被列为必有的项目,在日常劳动之隙也随处可见,儿童更以摔跤为日常功课。摔跤在藏族女子中也十分普及,从小女孩到中年妇女都很喜欢。相传在康区的某些部落中,如果一女子能通过摔跤战胜部落中的所有男子,则可成为该部落的首领。

摔跤的方式很多,简单分有"活跤"和"死跤"的区别。活跤没有过多的规定,双方抢抱,抓住对方腰带,可动用手脚勾绊,将对方摔倒在地即赢;死跤是双方从容抱定,并且不准用腿脚绊对方,摔倒对方直至躯干着地。还有一种特别的摔跤方式,即马上摔跤,其对选手要求则是十分全面。比赛选手骑在激烈奔驰的马上,并相互推摔,以使对手从马上摔下为胜。它不仅要求选手骑术了得,能在高速奔跑且颠簸的马上保持自己的平衡,更要想法攻击对手。这种摔跤方式十分危险,也体现出古代战争中骑兵的作战方式。

三、放风筝

每到秋天的时候,康巴藏族聚居区的人们便会组织一起放风筝,风筝外形精巧美观,有方形也有菱形的,颜色多彩多样。儿童和青年放风筝时,不仅要比谁的风筝飞得高,还要看谁能把对方的风筝"打"下来。为了战胜空中的对手,比赛时,风筝线上大多涂上掺有玻璃渣子的胶水,如此,放风筝加大摩擦力,就可以把对手的风筝线割断,你来我往,场面十分精彩。老人放风筝和青年儿童有所不同,他们会在风筝和线的接头处插上一根香,当风筝飞到一定高度时香火将线烧断,风筝随着风飘向远方,在藏族人们心中,风筝飘得越远,代表老人越长寿。在生态环境脆弱的康巴地区,藏族人们对于自然、对于一切美好事物充满了敬仰,将手中的风筝放入天空表达了他们对于蓝天、白云的崇敬。

除了以上所讲述的三种主要游乐活动,康巴人在秋天也喜欢踢毽子、跳绳等。《安多政教史》中有一个很精辟的概括,曰:"卫藏法区,安多马区,康巴人区。"而藏族民间谚语的说法则是:"最好的宗教来自卫藏,最好的人来自康巴,最好的马来自安多。"[①]从这些游乐活动中我们可以看出康巴人对于人间

① 石硕:《青藏高原东缘的古代文明》,四川人民出版社2011年版,第493页。

英雄的赞美和人性的肯定、颂扬,感受康巴人积极勇敢、强悍担当的品格。

有识者归纳,"康巴地区在一个多样化的自然环境和多民族、多种文化兼容并包的人文环境中,形成了康巴的宽宏、开放、兼容性的文化内涵与底蕴。康巴文化不是单一的藏文化,它是一种以藏文化为主体的、包含着多民族文化的复合体文化"①。康巴人崇拜自然、相信万物有灵、崇尚祭祀,追求自身与自然的和谐相处,也正是在这种信仰背景下,康巴地区有数不尽的神山圣湖受到人们的保护,有各种不能侵犯自然的禁忌被人们恪守。在长期的文化融合中,不仅仅追求人与自然的和谐共存,更追求人与人之间的宽容、不同文化之间的和谐。

---

① 凌立、曾义:《康巴文化的山水情结初探》,《绵阳师范学院学报》2012 年第 6 期,第 72 页。

第四章　康巴宗教文化(上)

宗教是人类最古老的思想意识和文化现象。因人类史上几乎一切文化现象都直接或间接地与宗教文化紧密联系在一起①,故宗教文化是民族区域文化重要的组成部分甚至是主体部分。

康巴地区因悠久的历史、山岭重叠的特殊自然地理环境和交错杂居着的不同信仰的众多民族等因素,成了不同宗教的众神汇聚之地。这里以藏传佛教为主体的多元共存的宗教文化与多样性的民俗文化交织在一起,使我们既能见到藏传佛教的宁玛派、噶举派、萨迦派、格鲁派林立,也能目睹在其他藏族聚居区早已衰落的古老本教;不但能领略到纳西族的东巴教、以毕摩和释比为重要角色的彝族和羌族的原始宗教;还能见到外来的基督教、天主教、伊斯兰教。各式各样的宗教信仰在此地聚集交织,呈现出世界范围内难得一见的宗教信仰奇观,因此康巴成为藏族聚居区甚至中国文化多元和谐最具代表性的地区。

第一节　藏传佛教

一、藏传佛教的传入与发展

康巴历史尤其是康巴藏民族的历史,同时是一部宗教演绎史,"藏传佛教既在康巴的地上,也在康巴的天上,更在康巴人的心中。只要你踏上康巴大

---

① 参见王川:《神秘的宗教》,广州出版社1997年版,第2页。

地,你就会深深地感受到,康巴藏族享受着广泛的宗教自由,康巴大地就是一片宗教的圣土"①。

康巴人普遍信仰藏传佛教,它是大乘佛教的一个分支,人们一般称其为"喇嘛教"②,藏传佛教是藏族聚居区原始宗教信仰与外部传入的佛教相结合,而逐步形成发展起来的具有藏族聚居区特色的宗教。

佛教在 8 世纪开始传入康巴,赤松赞普请来印度著名高僧寂护、莲花生入藏分别传播显、密两系佛教,使当时已初有修庙建寺的活动发展到了康巴地区③。9 世纪吐蕃最后一代赞普朗达玛残酷灭佛,"桑耶寺和大昭寺被封闭,小昭寺被用来圈牛圈羊,大量佛经被焚毁,大批僧人被追杀"④。此举差点彻底送了佛教在藏族聚居区的前途,导致了吐蕃核心地区的佛教势力遭受到严重打击,对此,格勒有"从表面上看,前弘期藏传佛教的失利是朗达玛'雪'上加霜所致,而其本质原因,是缺乏广泛深厚的民众基础"⑤的深刻评价。

康巴地域辽阔且地势复杂,自古以来就是历代西藏逃亡者理想的藏身之地,卫藏对远离拉萨的康巴地区只能鞭长莫及。所以,在卫藏残酷灭佛的同时,不堪残暴压迫幸存的僧侣们携带着大量经卷和宝物逃到阿里地区多康边地,部分也来到康区继续从事弘法活动,后来卫藏的佛教又再度从这些地方传回到卫藏,史称"上路弘法"和"下路弘法"。而下路弘法的中心是青海的玛珑和丹底一带,与此同时,康巴的邓柯、白玉一带也在 10 世纪末成为一个佛教复兴活动的中心。这时期兴起的佛教,已经过三百年与康地盛行的本教等土著原始宗教的长期磨合,具有了鲜明的藏族聚居区本土化特征,故称为"藏传佛教"。

---

① 陈焕仁:《走进康巴》,巴蜀书社 2004 年版,第 14 页。

② "喇嘛"在藏语中是"无上"或"上师"之意,同于汉语中"和尚"之意,因为藏族出家人称喇嘛(Bla-ma),所以人们就称其为喇嘛教,如汉族佛教不称"和尚教",同理,藏传佛教也不应称"喇嘛教",但这误称现今已成通称。

③ 杨健吾:《康藏佛光》,巴蜀书社 2004 年版,第 16 页。

④ 格勒、海帆:《康巴——拉萨人眼中的荒凉边地》,生活·读书·新知三联书店 2005 年版,第 137 页。

⑤ 格勒、海帆:《康巴——拉萨人眼中的荒凉边地》,生活·读书·新知三联书店 2005 年版,第 139 页。

"藏传佛教在教理、教义和教旨上是大乘佛教，但在某些教法、仪轨、神祇方面却吸收了本教的一些内容，使它具有藏族聚居区地域与民族文化的特点。"①在此时期，随着精通藏文的印度佛教大师念智称到康巴地区收徒、讲学和翻译经典等传法活动，及其弟子赛尊后来的长期于康巴弘法，对康区藏语系佛教的传播与发展，起到了启蒙和先导的作用。② 随后，藏传佛教的各种流派开始在康区陆续流布和发展，不断繁衍，如"百花齐放"般遍布康巴大地。

二、藏传佛教各流派的传入与发展

藏传佛教各派陆续传入康区后，通过与当地本教的长期斗争与融合，逐渐在康巴地区立足发展并壮大自己。经过千年的演变，曾经在康区的希解、觉域、郭扎、夏鲁等小流派已经逐渐退出了康巴的宗教舞台，觉囊派仅有少量的寺庙遗址。目前活跃在康巴地区的是传统的宁玛派、萨迦派、噶举派和格鲁派四大派，此外，还有觉囊派等支系，由于流传地域、信教群众少暂不论及。

（一）宁玛派

宁玛派是藏传佛教各派系历史最久远的一派，早期并无派名，采取秘密单传，组织比较涣散，教徒分散各地，教义不系统。后学界普遍认为，"直到11世纪，有所谓'三素尔'的素尔家族的三个人出来，才建立寺院，并有了一定规模的活动。宁玛派作为一个教派来说，到这一时期才算形成"③。

宁玛派是藏传佛教最早传入的教派。原因是此派教义内容与康巴当地盛行的本教十分相近，故很容易被康巴人接受并得以广泛传播。当今普遍认为康区境内第一座寺庙是12世纪中叶建立的噶陀④，其建成后声誉可与西藏名寺齐名，且经百年时间发展成为康巴宁玛派的中心。噶陀寺的建立，不仅是宁玛派在康巴的传播标志，还是藏传佛教从金沙江对岸传到雅砻江两岸的一个标志。随后，该寺经百年时间发展成为康巴宁玛派的中心，此后，宁玛派开始不断在康区各地发展，建立了众多寺庙。发展至清代，因得益于著名高僧的推

---

① 任新建：《康巴历史与文化》，巴蜀书社2014年版，第290页。
② 参见杨健吾：《康藏佛光》，巴蜀书社2004年版，第27页。
③ 王辅仁：《西藏佛教史略》，青海人民出版社1992年版，第97页。
④ 康定民族师专编写组：《甘孜藏族自治州民族志》，当代中国出版社1994年版，第93页。

动和德格土司的扶持,随着 1675 年白玉寺、1685 年竹庆寺、1692 年协庆寺三大名寺的建立,使得宁玛在康巴的发展势头达到了高潮。"至明末清初,康区已建有宁玛派寺庙近 200 座,仅德格土司辖区内,宁玛派寺庙就多达 60 余座,僧侣近 2 万人。"①至此,宁玛派成为康巴大地上影响最为广泛的一大教派。甚至当代康巴宁玛派仍然兴盛,它不仅表现在藏族聚居区宁玛派六座大寺(西藏的敏珠林寺、多吉扎寺,康巴的噶陀寺、竹庆寺、白玉寺和协庆寺)中,康区就占了四席;而且表现在康区宁玛僧人充分发展了康巴文化开放性的一面,不但接收"不丹、尼泊尔等外籍僧人赴康巴竹庆寺庙留学,络绎不绝"②,近些年来还到内地、港澳台甚至欧美弘法,并建立了寺庙,发展了国外信众,可见其欣欣向荣的发展之势。

(二) 萨迦派

萨迦派有家族传承的特点,萨迦派传入康巴的时间稍稍晚于宁玛派。宋高宗建炎二年(1128 年),甘孜地区建立了第一座萨迦寺庙——严然寺,学界多将此视为萨迦派正式传入康巴的标志。③ 元初,萨迦派借助王权成为全藏族聚居区的统治教派,首领八思巴通过扩大萨迦派在康巴的影响力而使其在全藏站稳脚跟。他利用三次往返康巴地区的机会,对康巴地区实施了讲经、奉召首领、赏物、安插亲信等东扩计划④,终形成元初期和中期,康巴地区的萨迦势力和西藏一样兴盛的历史局面。元末,西藏萨迦地方政权被帕竹地方政权取代,康巴地区除德格外其势力均受到冲击,德格因德格土司世代改奉萨迦派和其对境内佛教各派采取兼容并包的态度,萨迦派势力并没有被削弱反而在不断扩展。明末清初修建的以历代德格土司以法王身份兼寺主的更庆寺,后发展为号令和控制德格土司辖区 5 县的 40 余座萨迦派寺庙的著名大寺,其在政教地位上仅次于西藏的萨迦寺,成为康巴地区名望最高的萨迦派主寺,甚至直接参与德格土司辖区的政治统治活动。后康巴地区其他地方也不断有萨迦派建寺弘法活动,如明永乐八年,康定西部的高日寺因进宫念经祈祷治病,明

---

① 杨健吾:《康藏佛光》,巴蜀书社 2004 年版,第 37 页。
② 康定民族师专编写组:《甘孜藏族自治州民族志》,当代中国出版社 1994 年版,第 94 页。
③ 参见杨健吾:《康藏佛光》,巴蜀书社 2004 年版,第 38 页。
④ 参见格勒:《康巴史话》,四川美术出版社 2014 年版,第 103—104 页。

成祖特赐金匾而声名远播,成为萨迦派在康区东部的重要堡垒。萨迦派在康区发展至清末"改土归流"时,史载德格辖区萨迦派寺庙仍有近40座,僧侣近万人。

（三）噶举派

噶举派重视密宗,通过师徒口耳相传,内部派系复杂[①]。噶玛派在康区藏传佛教发展史上有重要的地位,史载噶举派中的噶玛噶举、帕竹噶举和止贡噶举三派系的创始人均出生于康区。

因噶举派和宁玛教一样重密宗,暗合康巴人"重鬼右巫"的传统民间心理,所以自元初刚刚传入就在康区有较大的影响,甚至发展到连忽必烈在经过康区时,都不得不邀请噶举派活佛噶玛拔希会面,以求招抚康区。元后期在萨迦派力量逐渐衰微时,噶举派在康区迅速崛起。

噶玛噶举派创始人是出生于康区的著名僧人都松钦巴（1110—1193年）,他19岁去前藏、后藏学法云游长达30年之久,后"他在西康聚有众徒千人,曾调解当地头人之间的纠纷,并以大量财物献给岗波寺和前藏其他寺院"[②],得益于他在康巴地区的这些活动,使得噶玛噶举派在康巴地区广泛发展。1185年,都松钦巴75岁,在昌都建立了著名的噶玛寺,"噶玛寺是藏传佛教史上开创活佛转世系统的第一寺,它对藏传佛教采用活佛转世来确定宗教首领产生深远的影响","藏传佛教的活佛转世制度,是其有别于汉地佛教及日本佛教的重要标志之一"[③],这个制度的创立者就是以都松钦巴为代表的、极富创意的康巴人。

进入明代,噶玛派与明王朝关系密切使其势力更为兴盛,被明成祖封为"大宝法王"无尚尊号的噶玛噶举派黑帽系的五世活佛在进京经康巴的这条

---

① 创建于11世纪的噶举派分香巴噶举和塔布噶举两大传承,后香巴噶举在15世纪后泯灭无闻了,剩下的塔布噶举派系复杂,总有"四大八小"。"四大"是指从塔布噶举中分出的四大支系,即帕竹噶举、蔡巴噶举、拔戎噶举、噶玛噶举。"八小"是指从帕竹噶举大系中分出的小支系:止供巴、达垅巴、主巴、雅桑巴、绰浦巴、修赛巴、叶巴、玛仓巴。而传入康区的噶举派大致有3个大、小支系:一是帕竹噶举大系中的小嘛止贡巴;二是这个大系中的小系玛仓巴;三是噶玛噶举大系。参见康定民族师专编写组:《甘孜藏族自治州民族志》,当代中国出版社1994年版,第99页。

② 王森:《西藏佛教发展史略》,中国藏学出版社2002年版,第111页。

③ 参见格勒:《康巴史话》,四川美术出版社2014年版,第106页。

路上广为各地僧俗讲经说法,更扩大了噶玛派在康区的影响力。噶玛派在康区不断发展的原因,也与该派僧侣游走各地讲经说法的传统弘传方式有密切关系。尤其是对长期保持游走讲经说法的传教习惯的红帽系、黑帽系来说,康区是最引人注目和选择的重要之地,这种弘法方式对康区产生的影响是不言而喻的。

真正使噶举派在康区有广泛影响力的是 1727 年(清雍正五年)在德格建立八邦寺。有学者评道:"八邦寺因其规模宏伟,高僧辈出,而使噶举派在康区具有了前所未有的声誉。该寺的崛起重新激发了噶举派在康区传播的活力,一代又一代的传人得以将噶举派的薪火不断传递。"①但康区整体上随着后来格鲁派的强势崛起和扩展,康区部分噶举派的寺庙受到不同程度的冲击,逐渐衰落或被迫改信格鲁派了。至今,"甘孜州内一半以上的县已没有噶举派寺庙,噶举派只是在几个县待以分布,尤以德格最为集中"②。

(四) 格鲁派

格鲁派重视戒律,兴起于 15 世纪,虽然作为藏传佛教中最后兴起的一个教派,也是传入康区最晚的一个教派,但是伴随着暴力压迫和政治手段,加上其教义教规的革新优势,促使格鲁派在康巴地区迅速发展,大有后来者居上甚至欲超越之势。其在创立之初便已将注意力投向了康巴,现多认为格鲁派是在第三世达赖索南嘉措时期传入康区的。1580 年(明万历八年),蒙古俺答汗派人邀请索南嘉措去青海,索南嘉措途中应云南丽江纳西族木氏土司邀请来到木氏土司势力渗透的康南的理塘、巴塘一带,将理塘附近的本教寺庙"帮根寺"改宗为格鲁派寺庙,更名为"长青春科尔寺",并亲自主持了开光仪式,是为格鲁派在康区建立的第一座寺庙,后发展为康区最大的寺庙。因索南嘉措特殊的宗教身份和此寺在康南的地理位置,可以认为格鲁派已经在康区站稳了脚跟,有了进一步弘法的根据地。

格鲁派开始在康区真正崛起是在五世达赖罗桑嘉措时期,其间与蒙古贵

---

① 杨健吾:《康藏佛光》,巴蜀书社 2004 年版,第 37 页。
② 杨健吾:《康藏佛光》,巴蜀书社 2004 年版,第 84 页。

族固始汗进军康巴地区有密切关系。1654年（顺治十一年），五世达赖罗桑嘉措为弘扬施主固始汗功德和扩大格鲁派在康区的势力和影响，派弟子曲吉昂翁彭措去康区建寺，曲吉昂翁彭措来到康巴地区，在德格土司的支持下，从建立第一座更沙寺开始陆续建立了13座格鲁派寺庙，即著名的"霍尔十三寺"。格鲁派势力在康区膨胀，同期，许多其他教派也开始改宗格鲁派，但多数情况下，格鲁派是借助其强大的政治宗教势力采用文攻武逼的手段强迫当地寺庙改宗换祖的。观格鲁派在康区的传播，"可以一言以蔽之：格鲁派虽然未像西藏一样取得其他教派的绝对优势，但毕竟在康区有了相当可观的传播，拥有了众多的信徒，影响是非常巨大的"①。

　　藏传佛教经过长期的历史传播与发展，已经在康巴大地上牢牢扎下了根，内部各派在康区分布上也逐渐稳定下来了，几大教派及至现代分布特点为："格鲁派寺庙大多分布农区，几乎遍布全区，而以南路理塘、巴塘、乡城、稻城、得荣等县为多；宁玛派寺庙以牧区为主要，亦几乎遍及全区，以色达、新龙、石渠、康定等县最为突出，萨迦派和噶举派处于小集中状态，萨迦派以西部德格县和东部康定县最为集中；噶举派主要分布于德格县，在石渠、白玉、道孚、丹巴、炉霍、新龙等县都有少量庙宇。"②可见，康区藏传佛教分布情况与其他藏族聚居区相比，呈现出鲜明的区域性特点。

　　据统计，"康巴地区民众信奉藏传佛教的人口占总人口的比例，远远高于西藏民众中信奉佛教的人口的比例，雅砻江两岸信教的人口，曾经达到总人口的95％以上"③。所以，不论你走到哪里，到处都可以看到大大小小的各派寺庙，房前屋后，山上水边，到处可以看到风中飘扬的彩色经幡、手持转经筒转经的人、听到诵经声，藏传佛教已经成为绝大多数康巴民众的共同的最虔诚的信仰，全部心灵的寄托，来世最高的追求，这种已经深深融入到他们的流动血液中，如今的康巴，已经成为藏传佛教的一片乐土，和藏传佛教教徒心中的圣地。

①　杨健吾：《康藏佛光》，巴蜀书社2004年版，第53页。
②　杨健吾：《康藏佛光》，巴蜀书社2004年版，第68页。
③　陈焕仁：《走进康巴》，巴蜀书社2004年版，第17页。

三、藏传佛教的人员与组织

（一）藏传佛教的人员

1.活佛

活佛藏语为"朱古"，蒙语称"呼图克图"，意为佛、菩萨的化身，以脱身转世，世世传袭。活佛的"转世说"源于大乘佛教中这种"普度众生"的理念，即佛与菩萨总是出于一种内心的悲愿，"上报四重恩，下济三途苦"来转世救助众生，以求同登彼岸，也是这些身负无比神圣使命的转世活佛们受到康巴人崇敬的根本原因。

活佛化身的理论早已存在，但是活佛转世的认定，却有一整套复杂的仪轨习俗。被民国行游康藏的谢氏简单概括为："每个活佛圆寂时暗示其转生的地点是有详有简的，大体说出来，是靠揣摩与体会，于是照着这个方向寻去，找到若干出生时日相近的聪慧儿童，除了一些高级的活佛需用金瓶掣签制外，普通的就以老活佛用过的用具杂以伪具请他们挑选，拣准的儿童就是继任呼图克图了。于是推举庙中学行俱优的喇嘛，负责教导小呼图克图以至成人。"①

康藏活佛有大有小，各教派的母寺和主寺的活佛，均为本教派的大活佛，其支寺和分寺活佛为小活佛，大、小活佛间有明显的等级和地位差异。一些大寺院中可以有上百位活佛，而每一地区又都有各自敬重的活佛，所以呈现康藏地区大小活佛不计其数之情形。

1288 年，年仅 5 岁的让迥多杰被认定是噶玛噶举派领袖噶玛拔希的转世灵童开始，这种认定活佛转世的做法因完美解决了宗教首领和财富传承问题的特殊传承制度，开始风靡藏传佛教的所有派系。活佛转世制度被看成世界宗教史上独一无二的奇异文化现象，而它的创立者就是极富创意精神的康巴人。

造成活佛系谱越来越多，其中最知名的为达赖喇嘛和班禅喇嘛两个系统。

藏族聚居区众多活佛逐渐形成了一个特殊藏族聚居区社会的僧侣阶层，他们中许多不仅享有崇高的宗教威望，是宗教领袖，还享有政治和经济特权，成为政治领袖和富有资产者。活佛队伍或许良莠不齐，虽有些偏离为众生谋

---

① 谢天沙：《康藏行》，中国青年出版社 2012 年版，第 67—68 页。

利的使命,但大多数活佛仍孜孜布道弘法,指导众生,求生彼岸,他们被认定是僧侣中的精英阶层,也正是因为他们的存在,才使活佛在康巴人心中具有神圣的地位。

兹列康巴以甘孜州内各派为例的一些活佛系统,从中可见活佛队伍之基本面貌。

甘孜州的德格的更庆寺仿照萨迦派早期的由德格土司历代法王担任寺主的世袭制方式,不实行活佛转世制度,德格县内的本教教派寺庙,实行世袭活佛制度,即活佛圆寂后由儿子承袭其活佛称号,丁青寺、满金寺的活佛就采取这种活佛转世制度。

甘孜州内宁玛教派活佛系统:(1)白玉县噶陀寺:下札活佛系统;莫扎活佛系统;斯灯活佛系统;行雄活佛系统;格则活佛系统;格尼活佛系统。(2)白玉县白玉寺:呷玛活佛系统;仲龙活佛系统;龚札活佛系统;拉宗活佛系统;甲朱活佛系统。(3)白玉县安章寺:朱巴活佛系统。(4)德格县竹庆寺:竹庆活佛系统,已传7世;朱洛活佛系统;古学活佛系统;布足活佛系统;汪波活佛系统,已传6世;班洛活佛系统,已传7世。本处甘孜州活佛世系已传几世数据,系据20世纪80年代的统计。

萨迦教派活佛系统:(1)德格县仲萨寺:降央青则活佛系统。(2)康定县高尔寺:日比生根活佛系统;(3)康定县日库寺:日库活佛系统。

噶举教派活佛系统:(1)德格县八邦寺:司徒活佛系统,已传12世;清则活佛系统,已传3世;温根活佛系统,已传2世;贡珠活佛系统,已传3世。(2)康定县贡噶寺:贡噶活佛系统,已传5世。

格鲁教派活佛系统:(1)理塘县理塘寺:香根活佛系统,已传3世,第一世香根为十一世达赖灵童之一,第三世香根·巴登多吉为1983—2008年甘孜州副州长;昌托活佛系统,已传13世;阿扎活佛系统。(2)巴塘县康宁寺:纳卡活佛系统(包昂武),已传15世;局拉活佛系统。(3)乡城县桑披寺:纳瓜活佛系统。(4)甘孜县甘孜寺:仲萨活佛系统;督巴香根系统,第一世香根为十世达赖灵童之一;郎扎活佛系统;扎呷活佛系统。(5)甘孜县大金寺:大亚鸡活佛系统;日龙活佛系统;甲德赤巴活佛系统。(6)甘孜县东谷寺:夏珠活佛系统。(7)炉霍县寿宁寺:格聪活佛系统,已传4世。

新中国成立初期,仅甘孜州各教派寺庙就有大小活佛 770 人(现仍有活佛 260 人)。① 更有甚者,清代第七世、九世、十世和十一世达赖喇嘛就出自甘孜地区,其中理塘一地就出了两位,因此俗云"理塘是既出活佛,又出强盗的地方"。

可见,康巴地区历史上曾出有四位达赖活佛,仅理塘一个地方就出了两个,对于康巴人来说,这是何等的殊荣。因此,才会有人说,"理塘是个既出活佛,又出强盗的地方"②。

活佛在宗教上的活动主要有:一是举行大规模的传经法会,负责讲经;二是担任超度亡灵等法事活动的主角;三是信众决断或指点迷津。可见,活佛们不仅以自身行为向康巴人传递着藏传佛教的奥秘,还是康巴人迷失灵魂的拯救者,更是康巴人的精神导师。活佛有着良好的佛学和文化知识,同康巴不识字的农牧们形成了鲜明的对比,这种文化修养上的悬殊,更激起康巴人对活佛的崇敬和依赖心理,加之活佛们相比寺院中供奉的佛祖更容易接近和交流、更容易获得启示,康巴人崇拜和重视活佛成了自然之事。于是,康巴大地上,这些虔诚的信徒们,各种不论民族、年龄的男女老少们为追求心灵的慰藉,怀抱着各式各样的心态奔向活佛。

2.扎巴

扎巴意为"出家人",是受了沙弥戒的普通男性僧人的称呼。一般分为两种情况:一是入寺幼童,受沙弥戒,还可以拜喇嘛为师,不强调按部就班的学习本教派经律的年轻僧人;二是指入寺庙后按照规定次第学经,以求最终能够考取格西的僧人。

康巴曾有"三男二僧"的说法,即康巴一个家庭如果有两个儿子就要送其中一个入寺为僧,如果有 3 个或 3 个以上的儿子,就要送其中 2 个入寺,有的甚至全部送寺为僧,这样,几乎所有的家庭都直接或间接地跟寺庙有联系,入寺僧人成了连接康巴百姓家庭和寺院的血肉纽带,更加强了宗教和康巴百姓

---

① 康定民族师专编写组:《甘孜藏族自治州民族志》,当代中国出版社 1994 年版,第 112—113 页。

② 格勒、海帆:《康巴——拉萨人眼中的荒凉边地》,生活·读书·新知三联书店 2005 年版,第 120 页。

的密切关系。

关于康巴民众普遍入寺的原因,不免有富者希望更有特权便于谋利,或因穷者期望能通过为人诵经来维持生活,但大多数民众深信送子为僧,可以洗刷全家罪孽,广积福德,孩子也可以福报来世投身于富人家。也有因贫苦的藏族聚居区社会,出于成为职业僧侣更有生活保障,有一定社会地位,受人尊敬的因素考虑,以致大部分康巴人都以送子入寺为荣,渐已成俗。当然史上不免也有寺庙势力的种种强制或半强制的措施,如甘孜寺曾规定辖区有儿子家庭,实行三抽二,四抽三,满两岁后必须登记为该寺的记名扎巴。现代此风虽有衰减,但康区僧人人数之众,崇佛之风之盛,仍为康区社会的一大奇迹。

僧人削发入寺成为扎巴时,多为幼年时期,生活所需均需其家庭供给,衣食住行皆有传统规定。扎巴学经情况依据各教派和各寺院情况而各有不同,但都必须严格遵守寺庙严格的规定,经过长时间的学习各种经典,直至通过考试合格才能有资格受比丘戒,然后才能成为喇嘛。也有因家庭极度贫苦,没有经费外出参加考试,或者是长期因在寺庙服役等原因,学习没有长进,只能长期在寺庙供驱使。

3.喇嘛

喇嘛意为"上师",是藏传佛教中对僧侣的尊称,多指有成就的修行者。一般扎巴经过较长时间对藏文和宗教经典的修习,到指定寺院进一步学习并通过考试合格,同时受比丘戒。受比丘戒者必须年满20岁,且受过沙弥戒,受比丘戒比扎巴受的沙弥戒更为严格,如甘孜寺必须严格恪守多达253条修佛戒律。总之,受过比丘戒的喇嘛,就成了佛教僧侣中的"知识分子",如同本科学士和硕士,从而受人尊敬。

喇嘛是寺庙中的主体阶层,对下,有收扎巴作为徒弟的义务;对上,则可以有资格充任寺庙行政管理机构中的各种职事。虽然有少数喇嘛因担任职事地位有所上升,成为僧侣上层统治集团的成员,但是大多喇嘛仍然是普通僧侣,在社会上非常受人尊重。

4.觉母

觉母是藏传佛教中对女性出家僧侣的称呼,同佛教的尼姑。觉母一般有两种情况:第一种是入寺受沙弥戒,身穿僧服,过着僧侣的寺庙生活;第二种是住在家中,削发,同时受"不杀生、不偷盗、不邪淫、不妄语、不饮酒"居士戒,长年在家中供劳役,也有的地方称为"乌拉娃",这类觉母除了削发外,服装与世俗人相同。

出家为喇嘛几乎是康巴男子们的专利,也不乏少数康巴女子怀着对藏传佛教的无比虔诚的信仰而选择出家做觉母,选择与青灯古佛为伴,入寺修道念经。出家原因,除本人自愿为之者,或受父母之命者,或丈夫去世不愿再嫁者;总之,这类人在康巴是非常稀少的,如民国谢氏在游康藏时记录的,"例如前面说起过的邓柯",有34所庙,喇嘛有829人,但觉母寺只有1所,人数仅20人而已①,可见其数量规模之悬殊。

谢氏在其游记中还提到:觉母与男子做喇嘛会受到世人尊重不同,女子当觉母并不能增加其宗教地位和政治地位,因民众不会给觉母寺庙捐钱。这与觉母寺无法做长途贸易有关,导致觉母寺庙经济来源欠佳,其寺庙建筑也未能有多大发展;在举行宗教仪式方面,她们组织不起大的喇嘛乐队,也不会举行打鬼跳神的仪式;在求经学法方面,让她们尴尬的是拉萨没有觉母寺,致使她们无法通过考取格西取得宗教地位,活佛制度在她们中间更是没有的;觉母不能断定其归属派别,只能认为大致与格鲁派相近;部分喇嘛寺庙允许妇女居住,但觉母寺却是不允许赘婿进住的;觉母平时出门穿民服,寺里是否穿僧服不清楚,觉母寺庙收入不好,主要靠个人家庭供应和她们自己畜牧农耕的生产所得;觉母们大部分出身富有的家庭,一般是取得了家人的同意和支持的,甚至听说有头人的亲人为觉母。②

由上所述,我们了解到当时康区女子与男子求法之路确实存在明显差异,可以想象康区女子求法的种种窘境和不易。

5.格西

格西意为"善知识",藏传佛教中最高的学位,相当于精通佛学的博士,也是一种尊称,该学位只有西藏的甘丹、色拉、哲蚌和札什伦布四大寺庙才有授予权力,喇嘛欲考取格西学位,必须次第精修显宗,通过严格的考试。格西分

---

① 谢天沙:《康藏行》,中国青年出版社2012年版,第72页。
② 谢天沙:《康藏行》,中国青年出版社2012年版,第71—72页。

为朵然巴、林赛巴、磋然巴、拉然巴四个等级，其中拉然巴等级最高，格西是在强手林立的辩经中取得的，因辩经的公开性和透明性毋庸置疑，所以其含金量非常高，加之名额有限，可以说十分难考，有些人去拉萨20年也通不过。获得格西学位的喇嘛，其宗教身份会大大提高，会受到社会的普遍尊敬。回寺后不但有资格担任寺院堪布行政职务，或负责主持寺庙的教务，部分寺庙中的著名格西还有资格成为该寺的转世活佛。于是，藏族聚居区僧人常流传这样豪迈的一句话："只要男儿有本事，甘丹法座没有主。"[1]

（二）藏传佛教的组织

藏传佛教寺院普遍设置有自成一体且自给自足的组织结构，各派各寺院建立的僧伽组织机构一般都大同小异，其中以格鲁派寺院组织制度最为典型。

一般较大的寺院分为"经院、扎仓和康村"三级。扎仓为基本的单位，是由僧人组成的集体，本身是一个完整独立的组织，有自己的经堂、佛像和学法系统，扎仓选举一人为堪布，相当于汉地佛教的方丈或住持，负责主持寺务。堪布能代表寺院出席政府的重要会议活动，其任期各派各寺不一，一般为数年，有的可以连任，堪布任满前，要向僧众提出辞呈，再由僧众推选新继承人。

堪布下设喇让强佐一人，为堪布的总管，负责总管寺院的日常事务；设格贵一人，俗称铁棒喇嘛，因僧众诵经时手执空心铁棒监督诵经而得名，主要负责维持纪律，查处各种犯戒和纠纷行为，掌管僧众名册，登记僧人入寺、离寺、亡故等职责；翁则一人，负责领众诵经；雄来巴一人，管理僧众学经典、辩论及考试格西等事务。扎仓下另设康村，每一康村再另设管理者若干人，喇让强佐、格贵、翁则、雄来巴在堪布领导下各司其职，分工明确，遇重大事情由他们通过开会来商议决定。

僧人按其家乡地域来源编排到一定的康村，编好后不能随意更换；康村实行委员制度，每一康村为首者为吉根，意为"长老"，下再另设管理者若干人。

大寺中常有数个扎仓并存，所以又合设一个最高管理机构名喇吉，喇吉采取委员制，各扎仓的堪布为当然委员，并从中选出年资最高者为最高负责人赤

---

① 格勒、海帆：《康巴——拉萨人眼中的荒凉边地》，生活·读书·新知三联书店2005年版，第167页。

巴堪布,俗称法台。喇吉下另设吉索二至四人为全寺大总管,负责管理全寺的庄园、属民、筹措经费、经商等;磋钦协敖两人为全寺"铁棒喇嘛",俗称"大铁棒喇嘛",负责管理全寺僧众的纪律;磋钦翁则一人,为领全寺僧众诵经。

四、藏传佛教的宗教场所与宗教活动

藏传佛教中,寺庙不但是其传播的重要标志,更是僧侣们生活、学习主要的重要宗教活动场所。康巴地区的藏传佛教寺庙,由于其独特的地理环境和历史遭遇,在整个藏族聚居区各地众多的寺庙中独具特色。

与本教一样,藏传佛教在传入康区之初,各派大都还没有形成寺庙,只是多为一些极其简易的修行场所。如在今天的新龙县,就存有宁玛、萨迦、噶举三派初传康区的修行遗址,从遗址可以判断出,藏传佛教传入康区之初,僧侣们没有固定的佛事活动场所,多分散在村庄周边的山洞里,或用石头垒建的简易经堂里静坐修行。虽然之后有些地方出现了小型但比较固定的宗教活动场所,但也因武装争斗而垮毁消失了。寺院是藏传佛教文化的物质载体,寺院的建造数量与规模大小便代表了藏传佛教势力的扩张程度,于是,随着藏传佛教各派在康区的不断传播,康区的寺庙的数量和规模都在逐渐扩大,尤其是霍尔十三寺的建立,使得康区寺庙数量空前增加,并逐渐形成了很多在国内外有广泛影响力的大型寺庙,成为各地藏传佛教传播的文化中心。

(一) 措钦

意为大殿,即大雄宝殿,是寺院的核心建筑物,是举行寺院集会、进行重大法事的场所。为满足藏传佛教后弘期僧人的增多和佛法的兴盛要求,在佛殿前扩建"措钦"即集会大殿,成为寺院各种宗教法事的场所,后逐渐演变为寺院中的核心建筑部分,是整个寺院内建筑规模最大的公共建筑。"措钦"在所处的地理位置、建筑体量、装饰程度等方面,都是一座寺院中最高等级的,体现了该寺的地位、财力。

(二) 拉康

即佛殿、佛堂。功能为供奉佛、菩萨和神。在大型寺院中会有多座"拉康"建筑,在中小规模的寺院往往也会建造一两座佛殿或神殿。在康巴长青春科尔寺的千佛殿就是典型的"拉康"建筑。

(三)扎仓

较大寺院有专供僧人研修和学习的建筑,分为两类:一类为"仓"建筑,是学院类型建筑;另一类为"禅修院"。每个"扎仓"具有不同的功能类型,也有着不同的名称,如"策尼扎仓"和"曼巴扎仓"等。如长青春科尔寺、甘孜寺院都有三座以上的"扎仓",每座"扎仓"一般自成院落,分有经堂、佛殿、僧人居住等用房。

(四)扎康、康村

均为僧侣的住所。多数寺院的扎康采用合院式整齐排列,多为两到三层,也有单层的,平面上的开间从十几间到几十间不等,内部房间大小亦从一个开间到三四个开间都有。一般僧人居住的"扎康"建筑比较简陋。寺院内僧侣居住的建筑除"扎康"外,还会有很多独立式的建筑,称为"康村",其形制与大小以及建造的方式与当地的民居建筑区别不大。

附属建筑主要有佛塔、转经廊(房)、经幡塔、玛尼郭康、玛尼堆等。附属建筑的数量与规模形制会根据寺院的规模与等级而有所不同。牌坊、照壁等汉地传统建筑则在一些汉藏结合风格的寺院中有所应用。

此外,康巴寺院按建筑风格可分为以德格、康南、康北几个藏传佛教文化中心为代表的藏式风格;康东、康北一带与汉地联系密切的汉式风格。按建筑材料分类,甘孜州地区因石材丰富,故寺院建筑沿用了西藏的石木结构。在康北平原等地,因土地的承重能力较弱以及附近石材缺少等原因,寺院建筑的主体建筑材料便多为土木结构。

五、藏传佛教的宗教活动

康区藏传佛教中的各种宗教节日和宗教活动,因寺庙派别不同及寺庙大小不同而各有差异,但都有一些重要的宗教节日和宗教活动,概括如下。

(一)宗教节日

释迦牟尼诞生节。藏历4月15日是释迦牟尼诞生日,各寺庙要开会念经祈祷,每年农历初八是"浴佛节",康定人民在这一天是"转山会"春游日。

佛灯节(俗称"园根会")。藏历10月15日,传为格鲁教派祖师宗喀巴圆寂之日,格鲁派寺庙也多在寺庙所有墙头屋檐点上酥油灯数以万计,光明闪烁如星桥火城,十分壮观。康巴藏族人民又称园根会为"燃灯节"。

酥油花展览。有的寺庙会在藏历正月,要选喇嘛中技术高超者,用调有各种颜色的酥油为原料,揉制成各种花鸟走兽图形,油炸定型后,拼成丰富多彩、美丽壮观、独具藏族特色的酥油花。其多人物造型逼真,花鸟人兽惟妙惟肖,并举办展览会,以招徕僧众,取得布施。

(二)宗教活动

念经。例行经期有全日、半日、一天四次等区别,全寺喇嘛必须参加。每年藏历十一月后要念大经两三次,每次十至二十天,念的《金刚经》、《正呷经》、《西着经》、《白马经》、《解罪经》等十多种经典。

跳神。喇嘛较多的寺庙,每年要跳两次神,在四五月或八九月,跳神主要是宣扬佛教,歌颂佛德,庆祝时和年丰。

耍坝子。每年六七月或秋收后,一些喇嘛寺如木雅地区的寺庙,常组织耍坝子和跑马会,僧侣和信教群众、俗民等都前往参加,大都在营官坝子各备帐篷、杂物、用具前往设营,并由喇嘛表演藏戏,俗民则举行跑马、格吞、锅庄、弦子等活动。

藏传佛教的宗教活动中,还有坐静修持,入藏受戒、学经、答辩、考"格西"等,此外,还要经管扎巴学校,负责经典书籍管刊,经义印刷,管理寺外群众访僧念经、送鬼、天葬以及祈福等。①

第二节　其他宗教与崇拜

一、本教②

(一)本土产生及发展

本教是康巴藏民的本土宗教,是藏民的最古老原始的信仰,在 7 世纪以

---

①　中国人民政治协商会议甘孜藏族自治州康定县委员会编:《康定县文史资料选辑》(第 3 辑),甘孜州政协 1989 年版,第 20—21 页。

②　关于本教是否属于宗教,学界对其属性的界定还存有一定争议,本节认为本教属于宗教,且是中国本土宗教之一。

前,藏族聚居区全民信本教,即使 7 世纪以后,本教仍一直是藏族聚居区尤其是康区重要的宗教。"至今在全藏族聚居区有 300 多座寺院,它对藏民族的心理素质、文化心态和行为方式的影响是非常深刻的。"①

本教起源于今天西藏阿里地区,相传是公元前 1917 年由辛饶米沃大师创立,后来沿着雅鲁藏布江自西向东传到包括康巴在内的整个藏族聚居区,现已经深深融入藏族聚居区百姓的生活和生产中去了。早期本教原与佛教互相反对,又互相适应,通过不断接受、移植和吸收佛教观念、经典,逐渐改造本教,现已发展到多被认为是佛教派别之一了。跟佛教大藏经一样,本教大藏经也有《甘珠尔》和《丹珠尔》之分。

本教相信万物有灵,是多神教,早期更注重血祭,以占卜、祈福消灾及治病送死、驱鬼降神等为主要活动。吐蕃王朝自聂赤赞普起到拉脱托日年赞共 27代,皆以本教治国,康区原是本教最盛行的地区。本教在佛教进入前一直是康巴民众的真诚信奉而占绝对统治地位。其先后分为"笃苯""恰苯""觉苯"三大派系。

据《德格世得颂》记载,698—700 年(圣历元年至贞观六年)本教僧为逃避赞普的杀戮徙居"旦麻"(今德格)地区②,表明本教开始在康区德格地区立足并开始传播。8 世纪在吐蕃王朝推行"兴佛抑苯"时期,很多本教徒东迁康区;8 世纪末 9 世纪初,本教高僧在德格地区建立了著名的丁青寺,是为康区第一座本教寺庙,随后在附近又陆续建了些寺庙。9 世纪随着吐蕃王朝继续推行扶持佛教的政策,使得处在边地的康北一带得到发展。11 世纪末 12 世纪初,因佛教宁玛、萨迦、噶举等派的陆续进入康区发展,使得本教在康区发展受遏,而今德格及甘孜以北地区仍为本教势力核心地区,并得到当地甘孜白利土司的大力扶持。但随着 1640 年(明崇祯十三年)白利土司被蒙古部落和德格结成的联盟剿灭了以后,其势力受到严重打击,致使一些本教寺庙在政治和军事高压下被迫改教,只有为数不多的本教得以幸存。

在康区的金川县附近,早在佛门斗争时期,大批本教徒东迁至大小金川流

① 辛玉昌主编:《甘孜史话》,甘肃文化出版社 2012 年版,第 184 页。

② 参见康定民族师专编写组:《甘孜藏族自治州民族志》,当代中国出版社 1994 年版,第90 页。

域的嘉绒地区,修建了雍中哈党拉顶寺庙(今法广寺的前身)为根据地,经不断扩展发展至明中叶时期仍然很兴盛,后不论格鲁派势力或嘉绒酋长势力的兴佛灭苯运动,但"仍佛事不能达"。至清乾隆年间,缘金川流域之宗教皆属本教势力,丹巴和道孚东区至今仍还有数十座本教寺庙。

值得一提的是本教进入康区后,不断从佛教理论中汲取利于自身发展的营养,特别是佛家显宗内容,以弥补本教哲学理论较弱的缺点,并通过大量吸收显教的内容,逐步建立了属于自己的理论体系。后又随着学经传统和学位晋升制度的完善,和本教僧人们在修习和辩经过程作出的发展,本教已衍生出完全属于自己的理论体系。因其辩经方法和基本词汇多与佛教一致,使佛本两教在显宗领域已经到了水乳交融的地步。

因本教身上的佛教影子太多,不免世人多误认为它是藏传佛教中的一个派别。但它与佛教相比还是有些不同或相反的内容,如本教中原始气息很浓厚,像丁青寺供奉的神除辛饶米沃、度母和莲花生外,还供有代表天、地、山、石、树木等各种自然之神。本教的转经方向与藏传佛教各派的转经方向完全相反,即按逆时针方向行走,并右手转动经轮,左手拨动经筒等。

(二) 人员与组织

"巫师",藏族称"苯波",早期的本教,因"万物有灵魂"和"自然崇拜",带有萨满教和巫术的特征,所以出现了能通鬼神之路的巫师,各地具体叫法不同。早期本教巫师在社会上很有威望和地位,因其能通神,常以神的代言人的身份出现,又有役精灵魔怪的本领,所以小到百姓婚丧嫁娶、农耕放牧,大到交兵会盟、赞普的安葬建设陵墓、新赞普的继位主攻等都由其决定。初为兼职,后随社会分工和私有制出现,成为职业者,在拥有了大量财产后,和部落首领一样,渐成为统治阶层,掌握了宗教权力。

后因本教经历史发展现已与藏传佛教基本相似,在僧侣组成人员上与藏传佛教基本相同,也有活佛、扎巴、喇嘛、觉母,但无格西,却有众绕觉,二者相似之处如下。

众绕觉:在康区称为"格龙",是为本教的最高学位,类似于藏传佛教中的"格西"。获得喇嘛资格的僧侣,渐次学习本教的各种理论和戒律,研习"内明学"及本教其他经典,之后去西藏门吉寺庙或康区德格登青寺庙进行严格考试,考试合格后授予众绕觉学位。回寺后才有资格升任堪布。

另外,在活佛转世方面略有不同,表现在德格县内的本教派寺庙,可以实行世袭活佛制度,即活佛圆寂后由其儿子继承其活佛制度,如德格境内的丁青寺、满金寺等。

在本教的组织管理方面,其与藏传佛教其他派系的管理方式较为松散但也并无差异。如一生致力于人类学和藏学的李安宅先生在 20 世纪 30 年代对藏族聚居区实地考察时,就对本教的宗教人员及其组织有了大致的论述:"本教僧人与佛教和尚分类也一样,转生主与法台都和佛教寺院一样,受全戒的出家人叫做'张宗'(Drain-sron),受三十六戒的新出家人叫做藏促(Stan-tshul);宗教仪式的领袖叫做儒错(Sgrub-stsol);念经堂的看管叫做给贵(Dge-skos),他的助手叫做德贵(Dge-gyod);念经头目叫做布杂(Dbu-mdzad);庙内守者叫做扎尼(Grwa-gner);这样的称呼,与喇嘛寺的相同或类似"①。可证明,本教的组织管理方面与藏传佛教并无很大差异。

(三) 宗教场所和宗教活动

本教宗教活动场所早期只是住在简陋的建筑物里,后通过吸收佛教对自身改造的过程中,和藏传佛教一样建起了寺庙,外观看起来与佛教寺院相似。本教寺庙的特点是其与农牧业生产活动的联系十分紧密。据《甘孜史话》谈道:"本教寺庙的住寺僧人很少,平时绝大多数僧人都回到各自家里,白天在家劳动,早晚在家念经,只留少数几人看守寺庙。只有在寺庙开展宗教活动时,僧人才回到寺庙,活动结束后,一切又恢复原样。这种寓教于农(牧)的特点也是藏传佛教各派所不具有的。"②

其宗教活动也与藏传佛教相似,比如德格丁青寺为例:"全年有 30 度个例行经期,僧侣集中念经,藏历每年五月初五、十五、三十为例行经期。藏历七月一日为雅喃节,十一月有供秋节,年初、年末均念经一期(7 天)并举行羌母(跳神)祭祀活动"③。

---

① 李安宅:《藏地宗教史之实地研究》,上海世纪出版社 2004 年版,第 36—37 页。
② 辛玉昌主编:《甘孜史话》,甘肃文化出版社 2012 年版,第 184 页。
③ 康定民族师专编写组:《甘孜藏族自治州民族志》,当代中国出版社 1994 年版,第 91 页。

二、伊斯兰教

伊斯兰教,信仰真主,阿拉伯语称"安拉",真主是独一无二的,无具体形象。因唐由阿拉伯人传入以来是为正统逊尼派(国内皆多为此派,"什叶派"很少),故康巴地区伊斯兰教也为此派,且属伊斯兰中"格低目"老教,多分布在康巴康定、丹巴、巴塘一代,为历史上回民入康而传入。

据《甘孜州民族志》记载:回族迁居康巴境内,以甘孜康巴为先,始于清初。1646 年,张献忠兵败四川西充,所部为躲避官兵的追杀,散逃者较多,其部有王姓和马姓的回族义军逃至康定谋生,甘孜州境内始有回族居民。至清中叶,为大量迁入时期。1700 年,清廷派兵平定打箭炉之乱,所率官兵中有许多西北回族,平乱后有部分留居康定。1719 年后,岳钟琪西征时留下一部分官兵在巴塘镇守粮台驿站,其中有部分回族。与此同时,有回族到巴塘经商。1776 年,乾隆平定大、小金川,改土设屯,安置在丹巴的屯户中有一些回族。之后,境内安定,陕西、甘肃、青海等地回族相继入康经商。光绪末年,"凤全事件"发生后,清廷派四川提督马维琪率军进剿。马本回族,所属部下回族较多,事后有部分留居康定、巴塘。清末,又有回民自今广元市、阿坝州等地迁入甘孜州境内。这些军士、商贾和逃亡者,逐渐在甘孜州境内定居下来,世代繁衍生息。至此,康定回民已达 2000 余人,他们的后代在康巴土地上仍保留着本民族的风俗习惯和宗教信仰,伊斯兰教随回族的迁入相伴而来。

(一)宗教人员与组织

"阿訇"是波斯语,意为老师或学者,统领穆斯林的宗教事务和社会生活。阿訇是经数年伊斯兰系统教育与培训,通熟伊斯兰教经典《古兰经》与圣训,精通伊斯兰的种种法律与法规,并具备《古兰经》与圣训的真精神——做人的完美品德,以身作则、为人师表、劝善戒恶、品德高尚的穆斯林。多负责向穆斯林宣讲经典、解答教法教义等,是穆斯林的精神导师,受到穆斯林的尊敬,并有很高的社会地位。康区有"伊玛目""黑准布"和"麻安津"三大阿訇。

"伊玛目"意为领拜人,引申为学者、楷模,为带领穆斯林做礼拜,是本地宗教领导之人;"黑准布"是负责讲演者;"麻安津"称"麻进",是宣礼者,负责礼拜时呼唤礼仪仪式。

"三大阿訇"和普通阿訇主要靠穆斯林群众请去念经赠送的海堤(礼品

钱）来维持养家,没有薪水。

在组织管理方面分工明确,《甘孜州民族志》对康定清真寺记载道:"清真寺的管理权由'乡老'和教长行使。'乡老'负责管理寺庙财产,每 3 年或稍长时间选举 1 次。教长专管教务,皆是从外地聘请德才兼备的阿訇担任。伊玛目、黑准布、麻安津 3 大阿訇实行世袭,如其后人不能胜任,则另选贤者。"①

（二）宗教场所与活动

伊斯兰教的宗教活动场所为清真寺,在康巴,清真寺不仅是穆斯林宗教活动的中心,还作为回族等穆斯林联系、沟通、交往的基本活动场所,也是宣教和文化活动的中心。寺内清洁无物,没有偶像,没有与教义不相宜的陈设,且任何人不得以任何形式加以亵渎。

关于清真寺的具体构造,以清道光十三年（1930 年）重修的规模宏大的"康定大清真寺"为最。坐落于跑马山下康定城镇河东中心,坐西朝东,寺门内立一对青石狮子,进门大殿前有两棵古柏树覆盖全院。大殿是用十八根粗柱建的汉式宫殿木质结构,殿顶飞檐天翘,插上月牙,具有伊斯兰寺风格,其面积 300 余平方米,可容纳四五百人做礼拜;整个寺庙占地约 1000 平方米,分由南北经堂、礼拜堂、沐浴室和花园厨房组成,殿内存有用金银水书写并装潢精美的一匣三十册《古兰经》,是为稀世珍本。寺内大殿匾额楹联较多,多由阿拉伯文和汉文书写。可惜大殿在 1955 年被震毁,至 1979 年修复重建,改为一楼一底式,即楼上为做礼拜用的大殿,楼下为挂满圣地麦加相片的经堂。

另外,昌都也有座陕西回商入康于 1702 年就集资修建的"陕西会馆",后在驻藏清军回民官兵的帮助下修建为新的大型清真寺,可惜在民国战乱中被毁,2005 年 9 月再次新建。

其宗教活动较多,但主要有"诵经、做礼拜,斋戒、宰牲节"四种。

一是"诵经"。即念诵"万物非主,唯有真主;穆罕默德是主的使者"。念诵清真言,意在表示自己的信仰,是向真主作证。

二是"做礼拜"。是对安拉的感恩、赞美、恳求和禀告。做礼拜要每天进行;在特定的集体礼拜时,则要在清真寺进行,其间由专人唱宣礼词,和由神职

---

① 康定民族师专编写组:《甘孜藏族自治州民族志》,当代中国出版社 1994 年版,第 264 页。

人员讲解《古兰经》。遇到重大节日时,也在清真寺集体做礼拜。穆斯林做礼拜前要先行净礼,多用水沐浴全身或洗部分身份称为水净。做礼拜的意义在于陶冶性情,不忘冥冥之中真主对自己行为的监察,悔过自新,养成服从宗教领袖的习惯。

三是"斋戒"。伊斯兰教规定,在伊斯兰教历九月全月,每天日出前一个半小时,到当天太阳落山,禁止饮食、房事和任何非礼行为。直到该月最后一天,看到新月时,斋月即告结束,"特殊人群"除外。

四是"宰牲节",又称"古尔邦节"。传说先知接受安拉的启示,命他宰杀其子伊斯马义献祭,以考验父子对真主的真诚。当其子俯首欲受宰时,安拉派天使送来绵羊代替祭品,伊斯兰教承袭此俗,定为重大节日。如康定回民穆斯林,逢此节日时,要宰杀牛羊互赠,并举行会礼,在清真寺里听阿訇演讲一些纪念活动如"圣纪"、"格底日之夜"(伊历9月第27天)等。

三、天主教、基督教

基督宗教的内部分支很多,一般认为主要由天主教、基督教、东正教等组成。天主教、基督教同为西方宗教,且属于同支脉同源,二者传入康区的时间大体相同,且又在康区有过艰难曲折的传播史,故为论述方便,在此将天主教和基督教一并作于讨论。19世纪中叶到20世纪中叶约有数百名西方人尤其是传教士入藏受阻,于是在康藏边界活动①。

(一)传入与传播

天主教系基督教中的公教,或称罗马公教。中国信徒将其信奉的神称为"天主",故称"天主教"。

据载,1847年(道光二十三年)法籍传教士罗勒拿是最早进入康区的西方传教士。他化妆成商贩从康定出发经巴塘和芒康抵达昌都,并在此地建立了第一个据点,拉开了此后长达近一个世纪的西方传教士入康传教的序幕。1860年,巴黎外方传教会传教士受罗马教廷之命赴藏传教,路途受阻折返打

---

① 参见赵艾东:《1846年—1919年传教士在康区的活动考述》,《贵州民族研究》2011年第5期,184—188页。

箭炉,在炉城北设堂传教,自此,康区的康定地区开始成为天主教传播的大本营。至1862年华良廷、圣保罗在巴塘建立教堂传教,标志着天主教开始传入康南地区。1903年,法籍余司铎以康定教徒田尚昆为从,在道孚城东修建教堂,表明天主教已传入康北地区。1914年,法籍传教士佘廉霭在丹巴购买土地,修堂传教。倪德隆任康定郊区主教期间,教务得到较大发展。至1936年,天主教势力已扩张到今康定、泸定、丹巴、巴塘、昌都中甸等地。

第二次世界大战后,因教会经济拮据和遭到康区僧俗民众的强烈抵制,天主教势力受到冲击。新中国成立前,康区甘孜州内康定、泸定、丹巴、道孚、炉霍和巴塘六个县设立教堂。新中国成立后,天主教徒走上"三自"爱国道路,外国人在康区主持教务的历史从此结束。

基督教与天主教相比较,入康时间稍晚,可分为三个系统。

1. "内地会"

又称"耶稣会",是19世纪末中国规模最大的基督教差会,也是世界最大的基督教差会之一。由中英两国基督新教传教士康慕伦（James Cameron）和戴如意（Annie Taylor,女）分别于1877年和1892—1893年两次欲穿越康区入西藏传教失败。1897年,由宝耀庭（Cecil Polhill-Turner）在打箭炉落脚,建立的"福音堂"成为康区第一个内地会传教点,并以此为据点,从东向西对打箭炉至巴塘沿线、从北向南对打箭炉至木里沿线的康区部分区域进行了考察并沿途传教。其间虽经历了1900年义和团运动,全体传教士曾撤出康区,藏传佛教僧侣和官方较为抵制西方宗教等种种挫折,但因得益于多元文化的康区对异文化有包容的传统,所以康巴百姓并未完全受其影响,并表现出对西方传教士们的善意。① 后由顾福安（英国籍）、纳尔逊（加拿大籍）、裴元弟（英国籍）、郭纳福（美籍）相继主持。中华人民共和国成立前夕,由美籍胡牧师负责,教徒约百人。

2. "美以美会"

1908年（光绪三十四年）,美籍医生史德文、牧师浩格登由川西至巴塘,行

---

① 参见赵艾东:《从西方文献看19世纪下半叶中国内地会在康区的活动及与康藏社会的互动》,《西藏大学学报》2010年第2期,第96—101页。

进而传教,建福音堂一座。1911 年(宣统三年),向巴塘粮务王会同租架炮顶地 30 亩,后基督教士建教堂、医院、学校等以巴塘为据点,向康区外传教,俨然康区基督教传教中心。1911—1913 年盛时,外籍男女牧师及家属居留者达 30 余人,教徒 30—40 家。1922 年(民国十一年)3 月,史得文在前往江卡传教途中遇夹坝(土匪)抢劫受伤致死(此据档案记载;另一说谓为丁林寺喇嘛派人劫杀),加之第二年巴安事件藏军占领巴塘,教堂、学校、医院皆被焚毁,外籍教士纷纷避难回国,教务交由中国籍牧师李国光负责,从此教务日衰。1935 年,美籍教士浩明宜来巴,与尼可而·苏教士等三家图谋恢复,成效未著,不久回国;1939 年,总会又派倪康思等人来巴主持教会。

3.“安息日会”

1918 年,美籍医生安德里行医至康定建立福音堂,其先后负责人为朝德威、巴保罗(1929—1932 年)、吉明斯(1932 年)、蒋森(1935—1939 年)。1939 年由蒋森与中国籍牧师共同负责。1942—1944 年为丹麦籍牧师文梦天负责;1944 年以后直至新中国成立前,由中国籍牧师龚品三主持。教徒 30—40 人。①

(二)人员与组织

康区的天主教与基督教,二者教会内部均设有一定的组织系统,其中以天主教最为完备。天主教康定教区②内部组织大致如下。设主教 1 人,总管全区教务,副主教 1 人,襄助主教。下设当家处,管理全区财政,负责人称“当家神甫”,隶管事 1 人,办理杂务。设秘书 1 人,办理全区文件。1944 年设参议会(或谓参事会),由华朗廷委佘廉霭、古纯仁、何光辉、尤加理(意大利籍)、杨华明(中国籍)为参议员,建议教区应兴应革事宜。康定为主教驻地,设总堂 1

---

① 刘君:《康区外国教会览析》,《西藏研究》1991 年第 1 期,第 86、87 页。
② 据四川省档案馆藏藏教南教法文档案载:藏(包括康)原属印度亚格那主教区,曾于 1846 年提出由四川教区托管。1856 年,西藏正式成立主教区,德斯马曾神父于 1857 年 2 月被罗马批准任命为第一任主教。后因由西藏僧俗民众的坚决反对,天主教在西藏经营历数百年而无功,西藏教徒具其名,1910 年,罗马教廷决定取消西藏教区称号,成立以康定为中心的西康教区,辖康区、锡金、云边,加强川滇边藏区的教务活动。1939 年,西康建省,宁雅二属因另设有教区,天主教西康教区即改名为康定教区。据民国二十五年(1936 年)调查表明,此辖区天主教教徒已达 6000 余人。参见刘君:《康区外国教会览析》,《西藏研究》1991 年第 1 期,第 86 页;伍昆明:《早期传教士进藏活动史》,中国藏学出版社 1992 年版,第 502 页。

所,医院1所,拉丁修道院1所,培养本地传教士,童贞院1所,训练女教员与女修道,托儿所、育婴堂、印刷所以及学校4所。

此外,二教注意宣传,办有《崇真报》《西藏回声报》。①

（三）宗教场所与活动

关于二者的宗教场所及宗教活动方面。就宗教活动场所而言,二教进入康巴后,均多以购置、租赁土地的方式发展据点和进行扩张,如盐井天主教会,就采取低价抵押、有无限期等手段,控制了114块,播种量达6.2担的土地②。教会重以土地为凭借固定信徒,以凝聚群众,维系教会,发展教徒,经营久之,有的渐已形成特殊的教徒村和社区,将其发展为宗教活动场所。

对这些宗教场所地点的选择,初考虑隐蔽性多选在以利于躲避便于流动偏僻的山间台地,如崩卡、秋拉桶等地为典型;后为多选近清廷统治力量且近交通线的地方,目的是考虑在与政府和僧徒民众矛盾冲突中以更好地保护教会的安全。③

关于这些宗教场所的结构布局,以基督教史德文向巴塘粮务王会同租架炮顶地30亩为例,据说这些教徒村的结构为:村中央是教堂,旁系传教士住房;教堂之外围系各信徒住宅,建有若干座碉堡。当时受威胁时,传教士及教徒能躲入其中获得保护。住宅四周是田地、灌渠等,为教会的生产区。此外,个别规模不大的教徒村还建有围墙。④

对此,刘曼卿也载道:"后更山筑围墙以与外间分划,内修三级洋楼两座,一座医院,一座华西学校,两级洋楼数,康式楼房十余所,以供西人及教育人员住民外备花园、草坪、菜圃、运动场、树、池沼、养畜园等地,无异于雏形之市镇也,外人生活亦甚为豪阔,每宅有雇工十数人,亦间请通中文藏文之教师到宅授课。"⑤

① 刘君:《康区外国教会览析》,《西藏研究》1991年第1期,第87页。
② 四川民族研究所编:《清末川滇边务档案史料》(中),中华书局1989年版,第519—521页。
③ 秦和平:《从藏彝走廊认识天主教在川滇藏交界地区的传播特点》,选自袁晓文编:《藏彝走廊:文化多样性、族际互动与发展》,民族出版社2010年版,第166页。
④ 刘君:《康区外国教会览析》,《西藏研究》1991年第1期,第87页。
⑤ 刘曼卿:《康藏轺征》,上海商务印书馆1933年版,第44页。

关于在这些教徒村和社区进行的宗教活动,据说也是相对比较规律,表现在村内教徒的作息时间有统一安排,早上6时起床,祷告;早餐后,学习和劳动,儿童及新入教(保守)入经言学校学习;中餐后略有休息,继续劳动;晚餐前,祷告;餐后,用汉语或藏语传授及解答要理。晚上9点休息,周日举行弥撒等。① 尤其在周日,教堂还会"礼拜日鸣金聚众,并散发各种宗教画片与书籍,有时也用音乐歌舞以资号召"②向康民们传播神的福音。

近代以来,康区外国教会的传播,前期以天主教势力较盛,其中法国传教士因作为急先锋而影响力较大③;后期以基督教的发展势头较猛。他们以康区为中心,向周围渗透,通过广搜各种情报,以熟悉康藏的社会情况,广设教堂、学校、医院、育婴堂等慈善事业以帮助传教活动。这些活动客观上为康区在教育、医疗卫生、农业种植等方面带来了现代文明的种子,但是西方宗教在康区的传播始终是在与康区各民族传统文化习俗,特别是藏传佛教虔诚信仰的冲突中进行的。在教案发生后,虽然"政府此后竭力保护,康人也无敢与外人侵扰者,兼之外人来康者又多谦抑而有礼貌,故宾主间尚称相安"。

但不论经西方传教士如何艰苦努力,面对处处是"异教徒"的广大区域,基督教也始终无法真正在康巴大地上扎下根,其原因,正如刘曼卿所言:"奈康藏人士生性固执,不易引诱,且佛教思想深入脑筋,拔赵易汉,殊难行也,故真正本地人而受基督洗礼者实寥寥无几,有之亦仅服务与外人,或求学与华西学校者,然亦不过依远两可,敷衍场面而已,康谚曰:不爱洋人爱洋钱,此或可尽其真相"④。

四、其他各种宗教与崇拜

康巴地区是一个产生神灵传说的地方,康巴人是一群虔诚的信教者。由于藏传佛教在康区直到11世纪后弘期才得以大量传播,在此前的漫长历史进

---

① 秦和平:《从藏彝走廊认识天主教在川滇藏交界地区的传播特点》,选自袁晓文编:《藏彝走廊:文化多样性、族际互动与发展》,民族出版社2010年版,第168页。

② 刘曼卿:《康藏轺征》,上海商务印书馆1933年版,第44页。

③ 参见向玉成、肖萍:《19世纪40—60年代中期法国传教士"独占"康区的活动及其影响》,《西藏大学学报》2011年第26卷第1期,第71—81页。

④ 刘曼卿:《康藏轺征》,上海商务印书馆1933年版,第45页。

程中,康巴人尤其是康巴藏族、彝族、羌族和纳西族等的信仰主要是自然崇拜。他们崇山敬水,山上有山神、水中有龙神,古老的神灵观念在他们思想中根深蒂固,至今,仍有虔诚的康巴人还在用各种仪式和禁忌来供奉山神和龙神。

（一）各种民间宗教与崇拜

1.对自然具体事物的崇拜

对自然具体事物的崇拜,是康巴人宗教信仰文化中十分重要的一个组成部分。这源于康巴人在远古时期,康巴先民们相信,那些与他们本身生活、生产劳动等有着密切关系的自然物,皆是神灵的化身。每一个不同的事物都代表一个不同性质的神灵,自然界的诸神与人会在现实生活中相通。这些具有神奇力量的神灵,都能够主宰人们的命运,而康巴先民们想要避祸祈福,就必须敬畏和崇拜万物诸神,以讨得这些神灵的欢心而获得其佑助和保护,于是便产生了自然的崇拜。其中自然界诸神中,对人类生活影响最大的神灵分别有天神、地神、日神、月神、山神、水神、雷神,等等。

（1）山神崇拜

"山神"崇拜是康巴人最先产生的崇拜,也是康巴人自然崇拜的基础,主要因康区多山,如噶贡山、万年雪山等,且崇山峻岭无处不在。康巴人劳动生产各方面都要与山打交道,康巴人相信,山神喜,则能狩猎和采集都获丰收,既能丰衣足食,也会无病少痛;山神怒,则会发生雪崩冰雹、地震、天火,将会直接危害到康巴人的生命以及家园的安全。山神多为威武的男子形象,并有自己的神灵体系,即大山神统领一定地域内的小山神和其他神灵,后当佛教传入,也有部分地区山神被列入佛的护法神。康巴人还相信,山是神灵的住所,山又是通往天上的路,因而有神秘性和威严性。对于形状奇特的山,康巴人用他们丰富的想象力赋予它们美丽的传说和神奇的故事,并视为神山,予以最虔诚的供奉与朝拜。康区有25座佛教神山,闻名的有昌都云南交界的梅里雪山、江达的生勤朗扎山、八宿的多拉神山和嘉绒藏族聚居区的墨尔多山等,它们都有美丽的历史传说,吸引人们前去朝拜与交流。

（2）水神崇拜

水神也是康巴人自然崇拜的重要神灵之一,康巴地区虽有众多崇山峻岭,但也江河纵流、遍布湖泊。康巴人远古时就对水崇拜,如康东一带,每逢藏历大年初一"抢新水"的习俗；如康定县城的康巴人在阵阵鞭炮声中，手持香帛和供奉物外，都带有贴着新鲜酥油表示吉利的桶、壶等取水的器皿，当零点整，在隆隆炮声中，人们争先恐后地将器皿盛满水高兴地背回家中，用这种方式取回第一桶水，以求给他们带来财富和好运。水先供人饮，剩下的牲口饮，据说来年可人畜两旺，这种简单随和的仪式便被认为是其原始自然水崇拜在民间的遗存。圣湖多为女神居所，还可以有各种灵验，可以做占卜。

（3）天神崇拜

其晚于"山神崇拜"，是在"山神崇拜"基础上逐步发展起来的，起初位置并不高，起初天神职能完全由山神所取代，后来虽有了天神，也仅是从山神为主体神的神灵体系中的一员。再后来，天神地位大大提高，不再位于从属地位，表现在部落首领从未称自己是山神化身，只是称自己与山神有血缘关系，之后首领成为天神降生人间为人主之说。此外，还出现了既是天神又是山神的双重身份的神灵。

（4）龙神崇拜

龙神初被认为是人间致病之源，后逐渐归入了神灵体系，据说龙多住在水中，多是女性的保护神。后来将龙神分为五大类，既有善神、恶神，也有善恶二者兼备的，如牧区牧畜的大量死亡、农区庄稼的各种病害便视为恶龙神作怪。康区甘孜一带，还有康巴藏族把龙神视为财神来供养，据说是龙神守卫着水域下的各种珊瑚、珍珠、松耳石等藏族最喜爱的各种财宝，要讨龙神的欢喜才能富有。而所供养的龙神，要放置于楼下的一个大石包，龙神就在这个石包之下。每到夏天，必须定期向石包泼洒牛奶，并经常保持其清洁，这样便可使这户人家发财致富，如有触犯和不敬，轻则倾家荡产，重则家破人亡。

（5）日神、月神

多为康巴彝族所崇拜的神灵。他们认为太阳神和月亮神是世间最为公正的神灵，康巴彝族在进行驱鬼治病、神明判决、诅咒等宗教活动中除了请山神外，还要请太阳神和月亮神参加。

2.对岩石的崇拜

这种对岩石的崇拜产生较早。如康巴藏民在通衢要道或山口间设置的路标玛尼堆就是以石块堆积而成，在多神信仰的古代，康巴人认为这是山神的标界。后随着佛教传入，将刻有六字真言的石块置于其上，和围绕石堆转经，是为积功德也是祈祷山神保佑，而山顶上的玛尼堆含义又为"战神"的意思，古代凡有征战，康巴藏族都要多围绕其举行转经和煨桑仪式，以期从中吸收勇气；康巴羌族也有白色岩石作为偶像的代表，将其在山上、屋顶、寺庙等代表不同的神加以供奉，还有康巴"甘孜"就是美丽白石的意思。

3.对动植物的崇拜

"猕猴崇拜"，来源于藏人祖先是猕猴与岩魔女结合生下的后代之传说，也有说是对其崇拜非敬畏，是出于对猕猴能灵巧地在高山陡崖、丛林密布中攀援和穿行的渴慕而产生，还如"牦牛崇拜"等。

4.灵魂崇拜

随着社会生产力的提高，康巴先民在思维能力方面也在自然崇拜的基础上，提高到了对灵魂的崇拜；同时，对祖先、对英雄的崇拜也属于这一人为信仰崇拜的观念的范畴。康巴先民因困惑梦中幻觉与现实，于是便将人的肉体与精神分开，认为灵魂是完全独立于肉体之外而单独存在的，他们也坚信即便人死亡，也"灵魂不灭"。这种单独存在的灵魂，或为神，受到人们崇敬的供奉，后演变为"祖先崇拜"；或为鬼魅，受到人们畏惧的供奉，为避免其受到伤害，出现了对生前强悍的英雄人物崇拜，遂演变为"英雄崇拜"。

康巴人相信，人在活着的时候，某部分灵魂可以寄托在一些有生命的和无生命的动植物或物体之上。人的生命、肉体与寄魂物两者之间，便产生了一种非常密切而又特殊的关系。如人灵魂受损身体也会遭遇劫难，而某些寄魂物，甚至还会产生一种超自然的力量，这种超自然的力量，可以完成凭借人力办到难以办到的事情，后来发展为部落或集体也可以有自己的寄魂物。

5.祖先崇拜

人死以后，据说其灵魂或者依附在他生前喜爱的某种动物或使用过的物品上，或者直接成为家神。这个家神是个抽象的概念，因为它还要包括家中火神、灶神、门神、帐篷、房屋、画等更小、更具体的神，但二者都需要祭拜。祭祀可以分为家庭祭祀活动和定期的正式祭祀，前者即日常在家中对家神的供奉，对象是一块象征家神的木板，再放一些食物和香灯等，有些人家还会在早晚饭时由家中的长辈用筷子先黏一点饭粒向木柱的方向扬一下表示先奉给家神最先享用。后者较为隆重些,参加者多为家人或族人,少有亲友,每年举行三次,目的在于祈求祖先家神保佑五谷丰登和人畜平安,后部分渐渐演变为"英雄崇拜"。

关于这些民间宗教信仰,康巴先民们早在生活、生产中发现,通过人的一些方法可以影响某些事物与自然现象,或避其伤害,或变害为利。先民们寄期望于这些拥有这种"神奇力量"的人,能够联系鬼神来影响和控制客观事物和某些自然现象,于是便有了"巫师类"的人,他们有很高的威望,至今仍相当受人尊重。

巫师们的服饰、法器、祭坛、祭物、巫术各不相同,各民族对其称呼也不同,具体如下。

"释比",羌族的祭司,被羌族视为能上传神谕下能通魔鬼并以法降之人。历史上曾兼巫师与部落领袖多重身份,后负责族人的敬神、治病、压邪,以及持成年礼、婚丧事和祭天等事宜,被羌人视为族中最权威的文化人和知识集成者,享有崇高的地位和威信。"释比"平时务农,传承多以师徒形式,由"老释比"严格挑选授徒,因羌族无文字书本,有《羌戈大战》等关于羌族的古老文化与历史渊源的神话传说和叙事长诗全靠释比背诵,口耳相传,其中释比主持的祭祀山神活动最为隆重,有浓郁的鬼魂观念和一系列宗教仪式。

"东巴",纳西族讲解经文之人叫做东巴祭司。被视为人与鬼、神沟通的媒介,因其既能知天晓地、善测祸福,又能祈求神灵,迎福驱鬼,在纳西族有很高的地位。其经书是以古代纳西族的百科全书《东巴经》为核心。多为父子传承,不脱产,有妻子儿女,无儿传侄或招赘传婿。但随着当今东巴教的衰落多已后继无人。

"毕摩",主要为康巴彝族的祭司。是以经典、法器从事宗教活动的男性祭司,有严格的世袭制度,如康巴甘孜州的沙马家支、尼克家支和阿鲁家支担任,并世代继承。主要分布在九龙县三垭、踏卡、湾坝一带,泸定县仅有沙马家支的 1 户担任毕摩。其所有的宗教活动都有与之相适应的经书。

"苏尼",主要为康巴彝族的巫师。是彝族社会中借助"厄撒"神附体,以打鼓驱鬼为主要活动的巫师。苏尼不识彝文,没有经典法器也很简单,只有一个直径约 1.5 尺的羊皮鼓和"V"形木杈,苏尼作法时:首先请幻想中的一种神灵(彝语称"厄撒")附体(不同的"苏尼",其附身神灵各不相同),左手执鼓,右手拿槌,击鼓数次后,全身战栗,边唱边跳,并作神状、神言,厉声驱鬼,然后以人的身份为人答疑。"苏尼法术"不是家传,也不是师承。而是如因一个人身患某种疾病而久治不愈,数年数月后意外地好了,便认为此人已有神灵的附体,于是,经过打卦占卜选定吉日。经过一些仪式程序后便可以成为"苏尼",自此可以单独行巫。不分家庭、老少修成为"苏尼"。"苏尼"也能从事一些简单的占卜、诅咒活动。有的也略懂一些常见病的治疗方法,泸定县共有"苏尼"20余人,九龙县更多,每一寨子,少有几人,多者十余人,并有少量"女苏尼"。①

对于因原始自然崇拜没有宗教信仰机构和组织,只是个体的一些巫师,故对其宗教场所和组织不予述之。

康巴先民的原始宗教活动方式,最主要的应是举行祭祀仪式。而这种祭祀仪式,又是由煨桑、血祭和祈神舞蹈三种内容所组成,也是祭祀文化的重要形式。在举行一些较大型(正规)的祭祀活动时,常常是这三种祭祀方式同时举行。也就是说,在祭祀的时候,既要煨上"桑"、献上"血牲",同时巫师还要做各种各样的祈神(包括驱魔)舞蹈动作。至于举行小型祭祀活动,也有只举行煨桑和血祭的。不过,这中间只有煨桑一项,是任何一种祭祀活动都必须举行的。而且到近代,它大都已演变成为康巴民间的一种习俗,所以它也可以在一般的祭祀活动中单独举行。

1.煨桑

"煨桑",是一种有着特殊地位的宗教祭祀仪式。至今仍在康巴各种宗教祭祀中以及民间普遍流行。主要为祭祀时,焚烧柏树枝或艾蒿、石楠等香草的叶子使之产生浓烟,并在燃烧时,洒清水及糌粑和谷类,用其烟雾来"驱除邪秽之气",祭拜山神,并求得神灵能给以佑护和赐以福泽。有时常以巫师主持。祈愿的内容,视祈求者而定,大者可以攻仇克敌、国泰民安;小者则可祛病延年、婚丧嫁娶。

---

① 参见康定民族师专编写组:《甘孜藏族自治州民族志》,当代中国出版社1994年版,第253—254页。

它的举行时间各地不定,多在康巴藏历新年,或每天早晚在自己家煨桑炉中燃起桑烟,又或炉霍地区每逢藏历的四五月间。全寨子的男子还要在头人的率领下,一起到神山上去堆柴烧烟,其所用之柴也必是头年伐好准备下的柏树和松树。柴堆点燃以后,大家就把净了手炒过的青稞面,以及蜂蜜、青稞酒等洒在正在燃烧的桑堆之上以祀山神。

举行地点多为山头或河岸的空地上;农区则是在屋顶修建一个谓之"桑炉"的宝瓶状炉子,煨桑就是在这个"桑炉"中进行;寺庙内煨桑会有专门的煨桑台,实际上也就是一个砌在专用土台上的"桑炉"。

这种煨桑仪式后为藏传佛教吸收发展为大型煨桑活动,成为藏传佛教等大型祭祀仪式中的最后一道仪式。

2.血祭

"血祭"是康巴原始宗教祭祀活动的一个重要组成部分。在举行一些较为重大(正规)的祭祀活动时,它常是同煨桑、祈神舞蹈一并举行的。血祭又称红祭或活祭,是指宰杀牛、羊、马等动物作为牺牲来敬献给神灵;或者用这些动物先祭祀,然后再宰杀。血祭中还有一种被称为"大红祭"的,是专指早期杀活人来作为牺牲以祀神的,后发展为血祭的变异形态——殉葬,又发展为绝大部分都系以牛羊为牺牲。古有在"牡鹿孤角"的祭祀活动中:秋有千只牡鹿一起砍掉头颅,用其血肉来做供奉;春有"牝鹿截胫供",将四只牝鹿活活肢解致死,用其血肉祭供的记载。且部落结盟、病人"赎命售遣"、人死后要"降魔"时,都需要宰杀牲畜做血肉供。

所谓"放生",就是将牛羊等动物作为献给神灵的"牺牲",在祭祀仪式后,给它身上(或角上)系以特制的三色或五色的布(丝)条作为记号,然后将其放之山野,让它自生自灭,是为已献给神灵了。且这种被放生的动物,不剪毛,不能乘骑,更不能宰杀做食。人们也不会去干预它们,让它们自由自在地在山野中徜徉。

"甲绒祭祀"概由古以杀活人作牺牲的"大红祭"演变而来的。因为它是把人拿来做人牲的替身,象征性地献给神灵,此"人牲"称"甲绒",故把这种祭祀方式称为甲绒祭祀。作为甲绒祭祀中的"甲绒"是世袭的,还可以娶妻生子,除一年一度作为"甲绒"参加祭祀外,平时可以不参加劳动,而由各寨子凑份子将其供养起，虽不愁吃穿，但仅能保其温饱，故生活拮据，多如乞丐。如"甲绒"死后绝嗣，在整个地区又才重新另找一个，康区还流行临时用钱募集一"替身"以祀神的祭祀方式，但此"替身"会作为病魔被逐出境，还不准其再归家。

3.祭神舞蹈

"祭神舞蹈"被认为是源于古代巫师祀神时的迎神驱魔的动作，舞蹈时，面具一为骷髅相，头是骷髅骨，舞者全身着红底上缝制白色骸骨架之鬼衣；二为牦牛神，同时伴舞的还有戴野牦牛头、龙头、狮头、大鹏头面具的神。这种"祭神舞蹈"，动作狙犷奔放，起伏大、速度快并有激烈的下蹲动作，"祭神舞蹈"中，始终贯穿着"祈福让灾"的内容。这一项内容后为本教所继承发扬，在祭神活动中有时会出现有装扮成藏传佛教中大威德金刚一类的神佛面具舞。说明这种"祭神舞蹈"，经过长期的演变过程，不仅融入了藏传佛教和本教的各种仪轨之中，而且已演变为本教的"祭神舞蹈"，在相互斗争与融合的过程中，"祭神舞蹈"，也融入了佛教的内容。

（二）汉传佛教、道教、儒教与东巴教

康区的汉传佛教、道教与儒教主要是随着汉族进入康巴而传入的，特别是明清时代随着大量汉族或戍军、或商务、或婚姻、或移民等社会流动进入康巴而逐渐得到发展传播的。

汉传佛教，一般认为是唐朝文成公主入藏时带来的大量佛经标志着汉传佛教正式入藏，随后又传入康巴地区。1622 年（明天启二年）大用和尚在打箭炉修建了"炉兴寺"（又名"广佛寺""汉人寺"），自此康定有了第一座汉传佛教寺庙。至清代，泸定、康定、丹巴、九龙、巴塘等地都修筑不少寺庙，其中1794 年（乾隆五十九年）泸定沈村修建的"甘露寺"，因建筑宏伟、信徒众多、香火旺盛而成为川边佛教会址所在地。"文化大革命"时期大部分寺庙被毁，后又重建。康区主要寺庙有：康定的"观音阁、炉兴寺；伏龙寺、东灵寺、沈村甘露寺"；丹巴县城的"观音阁"；九龙湾坝的"小火房、魁多"，大槽的"观音庙"；道孚的"无垢寺"等。[①]

———————————

① 参见康定民族师专编写组：《甘孜藏族自治州民族志》，当代中国出版社 1994 年版，第214 页。

道教,史载清雍正初年传入康区。乾隆年间康定建有"关帝庙、城隍庙、土地庙、川主庙"等。新中国成立前,除康定外,泸定、丹巴、九龙、道孚、巴塘、炉霍等地都建有"关帝庙、财神庙、土地庙、禹王宫、龙王庙、武侯寺"等道教庙宇。多供奉玉皇、土地公、财神、太上老君等道教神佛。

"儒教",主要是指将儒家思想信仰宗教化了的一种宗教信仰,如新中国成立前康巴汉族家中供奉的"天地君亲师"的牌位便属儒教信仰。其正式在康区设坛建庙是在清光绪年间。1901—1902年,高云和在天全首创"儒坛",又名"飞鸾教",主要尊孔教,参合佛、道教因果报应说等宣扬教化,以修身度世证得真仙为宗旨,修以静坐炼丹、力行善事为内外功。后在康定、泸定设坛,民国后信众增多,信徒多为汉族。新中国成立后停止活动。

"东巴教",是纳西族信奉的古老宗教,起源于原始巫教,纳西族中经文讲师被称作"东巴祭司",故名"东巴教"。属原始多神教,内容为祖先崇拜、鬼神崇拜和自然崇拜等,祭祀活动包括祭天、丧葬仪式、驱鬼、禳灾和卜卦等。

可见,历史悠久的康巴,是藏传佛教、本教、伊斯兰教、天主教、基督教、各种民间宗教和崇拜、汉传佛教、道教、儒教与东巴教等诸多神灵的汇聚之所,是宗教文化异常灿烂之地。在这片多民族的土地上,藏民族多信仰藏传佛教和民间原始崇拜,包括对山、水、树、天、土地或动物等民间原始自然崇拜为主;汉族多信仰佛教、道教和儒教;回族多信仰伊斯兰教;彝族多以万物有灵、祖先崇拜和灵魂崇拜的原始崇拜为主;羌族尤其是丹巴羌族宗教信仰复杂,其多神崇拜、藏传佛教和道教信仰并存;纳西族既信仰本民族的东巴教,又信仰藏传佛教。在康巴漫长的历史发展过程中,逐渐形成了各民族宗教与信仰互相吸收、互相借鉴、共同发展的和谐的宗教关系格局,体现了我国少数民族逐步发展成为中华民族多元一体格局中不可分割的一部分的共性特征。

第三节　宗教艺术

康巴地区是一个开放的宗教文化区,多元宗教艺术文化也在此汇集,使康巴宗教艺术文化异常绚丽多彩、五彩缤纷。而作为康巴宗教艺术共有的艺术文化基础——藏传佛教艺术，因其广泛性而成为这片土地上最具代表性的宗教艺术文化。

追溯康巴藏传佛教艺术产生的原因，大概"因为藏传佛教所面对的可能信众是大部分为没有文字识别能力的俗人，要让他们了解宗教情形，更必须用感性形象来表达，从而使他们更好地接受佛教。同时，大批寺院建立后，为饰美出藏传佛教寺院道场的庄严神圣感，寺刹的藻饰也促使更多的人投身藏传佛教的艺术发展当中"①。可见，康巴藏传佛教艺术，伴随着佛教而生，跟随着寺庙不断成长，历史悠久。

一、绘画艺术

（一）壁画与唐卡

康巴独具神韵的传统绘画艺术是康巴宗教文化艺术中最重要的组成部分，是中华民族乃至世界艺术殿堂中的一株奇葩。

"康巴绘画"有千年的历史，绘画艺术中多以壁画和唐卡应用最为广泛。不论人们走进哪个寺院，首先映入眼帘的便是各种形式、艳丽多彩的壁画和唐卡，绘制内容或花草虫鸟、或各式人物、或山川河流、或房屋建筑，等等，可谓应有尽有，令人目不暇接。但总的来说，还是以描绘佛教圣人、金刚、佛经故事居多。

壁画多绘于寺院墙壁、梁栋上，在构图上颜色画面非常充实丰满。不似内地寺院禅宗野树荒烟文人情趣，大场面构图只俯瞰式的散点透视，多用朱砂、松石、金银粉等天然矿物质颜料，和调入的牛胶、胆汁增加色彩效果。因"画面构图饱满，色彩艳丽沉着，线条流畅生动，细部还用金线勾勒，给人富丽堂皇、雍容华贵，可远观，也可近视"②，现今，颜料多用化学颜料，金银粉也多用铜铝粉代之。

"唐卡"，指用彩缎装饰后悬挂供奉的卷轴画。它最早从印度传入。至今约有 1300 年历史，唐卡艺术是藏传佛教绘画艺术的最高代表。在康巴大多数

---

① 张世文：《藏传佛教寺院艺术》，西藏人民出版社 2003 年版，第 129 页。
② 邢林：《雪域东部神秘的喇嘛教》，南海出版公司 1998 年版，第 23 页。

寺庙、佛堂或僧舍,抑或者信众的家中都可见到悬挂的唐卡,它是皈依佛门的象征,是信徒顶礼膜拜的对象。

关于唐卡,从格勒先生之概括可窥其一斑:"藏语称彩色卷轴画为唐卡。其材料可以用布,可以用绸,可以用纸;其手法可以笔绘,可以刺绣,可以拼贴;其题材可以是宗教故事,可以是民间传说,可以是平民生活,甚至可以是藏医藏药,乃至人体解剖;而其尺寸则有大有小,普通大小的常悬挂于寺院佛殿内的墙壁上,或信徒家中的经堂前,而最大的可以覆盖一座佛殿或一面山崖,其画面宏大壮观,震撼人心。"①特别是唐卡的内容,可以说基本包括了佛门所有的佛、菩萨、护法、教义和教法等,还涉及康巴社会的政治、经济、文化、历史和社会生活等方方面面,反映了整个康巴社会的历史生活等风貌。

出于教化和供奉为目的的唐卡,其制作工艺复杂且十分讲究。一般首先必须要由画师和僧人选择吉日,其间有诵经、焚香、祈祷,然后边诵经边备料和作画时不可亵渎神灵等神佛造像法的严格法则。正式制作时先要找出中心线和对角线,勾画出轮廓后再找出中心点,然后经起稿、涂色、渲染、勾线、完成去框等程序后,再举行开光仪式,为其赋予宗教意义上的神力,最后再画四周镶边,"用木轴上下贯之",便可悬挂供奉了。对于康巴潜心于佛教艺术表达画技高超的专业画师们,有时"往往会长年累月画同一幅画,一位昌都的唐卡画师在他的画室里告诉采风学者,他手头所画的这幅唐卡,已经听到过三次布谷鸟的叫声了;也就是说,至少花了两年时间了"②。

康区的唐卡,"以银粉打底敷以淡雅色块的称银唐卡,以金粉打底饰以朱砂图案的称金唐卡,以纯黑打底勾以金粉线条的称'黑唐卡'。寺院护法殿多挂黑唐卡,借此浓重渲染殿堂内的神秘气氛,森森然令人恐慌不安。更多的唐卡,是用深沉的黑色背景突出鲜红的主题图案,或者用橘红色的变形火焰打破蓝色背景的沉闷气氛,或者用蓝、白、黄、绿、红五色变形云环绕于主题周边,不一而足。这些既保持了民族特色又不拘一格的大胆着色效果,是当今不少后

---

① 格勒、海帆:《康巴:拉萨人眼中的荒凉边地》,生活·读书·新知三联书店 2005 年版,第 232—233 页。

② 格勒、海帆:《康巴:拉萨人眼中的荒凉边地》,生活·读书·新知三联书店 2005 年版,第 234 页。

现代派画家孜孜以求的"①。

总之,唐卡具有鲜明的民族特点和浓郁的宗教色彩的独特艺术风格。一般色彩明亮,为突出其宗教神圣性,颜料方面比壁画要求要高,也多用金、银、珍珠、玛瑙、珊瑚、孔雀石、朱砂等矿物宝石和藏红花、大黄等植物。这些天然颜料不但使其珍贵,而且历经百年岁月仍然艳丽明亮,故是中华民族艺术中弥足珍贵的艺术珍品。

（二）噶玛嘎孜画派

藏族传统绘画在长期的历史发展中形成了众多各展风姿的不同地域、不同地方风格特色、不同流派传的承体系。2005 年,康巴地区民族考古综合考察团通过专门针对康区进行了"新中国成立以来规模最大、最为全面的"的学术调查和研究活动,在康区佛教绘画艺术方面,作出了康区的藏传佛教绘画艺术成熟与繁盛时期几乎可以肯定是在 18 世纪,即与清最鼎盛时期相当。这时期,艺术中心从原来的西藏中部地区,发展到康巴地区,在这里,诞生了众多的艺术流派,其中最为著名的是噶玛嘎孜派(sGarbris)。这个艺术流派是在藏中地区勉日派(sManris)的基础上,大量借鉴汉地绘画风格要素而形成的。自从这个艺术风格出现以后,从西藏拉萨到青海、藏东再到北京,艺术风格几乎风靡整个藏文化圈,"成为最具影响力,最受欢迎的绘画艺术风格"。② 的高度肯定。

康巴噶玛嘎孜画派是藏族唐卡三大流派(勉唐画派、钦泽画派、噶玛嘎孜画派)之一,主要流传于以甘孜德格和西藏昌都为中心的康巴藏族聚居区。相传在 16 世纪由南喀扎西活佛创建,以"噶玛巴大法会"而得名。此画派的特点是其绘画的资助者、倡导者、杰出的画师、理论建树者、骨干、传承均是噶玛噶举派僧侣,绘画表现题材也主要为噶玛噶举教派的发展历史、重要祖师人物和教派重大政教活动等,故又有了教派"宫廷风格"之谓。③

---

① 格勒、海帆:《康巴:拉萨人眼中的荒凉边地》,生活·读书·新知三联书店 2005 年版,第235 页。

② 故宫博物院、四川省文物考古研究院编:《穿越横断山脉康巴地区民族考古综合考察》,天地出版社 2008 年版,第 11 页。

③ 康·格桑益希著,《藏传噶玛嘎孜画派唐卡艺术》编委会编:《藏传噶玛嘎孜画派唐卡艺术》(上卷),四川美术出版社 2012 年版,第 11—12 页。

康巴噶玛嘎孜画派以"南喀扎西以勉唐画派的技法为基础,将印度'利玛'响铜造像的造型特点与汉地'丝唐'的艺术风格融为一体",①其虽偶有追求华丽精致,如现存甘孜县东谷寺的传说是世上最美唐卡——《如意宝藤》(又名《佛本生传记》)②。但因其大量借鉴汉地绘画风格的要素和表现手法,打破原刻板和充满神秘主义色彩的背景色调和布局,而大量融进自然、轻松的山水鸟兽、古树怪石、亭台楼阁等元素,渐使之形成充满人文气息的艺术风格。"这个艺术风格出现以后,迅速风靡整个藏文化圈,成为最具影响力、最受欢迎的绘画艺术风格。"③

素有"文化宝库"之称的康巴德格地区,因历代土司兼容并包的宗教政策,和对文化艺术发展大力支持下,使之成为18—20世纪艺术活动最活跃的地带。前后历经27年建成的德格印经院经堂,其壁画多以诸佛、菩萨及罗汉形象为主,保存了18世纪的原貌,被认为是噶玛嘎孜画派的代表性作品。

历史上,康巴噶玛嘎孜画派名师辈出,均为该派的发展作出了重大贡献。其中18世纪,被称为空前绝后的艺术天才之一的司徒·却吉迥乃,采各家之长,还成功地将汉人的画法融入藏画技巧中,他于1729年创立气势雄伟有"小布达拉宫"之称的八邦寺。司徒·却吉迥乃亲自设计并参与绘制了大殿的壁画,"雕梁充梁,金碧溢彩,殿内四壁绘满珍贵的壁画内容包括佛本生故事及六道轮回等,形象生动,色彩绚丽"④。而他花四年时间完成的近30幅系列唐卡,视为"开八邦之先河",并被视为范本,一直在藏族聚居区广泛流行,使"时

---

① 辛玉昌:《甘孜史话》,甘肃文化出版社2012年版,第278页。
② 《如意宝藤》(又名《佛本生传记》),是郎卡杰最著名的代表作品,共31幅(现存29幅),是国家一级文物。郎卡杰是17世纪噶玛嘎孜画派著名画师。传说由莲花生大士传授画笔,被称为神授画师。郎卡杰创作的唐卡,轻盈飘逸,灵活多样,色彩艳丽,沉着细腻,寸寸有景,被世人尊为"天之饰物"。这套《如意宝藤》唐卡画是17世纪东谷寺第六世活佛降巴更登嘉措命画师郎卡杰绘制而成,以纯天然颜料及金粉、银粉绘制。画中人物形象生动,山川、花卉、鸟兽和谐,线条流畅,章法严谨,色泽艳丽,栩栩如生。(参见辛玉昌主编:《甘孜史话》,甘肃文化出版社2012年版,第279页)
③ 故宫博物院、四川省文物考古研究院编:《穿越横断山脉康巴地区民族考古综合考察》,天地出版社2008年版,第20页。
④ 格勒、海帆:《康巴:拉萨人眼中的荒凉边地》,生活·读书·新知三联书店2005年版,第131页。

至今日，康巴民间仍有'学藏画，到八邦'的说法"①。此外，其作品还被制成木刻不断印刷流通，连故宫的藏品都有 31 副一套的唐卡②，可见其流传之广；至今，他的很多作品都还作为艺术家临摹的范本，可见其影响之深远。

噶玛嘎孜画派绘画艺术成就，有"作为人民大众的艺术，以发自深厚的民间土壤，喷发着雪域泥土芳香的民族性、原创性所创造的大量不朽之作，更为一脉相承的雪域藏民族的发展历史谱写着一个又一个新的篇章。噶玛嘎孜画派在长期发展中形成的地方风格、教派风格、艺术风格，以及创造性的现实主义风格和独特的绘画工巧技艺，是康巴人智慧的创造，是康巴文化孕育的精神财富的展现，也是康巴人对未来世界的执着奉献③"的高度评价是当之无愧的。

二、雕塑艺术

康巴雕塑主要有泥雕、木雕、石刻、油雕等制作艺术。雕塑者多为绘画、雕塑兼通的僧侣，也有民间艺人，有些唐卡绘画大师同时也是著名的雕塑名家。

（一）泥塑

主要为藏传佛教各寺庙供奉的佛像、神像，小的仅有七八公分，大可高达 20 余米，其特点多造型生动、神态刻画惟妙惟肖。

泥塑佛像过程，以制泥、备板为备料工作。调和出上好的塑泥，制备厚实木板，以让其作为塑像的背面承扶整合体来支持塑像。塑像一般从下部开始起塑，像腔置空，到完工时，内置神物。塑造佛像时的主要工具为木质削笔。其中，如在塑立泥像的过程中，有个必需的同步工作是像体敷湿；即用一块足量湿布盖住尚未完工的塑像，直至完全树立起佛像。其作用，一是为防止塑像的干裂，二是便于停工复土时新旧泥茬的完全整合。如在寺院道场内沿壁浮雕式地塑贴佛像时，先打好底然后和出纤维多而泥浆少的塑泥，先按底稿勾线

---

① 格勒、海帆：《康巴：拉萨人眼中的荒凉边地》，生活·读书·新知三联书店 2005 年版，第 232—233 页。

② 参见故宫博物院、四川省文物考古研究院编：《穿越横断山脉康巴地区民族考古综合考察》，天地出版社 2008 年版，第 20 页。

③ 康·格桑益希著，《藏传噶玛嘎孜画派唐卡艺术》编委会编：《藏传噶玛嘎孜画派唐卡艺术》（上卷），四川美术出版社 2012 年版，第 11—12 页。

做出形状作为像胎,最后在像胎上以塑泥出像,并修正抛光。以上只要塑造出塑像体后,就可以进行敷色描绘完成泥塑。①

大型佛像有时需近一年时间,佛像各部分比例全靠泥塑艺人肉眼测量和控制,但比例都恰到好处,泥塑面部眉目传神,衣服褶皱也塑的很有质感,座上配塑花卉鸟兽和吉祥图案。

康巴"乡城一带的泥塑民间艺术,无论数量和技能上都具有代表性,甘孜州新一代藏族雕塑家白瑞,把现代雕塑艺术与传统雕塑艺术相结合,创作了一批具有时代特色的作品,走出了一条新路"②。

（二）木雕

在寺庙建筑装饰方面,多以檀香木和柏木为原料的门窗和佛龛、佛具中,也有少量的小佛像,其中,佛龛是其艺术工艺最精湛的部分,其上雕的祥瑞兽很有特色,多有精品。还有藏戏所带的各色面具,造型夸张、个性突出到连艺术大师都非常折服。康区木雕除以昌都江达贡觉的木雕木刻传统工艺最为特色外,更以闻名于世的"藏族文化宝库"康区德格印经院为代表。它除了"木板雕刻绘画艺术更是以其藏版最多、雕刻工艺最精、题材内容涵盖面最广、形式完美生动、印制精美,在全藏族聚居区首屈一指"③。其印刷术也很有特色,多为刻板印刷,藏文字的书法艺术技巧,就是靠当地高超的刻功艺人去展现。

"藏族经版画版镌刻是藏族雕刻工艺的重要部分,藏族聚居区各大寺院印经院和经房都藏有大批木刻画版,而以康巴德格印经院的木板雕刻画藏版最多、品种最齐、雕刻工艺最精而称著全藏。德格印经院有大小木刻经版近26万块,其中独特的木刻版画和工艺画300多种刻板共600多块、《大宝伏藏》2000多个木刻版。另外,还有许多人体像刻版和服饰版、房物建筑版等,木刻版画画版表现题材多以佛本生传记、佛传、佛菩萨像、宗教历史故事为主,兼有天文、医学等内容的实用性教材画和历史、风俗、人物、装饰图、挂图、风马

---

① 张世文:《藏传传佛教寺院艺术》,西藏人民出版社2003年版,第142—143页。
② 康定民族师专编写组:《甘孜藏族自治州·民族志》,当代中国出版社1994年版,第147页。
③ 康·格桑益希著,《藏传噶玛嘎孜画派唐卡艺术》编委会编:《藏传噶玛嘎孜画派唐卡艺术》(上卷),四川美术出版社2012年版,第17页。

旗、祥符、曼陀罗等内容的画面。大多为独幅版画,亦有多幅组画,数十幅成套系列佛传或佛本生画传,这些版画内容广泛、想象力丰富,造型生动写实,刻画精妙自然,浓墨勾勒而不失清新典雅,形式精美颇能代表德格地区画派的特点和风格。"①足见康巴地区宗教木雕刻艺术的精湛与超高。

(三) 石刻

石刻有玉石雕和绿松石等,多见于被个人或寺院私下珍藏的佛像和法器里,更多见于遍布康地的石头垒起来的玛尼堆和石经塔、石经墙,大都刻有精美的经文或佛画,是为石刻艺术的结晶。

如康巴石渠县松格玛尼堆经考古人员发现,其石料多就近取材,以较为细腻的青灰石块为主。内容一为文字类,多以咒文和祈愿文两种,墙体多为阴刻,简单咒语和祈愿文则多用减地的雕刻方法;二为图像类,多为格萨尔题材和佛教题材,通为刻线,或在减地线刻的基础上再施以彩绘,有很深的宁玛派的色彩。石刻线条圆熟,自然流畅,图案精细,内容丰富,技术水平较高。②

(四) 油雕

"油雕"又叫"酥油花",是藏传佛教特有的一门宗教艺术。它以酥油做原料,将色彩调入酥油中制成,色彩鲜丽,多塑造各种人物、动物、植物、建筑和彩虹等,据传兴起于格鲁派宗喀巴时期因向拉萨大昭寺佛前献供而流传于世。因此,每年藏历正月十五,格鲁派都要塑造酥油花,一为供奉,二为供群众参观。康巴以理塘寺塑制的酥油花最有特色,甘孜寺、康宁寺、灵雀寺、金刚寺和长青春科尔寺的酥油花,花鸟人兽惟妙惟肖,佛像人物逼真,油雕技艺在藏族聚居区以外,实为罕见。

三、造像艺术

康巴藏传佛教造像艺术是 8 世纪左右佛教传入康区才出现的,此后一直伴随着藏传佛教的发展而发展。其制作材料可为泥、木、石、金、银、铜等居多,

---

① 康·格桑益希著,《藏传噶玛嘎孜画派唐卡艺术》编委会编:《藏传噶玛嘎孜画派唐卡艺术》(上卷),四川美术出版社 2012 年版,第 17 页。

② 参见故宫博物院、四川省文物考古研究院编:《穿越横断山脉康巴地区民族考古综合考察》,天地出版社 2008 年版,第 41—45 页。

尤其是单尊的金铜佛像,技艺精湛,易于流动保存,分布广泛。

一切佛从其容貌、形体来看都是相同的,一般较难从其容貌装束上认识和区分各种不同的神佛,只能从不同佛所结的不同手印和坐席上区分认定。手印是指手指所结的印契,象征着佛的内在智慧与功德。

康巴造像种类繁多,数量巨大,题材非常广泛,主要有祖师佛像、三十五佛像、各派上师像、密宗本尊神像、佛母像、菩萨像、空行像、护法神像、尊者和大成就者像,等等。这些佛类等造像,从其容貌形体来看似乎都是相同的,不容易区分,但所有造像不论是坐是卧,是喜是怒,都要严格地按照八种①成套的造像尺度,分别为:呈现垂直端坐的神佛类、善恶兼备的神灵类、多手多头的本尊神类、神灵包括没有提到的本尊神类、怒相本尊和护法神类、半人半兽的神怪类、声闻弟子和独觉佛及普通凡人类,即所有神佛造像应该采取的各种不同的姿势,以及相应的比例和尺寸类。因此,可以通过不同神佛造像所展示的不同手印、坐姿、坐席上和某些象征物等方可区分辨认②。

这些藏传佛教造像与汉地佛造像最大的区别在于:藏传佛教造像非常喜欢刻画佛的愤怒与憎恶或许跟康区密乘教法认为,狂怒与憎恶是灭除烦恼邪魔的有效工具有关。③ 而相对卫藏地区,康巴以昌都为中心,以及四川、青海、甘肃等地,其造像风格较为朴素。

由于宗教和地理方面的原因,康巴造像早期模仿印度、克什米尔、尼泊尔、汉地等艺术风格,后来通过不断吸收融会,逐渐形成了神祇众多、风格多样且带有浓烈的康巴藏民族特征的独特艺术风格。

康巴地区存有大量精美的铜造像,其间还有大量外来入康造像,其精美程度连专业考古人员都甚为震惊。"甘孜地区铜造像藏品之精美程度令人吃惊。从我们鉴定过的造像来看,13世纪以前的造像或来自于古印度、尼泊尔

①　第八种造像尺度最早来源于尼泊尔艺术家所使用的造像尺度。藏族艺术家勉塘巴以及追随勉塘巴所创艺术流派的艺术家另有八种造像尺度,西藏时噶尔画派和布顿画派另有十一种造像尺度。但无论如何分法,这些造像尺度曲的容与上面描述的八种遗像尺度基本相同。可参见扎雅·诺丹西著,谢继胜译:《西藏宗教艺术》(汉译版),西藏人民出版社1989年版,第71页。

②　参见扎雅·诺丹西著,谢继胜译:《西藏宗教艺术》(汉译版),西藏人民出版社1989年版,第60—71页。

③　李路:《中华优秀传统艺术丛书雕塑》,吉林出版集团有限责任公司2013年版,第101页。

和克什米尔、斯瓦特等地区，或来自于西藏西部，都是从外部带进来的古佛像。这些佛像在当地或各个寺庙中均作为镇寺之宝，有些藏品甚至连在当地调查文物几十年的研究人员都没有见过。如甘孜东谷寺所藏铜造像 400 余尊，其中 17 世纪以前的造像就有 100 多尊，还有很多 12 世纪以前的造像是从尼泊尔来的古佛像。再如，德格的更庆寺所藏的 8 件铜造像，件件都是镇寺之宝，不仅年代早（10—17 世纪），而且制作精美。在石渠洛须的志玛拉空寺是当地一座有名的古寺，据说是文成公主花钱修的寺庙，内藏数尊古佛，其中一尊公元 7—8 世纪的铜佛像来自西北印度，带有斯瓦特艺术风格，虽然背光有些残断，但却是罕见的艺术精品，其狮子托浑圆莲花宝座的做法为目前国内外藏品所仅见，堪称上品之作。"①由此可推，康巴地区寺庙众多，各类造像艺术在继承印度佛教艺术的基础之上，又不断融入康巴本土的佛教信仰和地域性审美观，形成了独特的艺术风格，如一个艺术宝库等待我们去继续探索。

四、铸造艺术

铸造指将金属加热融化后倒入模具中，待之冷却后凝固成为器物。藏传佛教上除用于制作供器的酥油灯、盛圣水的器皿和佛教音乐舞蹈中所需要的法铃、铙钹等供器和法器外，更热衷于铸造各类神像。尤其是作为藏传佛教的宗教信仰载体的铜佛像，它是综合藏传佛教艺术审美与高超金属加工技艺的优秀作品。

藏族聚居区用于铸造的金属材料有金、银、紫铜、黄铜等，而康区多用黑青铜，它是由铁和一种掺有紫铜，专用来铸铃的杂铜称为"卡瓦"制成的合金，它要比白青铜质脆而易碎②。

关于 20 世纪上半叶康区昌都手工业，文献记载："昌都地区的手工业有造纸、缝工、靴工、制毡、制陶、铜、铁、木土等。成品差，工作效率亦低，手工业多集中于昌都、察雅等比较大的宗。制造铜佛像是一种独特的手工业，主要集中于昌都，康藏各地的佛像，很多要靠这里供给，过去，赤金年销曾达千余两，

---

① 故宫博物院、四川省文物考古研究院编：《穿越横断山脉康巴地区民族考古综合考察》，天地出版社 2008 年版，第 12 页。

② 扎雅·诺丹西著，谢继胜汉译：《西藏宗教艺术》，西藏人民出版社 1989 年版，第 129 页。

用以镀佛。"①可见昌都地区的铜佛像制作在手工业领域,影响之广泛。学者袁凯铮考证,铜佛像制作工匠家族聚居于嘎玛、柴维一地,且此地铜佛像制作传统的形成必与嘎玛寺和嘎玛噶举派的历史有着直接的关系。②

十三世达赖喇嘛在其统治后期,为了改变西藏社会积弱的局面,曾推行全面改革的"新政",措施之一便是遣散尼泊尔工匠起用本土工匠:"由于在拉萨此前的铜佛像制作业一直被尼泊尔工匠所垄断,拉萨当地甚至西藏中部地区缺乏制作铜佛像的藏族工匠,因此在遣散尼泊尔工匠后,需要召集西藏东部昌都杂堆地方的铜匠到拉萨来从事佛像制作,以此来填补尼泊尔工匠留下的空缺,这是达孜县白纳五村,整个村庄 18 户工匠从昌都迁来的历史原因。这也是为什么拉萨现在所有的铜匠都出自昌都,而在拉萨没有发现本地历史更为悠久的藏族铜匠传统的原因。"③可见,西藏中部地区的铜佛像制作传统,由尼泊尔传统向康区昌都传统的转换,或许有部分政治等原因,但至少说明了康巴铜制佛像制造技艺是被藏族聚居区官方认可和高度肯定的。

铜像铸造技法方面,昌都铜匠普遍采用古老的用两个半块合在一起铸造金属制品的砂型铸造法,不会使用传统石蜡铸造法。而藏族聚居区尼泊尔工匠自吐蕃时期就一直用石蜡法制作铜像,至 15 世纪后为适应西藏佛教的铜像空心铸造的装藏习俗,制作尺寸较大的铜像采用分部件制作,再用拼接组合的方法为"模件化制作的初始期"。16 世纪后,采用锻打工艺制作铜造像和宗教法器成为主流。而现今,"年轻一代的昌都工匠成为藏族工匠群体中的主流,他们中的许多仍然保留着传统的制作铜佛像的技艺,如:传统的砂型铸造法,手工锤鍱工艺等,仍然延续着传统的家庭作坊组织模式和传统的师承学徒制度,但铜佛像制作作坊工场不再依附于政府和寺院,而成为独立的个体生产者"④。

---

① 王廷选:《昌都历史述》,载《康区近代珍惜资料选》,巴蜀书社 2003 年版,第 20 页。
② 袁凯铮:《西藏中部铜佛像制作工艺传统的转换——从尼泊尔传统到昌都传统》,《西藏研究》2011 年第 4 期,第 98—99 页。
③ 袁凯铮:《西藏中部铜佛像制作工艺传统的转换——从尼泊尔传统到昌都传统》,《西藏研究》2011 年第 4 期,第 100—101 页。
④ 袁凯铮:《西藏中部铜佛像制作工艺传统的转换——从尼泊尔传统到昌都传统》,《西藏研究》2011 年第 4 期,第 101—102 页。

佛光普照，人杰地灵，在康巴这块古朴而神奇的土地上，世世代代康巴人在宗教、艺术、文化各个领域，用高超的智慧和勤劳的双手创造了一个又一个美妙精湛、无与伦比的宗教艺术精品，这无不展示着康巴人对宗教的虔诚和对生活的热爱，也无不展示着康巴人对人类文明的创造性奉献。在当代，康巴人更是在延续千百年来形成的奋勇拼搏的创造精神，也正在树立雪域高原一代更加辉煌灿烂的康巴文化在 21 世纪的里程碑。

第五章　康巴宗教文化（下）

第一节　神山崇拜

山作为地理标志和文化象征，是人类宗教和传统文化的主要认同标志。作为世界高山的故乡，和亚洲各大河流及其主要支流的发源地的康藏地区，神山崇拜信仰文化也是该地普遍存在的宗教文化之一，且"在藏族聚居区传统社会中山神信仰体系具有与地域社会同构的特点，它象征和对应着不同的祭祀圈和地域社会"①。

一、神山崇拜之缘起

"神山崇拜"作为康巴地区最普遍的文化现象历史悠久。早在远古的时候，康巴先民们面对那些日夜出现在他们面前的直插云霄、陡峭险峻、终日云雾缭绕的庞然大物，不仅会产生一种阴森、神秘感，而且还产生一种难以攀登、不可侵犯只可仰望而不可及的崇高、永恒神圣之感。尤其是电闪雷鸣山谷里发出惊天动地的巨响时，对此无法进行科学解释的康巴先民们便自然展开无限想象，进而坚信这些山峦就是神灵。一些风雪、冰雹、地震等自然现象，皆是山神所显示出来的超人的"神奇力量"，便开始产生对山神的崇拜及信仰。

"神山崇拜"大致经历了三个阶段。

---

① 英加布:《域拉奚达与隆雪措哇:藏传山神信仰与地域社会研究》,兰州大学出版社 2013 年版,第 13—14 页。

　　其一，在自然群体时期，由于康巴的高山深谷，山成了康巴先民各群体的天然界限，故康巴先民最早山神的崇拜因地域因素所限，各个群体只供奉着各自地域之中的山神，所有山神也是单体存在，各自管理各自领地，其均反映在古老传说中①。

　　其二，在氏族或部落时期，康巴先民因经历由群婚和血缘婚向外婚制发展，逐渐过渡为氏族和部落，反映在神山崇拜由单体向整体的神灵体系过渡，进而形成具有一定区域性的神灵集团。

　　其三，进入阶级社会，随着康巴地区与祖国其他族群宗教文化的交流，形成各地山神崇拜的相互影响，如近现代康巴藏族聚居区的"丹达山神崇拜""瓦合山神崇拜"，以及"关公崇拜"等②，就有这一特点。

二、神山祭拜的祭祀文化

　　山神最早的名称之一是"念神"，藏语念字意为凶险，念在康巴民间信仰就被视为凶险的神，有善恶两面性。③

　　山神寄居处一般为一个村子或村落境内具有标志性的高山之巅，康巴每个村落或部落均有一个或几个大小不等的神山。据估计，康藏大地上遍布着约数万个神山。仅康巴甘孜地区就记载道："原始崇拜与信仰中对自然的崇拜，包括山崇拜、水崇拜、树崇拜、天崇拜、土地崇拜、火崇拜、动物崇拜等。其中对山的崇拜特别突出，成为原始崇拜的基础。区内位于康定县塔公区境内的'夏学雅拉嘎波'（意为东方白牦牛神山），是全藏族聚居区与冈仁波齐齐名的 4 大神山之一，还有位于康定、泸定县境内的被誉为'蜀山之王'的贡嘎雪山，有位于大小金川流域闻名嘉绒地区的墨尔多甲布，位于理塘县境内的夏迦曲泽，位于德格县境内的玉隆雪山，位于甘孜县境内的奶龙山和卓达拉，位于道孚县境内的打日，位于色达草原的珠日等都是一些著名神山。此外，除泸定

----

　　①　关于山神是主体神的有关观点，请参见谢继胜：《藏族的山冲神话及其特征》，《西藏研究》1988 年第 4 期。

　　②　参见王川：《清代西藏地方的瓦合山神崇拜考述》，《民族研究》2006 年第 2 期，第 97—105 页。

　　③　参见英加布：《域拉奚达与隆雪措哇：藏传佛教与地域社会研究》，兰州大学出版社 2013 年版，第 25—26 页。

县外,其余 17 县、区、乡乃至到村,都有许多被当地藏族人民视为神山的山峰、山丘、山崖。"①

康巴人为了求得幸福安宁,逃避灾难恐惧,每年要定期举行祭祀仪式来表达他们对山神的崇敬,和祈求山神降福保佑。

祭祀方式分个人祭祀和公共祭祀。其中公祭山神是最主要的祭祀活动。祭祀山神的仪式因地区和每个山神的神性不同而有差异,如传新龙区域内各个山都是新龙县雄龙西扎神山的后裔,故此山被当地康巴人视奉为祖先来敬奉;而新龙县卡瓦落日神山也是雄龙西扎神山的儿子,视雄龙西扎神山为群山之母,故对雄龙西扎神山的祭祀会更加虔诚和隆重。

祭祀山神的场地或祭坛被称作:"拉则",多是指在山顶、山腰或山根堆起的石头或者箭等其他东西的石堆,现也叫做"插箭台""箭垛""神宫"等。用以象征着山神等神灵所依附或住的宫殿,一般在被放置于山顶或垭口被村落和部落的山神祭坛处或村庙里,有时还可做邻近两村落的分界线。"拉则"祭祀活动也多由高僧主持。

神山祭祀仪式主要包括"煨桑、插竹箭、放风马"。在各类祭拜山神的仪式中点燃松柏枝用烟洗涤晦气,在烟雾中迎接神到来的"煨桑",是祭祀山神不可缺少的行为。"放风马"也是祭拜山神中的主要内容,风马是指印在纸上的一种图案,纸长宽两寸左右,呈四方形,中间印有一匹托着摩尼宝珠的骏马,上有日月,四角印有象征土的雄狮、象征水的巨龙、象征火的鹏鸟、象征风的猛虎四种动物,也有印密宗真言等其他图案,风马被看做是生命本源和福运的象征。也有人在事事不顺、运气不佳或出远门前会来到山顶或山口处去放飞。"放风马"与神山崇拜融为一体,每当祭祀山神时,都成为一项不可或缺的内容。"插竹箭",箭长约三米,箭尾削成箭镞状,箭首装三块彩色木板象征箭羽,箭身绘有狮、马、龙和虎等动物,箭作为象征祭祀山神的兵器,山神用这些武器守卫土地,保护他们人畜兴旺。

祭祀的时间各地各村不一,多在农历四、六、七月夏季温暖时日举行,也有

① 康定民族师专编写组:《甘孜藏族自治州·民族志》,当代中国出版社 1994 年版,第106—107 页。

在大年初一或冬至等不同时间举行。祭祀过程，一般是祭拜当天，每家每户都要带上竹箭等会集到山上之后，由祭师念诵经文后正式开始。人们先将哈达挂在长剑上，再将箭插于拉则箭丛之中，并在拉则旁燃柏枝撒上酥油、青稞等煨桑献祭，滚滚桑烟带去人们的祈愿于山神，同时人们围绕拉则转圈，挂经幡、放风马以祈求好运。有些地方仪式完毕后还举行赛马等各种体育娱乐活动，及各类商业活动，热闹非凡，渐渐成为一种节日。可见这些神山崇拜的祭祀活动渐已走向日常化、民俗化。

除此之外，康巴农区房屋门框上方堆放的白色石头和牧区放生部分牛羊等牲畜让其自生自灭，也是神山祭祀的表现。

三、神山崇拜与宗教的关系

（一）本教与神山崇拜

本教认为宇宙分为天、地、人三界，而三界各有其神。吴均将藏族聚居区本教中的神灵分为八大系统，并认为山神是属于念神（又作年神）体系，且认为年神主要遍布于大地的山岩、森林和山谷之中，年神还多以神山系统而出现，如念青唐古拉山系、阿尼玛卿雪山体系、华热地区的岗嘎十三神系列等。崇敬山神就是崇敬年神。[①]

本教还认为神山是贯穿于宇宙三界的天柱，是连接天上、人间和地狱的阶梯，传说第一位赞普就是沿着神山这个天柱降临人间而建立起强大的王朝，可见王朝借本教教义得以神话而更加巩固，而本教正是吸收了原始崇拜中信仰中的神山崇拜，加以改造教义正迎合了王权的需要。本教将神山信仰进行了"更合理化"的解释，使之"一是反映了部落酋长的某些意志，对巩固王权有利，因而得到赞普的支持、提倡和推动。二是反映了当地黎民的某些意愿，即祈愿吉祥如意、人畜兴旺、指示善恶、乞药避邪等，包含了当时人们对现实生活的感受和对未来社会的美好向往"。本教才得以在佛教未传入时在康藏盛行。[②] 究其深层原因就是本教将神山信仰进行了"更合理化"的解释，并将其

---

① 吴均：《论本教文化在江河源地区的影响》，《中国藏学》1993 年第 3 期。
② 曾国庆：《藏族历史、文化》，民族出版社 2004 年版，第 22 页。

纳入体系构架中,使得王权与民众得以在主观思维上建立起了共同信仰与认同,神山崇拜也成了本教的信仰组成之一。

本教护法扎赞阿瑟杰瓦的祭祀文献《阿瑟献贡赞颂》中记载:"当初第一劫之时,东巴幸饶米沃降临须弥大山之顶,降伏鬼神八部,收服世间八部,此时扎赞杰布也被收服,任命为雍仲本教之护法。"由此说明,本教创始人东巴幸饶米沃为诞生前,所谓鬼神八部等原始神灵观念和神山崇拜就已经存在了,后来本教将原始崇拜中的各种山神,收服吸纳为其护法,还将其纳入了本教"念神"系统和赋予了更大的权力,使康藏山神信仰有了伦理宗教特征。马长寿20世纪40年代在康巴地区调研时,一位本教师详尽地列出了康巴地区的神山及其山神:"居墨尔多山上的'墨尔多山神'、居必尔多山上的'必尔多山神'、居柯穆萨山上的'萨亚山神'、居贾居山顶的'奥夷乐山神'、居卡茄山顶的'葛穆内山神'、居聂格山上的'毕义山神'、居小巴旺山的'巴拉都挖神'、居七支山上的'萨蒲神'、居二箕坪山的'蒋聂几武极神'、居白盖山的'蒋茄卜拉籍神'、居琼山的'巴马克神'、居白人山的'夏穆乔神'。"①且每一山神又都形成一定的山神体系,如墨尔多神山东北的四姑娘山,即为"斯古拉如达",意为保驾山神,是墨尔多山神的护法神。由此可见,山神信仰在本教中又得以系统化。②

(二)藏传佛教与神山崇拜

佛教传入藏族聚居区,就注重吸收融合藏族各种原始信仰,才在与本教长达几百年曲折的相互斗争与融合中,最终形成了适应于藏族聚居区并流传至今的藏传佛教。作为康巴藏民心中宗教精神领袖的莲花生,通过无边的法力,在将佛教教义传入藏族聚居区时曾征服了所有的本教神祇,将其一一驯化为藏传佛教的护法神,并归入佛教的《天龙八部》体系。

现今在康区仍广泛流传着莲花生进入康巴地区时收服"卡瓦格博山神"的传奇故事,后来还在其名字前加上了"念青"二字,意为雄伟庄严,而这一名字的加持也标志着佛教在与本教斗争中的全面胜利。值得注意的是,卡瓦格

① 南文渊:《藏族生态理论》,民族出版社2007年版,第84页。
② 浦华军:《康巴藏族民间故事中的山神信仰》,《西南科技大学学报》2013年第6期,第105页。

博这一古老的称呼和白衣白马的外在形象均未改变,其在康区受人尊敬的山神地位也未受到丝毫影响。

在康巴寺庙壁画中或唐卡画的佛教护法神形象并非慈眉善目,大多凶神恶煞、青面獠牙、面目可憎,与本教无甚区别,但他们却皈依了佛教。由此可见,藏传佛教全盘吸收了山神信仰,赋予山神以永世慈悲为怀、护佑百姓、护持佛法等普世责任,使山神成为正义的象征,从而提升了山神在藏民心中的地位和影响。

藏传佛教从其入藏起,就因具备了吸纳民间原始崇拜的特质,故在朗达玛灭佛时期,远离卫藏的边地——康巴成了当时佛教僧徒的主要栖息地,并能够与康巴地区原有的各种原始民间信仰融合,才有了广泛而深厚的民众基础,才有了藏传佛教的后弘期。

与此同时,藏传佛教的精神核心之一是"人人即可成佛,凡任何佛、菩萨和高德大僧,都可以化身于人间,去指导芸芸众生如何摆脱六道轮回而进入西方极乐净土"。且人们崇奉信仰的活佛,在藏语中称"朱古",即为"化身"之意。藏传佛教一切教义,都与康巴人原始信仰中,山神可以化身为一个猎人、一棵树、一只动物等任何事物之影响有关。两者在传统民间心理上趋于一致,出现存在着精神意义上的契合,藏传佛教使山神信仰在藏民的幻想世界中得以延伸和深化。①

四、神山崇拜与生态保护功能

早期神山崇拜是为了"下方作镇压鬼怪,上方作供祀天神,中间作兴旺人家的法事"②的目的,但随着时间的推移,这种神山崇拜文化,逐渐产生了道德功能、政治功能和生态功能等诸多文化功能,其中,最突出的就是生态保护功能。

屹立在康巴大地上的每座山,都被康巴人赋予了神山的理念,成为神山关

---

①　浦华军:《康巴藏族民间故事中的山神信仰》,《西南科技大学学报》2013 年第 6 期,第 105—106 页。

②　土观·罗桑确吉尼玛著,刘立千译:《土观宗派源流》,西藏人民出版社 1985 年版,第 186 页。

照着生活于博大山野中的一切神灵,包括自古以来辛勤耕耘的康巴人民,生活在周围的每一个人匍匐在神山的脚下虔诚的崇拜神山,更要保护神山。康巴人认为,岩石是山的骨骼,土地是山的肌肤,森林和青草是山的毛发,在神山上不能破坏那里的一草一木。禁止打柴、挖土,否则就会得罪山神,招致各种灾难和疾病,受到神灵的严厉惩罚。

如《大年神郝波琼贡雅桑恰若董等神灵的祈愿赞颂词》中所说:"在未能如理获准赐予土地前,(人们若要)挖掘土地、填平泉池、拆毁'年岩石'、欹伐'年树木'等,便会激怒拉(神)、鲁、年等神灵而会招致旱灾、冰雹,使庄稼欹收。流行麻风病、肾脏水肿(藏族人认为这种病是某神灵带来的病)、污秽、喉蛾疔毒(藏族人认为这种病是年神带来的病)等疾病。"①此文是人们祭祀神山时要念诵的一段预警词,它告诫康巴人在未获土地神准许前挖土、填湖、砍树,就会激怒其神灵而降祸于人间。这种思想几乎深入到每一位康巴人的心里,约束着康巴人的行为,若侵犯,还会受到世俗人的惩罚。如根据史料记载:"夏克家还可划定山林、牧场为'神山'、'禁地',不准牧民进入,并有晓谕牧民的告示,如罗布麻山上林木系不可侵犯的神林,不许在此砍一根柴。倘敢违犯,吊九次外,并罚白银二十五两。"②故从一方面看,这是康巴头人在利用"土皇帝"的权力,限制百姓利用自然资源的一种手段;但另一方面也反映出康巴人在"万物有灵"要"畏之敬之"的思想观念。

这种观念下,康巴人"对每座神山上的动植物,都不敢轻易捕杀或砍伐;对于任何圣湖中的鱼类也同样不去捕捞,而且从来不向圣湖中乱扔废弃杂物。也就是说,藏族地区的每一座神山,每一个圣湖,都由于赋予了某种无形神灵的存在而得到藏族信众的崇拜和保护"③。可见康巴人在这约定成俗之中形成的"禁忌"已被人为地恪守,客观上尽可能地保护了康巴人自身所生存环境中生态系统的完整性,如同社会中的制度一般,成为维护人与自然关系中最重要的内容,使得自然与人、人与人、人与社会之间的关系更加和谐。

---

① 莲花生大师:《祭祀赞颂集》(藏文版),青海民族出版社2003年版,第47页。
② 中国科学民族研究所、四川少数民族社会历史调查组:《甘孜藏族自治州》(2),1963年,第1页。
③ 尕藏加:《藏区宗教文化生态》,社会科学文献出版社2010年版,第35页。

康巴人崇拜神山,并形成了独有的与自然环境和谐相处的模式与重要途径。康巴人神山崇拜文化使得康巴地区众多神山,实际上都是一个个自然保护区。因此,广大康巴人对区内神山的虔诚崇拜和尽力呵护的这种神山崇拜文化,在客观上为保护青藏高原的自然环境或维持生态平衡发挥着积极的作用。

第二节　康巴宗教的特征

一、多种宗教相互交融,和谐共处

多元宗教文化汇交于此,呈现出不同宗教、同一宗教不同派系、神学宗教与民间宗教和谐共处的"香格里拉式"景象

(一)多元化宗教和谐相处、彼此交融,包容性强

在康巴,以藏传佛教为主,其他世界三大宗教和藏传佛教各派都能在广大康区长期共存发展,本教和各类原始宗教、民间宗教和信仰在地方社会也有深厚的土壤,兼容性和包容性较强。

以康区昌都地区为例,此地以藏传佛教为主,根据《昌都县简志》载:"到民主改革前夕,(昌都)县内各大教派寺庙都有:既有佛教寺院,也有伊斯兰教的教堂;既有喇嘛庙,又有尼姑庙;既有房屋庙,又有帐篷庙。各种寺庙多达48座,其中黄教24座,白教14座,花教2座,红教1座,黑教1座,川主庙1座,观音庙1座,灵官庙1座,清真寺1座,城隍庙1座,土地庙1座。建寺三百年以上的近30座。"[①]可见,这里除了藏传佛教外,兼有伊斯兰教、本教、汉传佛教及道教、纳西族原始宗教、汉地民间宗教信仰等,更有本章中未提到的昌都芒康盐井村的天主教,昌都可谓各种神灵信仰的汇聚地,各种宗教信仰和平共处的情况可见一斑。

不同的宗教信仰之间在长期的交往间彼此相互沟通、彼此尊重,和睦友好,如史上至今有强巴林寺与昌都清真寺间过年有互拜年的习俗。1991年昌

---

① 土旺(王岚、图嘎):《昌都县简志》,《西藏日报》1985年3月16日第2版。

都清真寺恢复开放时,强巴林寺还献哈达和赠茶叶以示祝贺,进而还发展到一些宗教日常生活细节上相互影响、相互学习。如昌都伊斯兰教主要信仰者回族,已有部分娶了藏族妻子;现今清真寺殿内吊挂有 20 余盏黄绿彩灯笼,从藏传佛教俗,过节点酥油灯、清真寺大门前每天早上会焚烧柏枝祭祀真主;在昌都井盐,现天主教堂内为西式,外却已为藏式,教法仪轨虽遵天主教《圣经》、圣歌和圣礼等原则,但其藏族信徒多以藏语读圣经唱圣歌的灵活方式。通过这些多元宗教和谐共存的典型意义,我们可以看出各宗教间处处体现多元宗教文化和谐相处、互相融合的现象。

(二) 同一宗教内部不同教派和谐相处、彼此交融,包容性强

主要指藏传佛教内部的不同派系,即宁玛派、噶举派、萨迦派、格鲁派和制度化的本教派五大教派得以在康区共存、和谐发展。其中尤以德格地区为其兴盛的中心,因此自古就有"无门户之见"的包容气度,其因"不分教派尽收有价值的经典名著尽收录刻印的"而在国内外享有盛名的德格印经院最为典型代表。

这五派除格鲁派外,其余在康区德格县境内皆有祖寺,并先后在德格皆各设有最高佛学院。如创办于 19 世纪末竹庆寺的协日佛学院,是为后来宁玛派在藏族聚居区的最高学府,其在教务活动中允许吸收包括本教在内的各个教派僧侣学习显宗,还允许其他教派均可讲经说法。18 — 19 世纪时期,几大高僧在此掀起过一场声势浩大的利美运动(即不分教派运动),主张内容为:"在遵循本教派的传承努力修行的同时,也要承认其他宗派的传承具有同等价值而予以尊重'不贬人褒己,也不贱他尊我'。"①通过以德格为中心的康巴宗教文化核心区域,我们能看到康区各教派共存共融的情景,这种和睦共存正是康巴在宗教上、在文化上一种海纳百川气度的体现。

在康区这种多派共存的现象不仅表现在同一区域内的各派并生共存,还表现在同一寺院内崇拜各教派的神祇和大师,如新龙县宁玛派的噶绒寺,除了供奉本派祖师,还供奉了萨迦五祖、噶举派的祖师及格鲁派祖师宗喀巴;更有在佛事活动方面互相借鉴或直接移植现象:如宁玛派的扎宗寺,在举行佛事活动中,既有宁玛派的"普雄""多省""莫粗巴""体左",又有萨迦派的"格惹",

---

① 王建新:《论藏彝走廊多元宗教的内涵与意义》,《宗教研究学》2015 年第 4 期,第 146 页。

还有格鲁派的"麦拉曲曲""朗曲""曲登"等经典讽诵。① 对于这种现象，使人们一时难以判断出他们的教派归属，但从侧面反映出各教派无门户之见且和平共处之格局。出现这种现象的原因，或许跟康巴出现过整个寺庙改宗换代的历史有关，但最根本的原因或许是因为民间百姓广泛存在着不问教派、见寺就拜、遇僧人就磕头的底层信仰在起作用。在康区，还有两派间寺院只隔一道墙也都相处很融洽；小地方的寺庙遇到较大佛事活动时，还会邀请他派来参加；民间百姓在丧事除请当地僧侣到家念经外，还请他派或巫者等，双方均不介意也不排斥的种种现象。

这些现象均能说明康区与卫藏格鲁派靠强权高压形成一派独尊的单一格局不同。在康巴，其他藏族聚居区已经衰微的宁玛派出现蓬勃的生机，其影响在许多方面甚至超过了格鲁派；在卫藏受到排挤的萨迦派和噶举派，在康区却始终保持着顽强生命力；一些小教派在其他藏族聚居区已逐渐消失，但这些小教派中觉囊派因有康区的庇佑而成为唯一的幸存者。可见，在康区各派呈现百花齐放现象，没有任何一个教派像在卫藏的格鲁派一样能取得绝对的统治权，均得益于康区宗教文化的包容性，使得各教派间兼容共存，造就了康巴宗教文化生态的多样性。进而使有些教派、寺庙有机会在国内外影响力超过卫藏，和"使康区藏传佛教在中国藏传佛教中的宏观格局中占有极为特殊的地位"②，令世人瞩目。

（三）神学宗教与原始宗教、民间信仰和谐相处、彼此交融，包容性强

依据宗教学的分类，可按宗教发育程度划分为"神学宗教"和"原始宗教"。得出"藏传佛教、天主教、基督教和伊斯兰教"为"神学宗教"，作为康巴本土宗教的"本教"等则属于"原始宗教"，而介于两者之间的边为民间信仰，"如门神""灶君信仰"等③。

关于康区神学宗教与原始宗教和谐相处的情况，有学者在调研了具有多民族多信仰和谐并存的康区内的迪庆藏族聚居区后，发现在德钦县境内，有

---

① 四川省甘孜藏族自治州新龙县志编纂委员会编：《新龙县志》，四川人民出版社1992年版，第321—322页。

② 杨健吾：《康藏佛光》，巴蜀书社2004年版，第209页。

③ 王川：《西藏昌都近代社会研究》，四川人民出版社2006年版，第223页。

藏、回、纳西、汉、普米等 16 个民族,有藏传佛教、天主教、伊斯兰教、东巴教、道教及各种民间信仰。这里不但出现回族过节穿藏族服装,饮食也从藏俗喝酥油茶、吃糌粑,有娶藏族女子为妻,使当地家庭出现"佛像与'主圣护佑'并驾齐驱"的双重信仰;而且,天主教徒和藏传佛教徒在葬礼上不忌讳而互为相助的"经幡"和"十字架"和睦共处,汉族祭拜灶君菩萨供门神外,还参与藏族的神山祭祀,东巴信仰者纳西族还曾在村里举行盛大的东巴祭天仪式和射箭活动等各神学宗教与原始宗教、民间信仰"美美与共"的宗教和谐氛围。

调查者们还直接得出结论:"在一些族群错杂的边缘地区,藏传佛教与本土宗教信仰处于胶着共存的状态。如藏传佛教在传播过程中不仅影响而且融合了普米族的韩归教,纳西族的东巴教,以及摩梭人的达巴教,使其逐渐藏传佛教化;同时,藏传佛教也吸收了当地藏族、普米族、纳西族等的地方自然神祇使之藏传佛教化。于是,不同的民族、不同的宗教信仰之间能相互尊重,相互包容,宗教的和谐也促进了社会的和谐。"①由此可见,在这片神学宗教与原始宗教错综复杂交汇的地带,在不断冲突交往中,最终达成了和解,进而形成"你中有我,我中有你"相荣共存的局面。

综上所述,在历史视野下重温康区多元宗教文化历史现象,大多宗教文化在当初各种不同文化宗教、族群历史背景等,在一些狭小的社会区域内难免会造成彼此的误会、隔阂甚至冲突。如佛教入康时"佛本之争"和天主教入康初的"传教士暗杀案"等。但随着时间的推移,通过磨合与对话,到彼此理解和尊重,进而相互融合与合作,这种以和睦融洽为主流的互动状态,是利于整个国家的各民族多元一体文化兴旺发达的。

二、本教文化影响力较大,传承较盛

在康区最有影响力的是雪域高原上最为古老的本教,它自传入康区时起,就在日久天长中深入康巴人的心灵深处,渗透到康巴人的日常生活和生产之中了。德格的丁青寺、昌都的孜珠寺、金川的雍仲寺(广法寺)均是康区最古

---

① 王玉琴:《迪庆藏区无宗教信仰与社会和谐关系调查报告》,《青藏高原论坛》2014 年第 1 期,第 67 页。

老的寺庙,丹巴的墨尔多神山是本教的主神山,甘孜、新龙界地的卡瓦落日雪山是本教的财神山。

尽管本教在后来的历史发展进程中曾遭受到一些重创,特别是在佛本之争后,藏传佛教虽然取得了一定的胜利,但并没有真正完全征服整个康区,很多康巴人还仍然保留对本教的虔诚信仰。有学者统计,近年来在甘孜州全州藏传佛教寺庙总数中,本教寺庙所占比例竟高达 18% 以上[1],其数量在康区内仅次于藏传佛教各派之首的宁玛教,故可清楚地看出本教寺庙作为本教文化实体的存在,真切反映了其在康区的巨大影响,并体现了康巴民众对本教的实际巨大需求。而康巴本教之盛,与西藏呈现出部分地区还保有寺庙外大多地区已不复存在了,本教影响力减弱的现状形成了鲜明的对比。

深究内在原因:首先,是康巴地理位置的优势因素,即康区属于西藏和中原王朝两大政治势力之间,双方都因鞭长莫及而无法实施其政治影响力,而尤其康巴地区远离藏族聚居区宗教文化中心卫藏的拉萨,格勒指出:"本教在康区的残存,经久不灭,其主要原因是卫藏的'法'到不了康区,所以本教在康区受到的排挤,不及卫藏地区严重";其次,是康区的高山深谷不但容纳了千变万化的自然景色,而且兼容并蓄了各不相同的人文景观,"仅就宗教而言,不但本土本教在康区有一席之地,而且基督教、伊斯兰教亦处处立天主堂、清真寺,这在卫藏地区极为罕见"[2]。另外,康巴紧邻本教文化发达兴旺的安多地区,二者连成一片,两地僧俗间均互动交流频繁,进而使得吸收佛教文化的本教文化在康区渗透非常广泛,信徒长期众多。

再者,是关于康巴民众的二元信仰文化现象,康巴民众普遍文化素质较低,多数人在信仰上仅图方便实用,不深问究竟,多数民众既信仰藏传佛教,同时又信奉本教,民间有"转经信佛教、回家信本教""佛教的经好、本教的法(术)好"。可见,本教文化在康区的潜在影响力,事实上这种万物有灵的原始本教千百年来已深深扎进这片土壤,至今仍然深深地影响着他们。尽管他们也虔诚地供养释迦牟尼和各种佛,并送孩子入寺为僧,但仍然根深蒂固地相信

---

① 杨健吾:《康藏佛光》,巴蜀书社 2004 年版,第 209 页。

② 格勒、海帆:《康巴——拉萨人眼中的荒凉边地》,生活·读书·新知三联书店 2005 年版,第 149 页。

万物有灵,有鬼神,崇拜各种本教的神灵,而又产生理论各种禁忌。在原始信仰的支配下和切合现实生活的需要,会使他们的某些行为十分彪悍、刚烈,对原始本教中不禁杀戮得到认同甚至会动刀动枪,杀害生命,与佛教的慈悲教义和要求大相径庭。康巴人这种与源于宗教的双重标准,而这种双重标准信仰是深入在康巴人内心深处,表现在其行为举止,而不能以寺院派别来为标准判断的。①

此外,从文化角度上讲,本教之所以能在康区广泛传播和发展,还与康区作为一个民族走廊带,使该区文化呈现多元性和开放性特点有关。而这种区域文化特性对本教的生存和发展具有积极的作用,尤其是这些文化体系中所保存的原始宗教及信仰,与本教中的自然崇拜、祖先崇拜、灵魂崇拜及其各种巫术等许多都有相近之处。故才能使得及时注重不断从佛教中吸取精华养分改造自己的本教能很快融入康区社会。

三、康区历史上涌现过较多达赖活佛和教派创始人

（一）著名达赖活佛

在康区历史上,随着藏传佛教的传入和发展,曾涌现过很多著名的活佛、大德高僧等,他们不仅仅在本地区有一定的影响,更在整个藏族聚居区有十分重要的地位。其中,在著名的达赖喇嘛系中,就有四位达赖出生于康区今甘孜州内,分别是：

第七世达赖喇嘛格桑嘉措（1708—1757 年）,出生于今理塘。

第九世达赖喇嘛隆朵嘉措（1805—1817 年）,出生于今石渠。

第十世达赖喇嘛楚臣嘉措（1816—1837 年）,出生于今乡城。

第十一世达赖喇嘛凯珠嘉措（1838—1855 年）,出生于今道孚。

另：在蒙古国库伦寺的哲布尊丹巴活佛系中,第三世哲布尊丹巴罗绒丹比尼玛（生卒年月不详）,拉卜楞第五世嘉木央活佛,昌教强巴寺第七、八、九世帕巴拉活佛,以及第一、二、三世香根活佛也出生于今理塘。

（二）教派的创始人

康区的藏传佛教教派创始人中,最突出的是噶举派支系的创始人。他们

---

① 杨健吾：《康藏佛光》,巴蜀书社 2004 年版,第 209—211 页。

分别是玛噶举创始人都松钦巴;止贡噶举创始人止贡巴·仁钦贝(1143—1217年);帕竹噶举的创始人帕木竹巴(1110—1170年),出生于今德格县。①

对此,借助格勒先生对此评价道:"相对于较为保守的卫藏地区。藏族聚居区有这样一种说法:卫藏人精明,安多人忠厚,康巴人勇敢。康巴人不仅在世俗生活上有诸多勇敢表现,在佛教改革中亦敢为人先。藏传佛教的活佛转世制度,是其有别于汉地佛教及日本佛教的重要标志之一,亦是世界宗教史上独一无二的奇异文化现象。而这个制度的创立者,就是极富创意的康巴人都松钦巴。都松钦巴本人亦被尊为噶玛噶举教派黑帽系第一代活佛,开活佛转世之先河。"②

四、藏传佛教寺庙有经商传统和拥有武装力量的传统

众所周知,康区地域文化最显著的特点是,康区各族民众都有经商的传统和才能。受这种风气的影响,康区许多寺庙长期以来就以经济实力雄厚而闻名于全藏族聚居区,尤其是近代以来一些具有特殊地理位置优势的经济实力大的大寺庙。"其之所以富裕,根本原因在于经济来源有多种渠道和僧人敛财手段精明、巧妙及长期形成的经商传统。"③

康区寺庙除有传统的靠赐封、布施、赠与和高利贷等传统寺庙经济来源,其最大特点就是地处通衢大道的寺庙经商活动。如大金寺,设有专门的经商组织即"西巴",以英印货为主,包括呢绒、毛料、钟表和其他日用品,甚至包括枪支弹药。他们多将货物销往内地,再从内地买回茶叶、油料、铁器等运回藏族聚居区销售,其商业资本很大,利润惊人,还自制变相的货币,且得到政府支持而称霸于康北。此外,理塘寺、甘孜寺许多寺庙等都是如此,民主改革后,区内寺庙才停止了经商活动;直到改革开放后,部分寺庙在国家"以寺养寺"口号下再次恢复经商活动。

---

① 杨嘉铭:《四川藏区藏传佛教的基本特点》,《西南民族大学学报》2007年第2期,第49—53页。

② 格勒、海帆:《康巴——拉萨人眼中的荒凉边地》,生活·读书·新知三联书店2005年版,第121页。

③ 杨健吾:《康藏佛光》,巴蜀书社2004年版,第226页。

　　康区寺庙还有一个突出特点是,过去寺庙有一定数量不等的枪支弹药和掌握一定军事知识的僧人,这一特点使寺庙在康区近代历史上扮演着一定角色。与西藏少数有武装力量、旨在捍卫宗教利益、很少卷入地方矛盾相比,康区寺庙的武装力量在于保卫地方利益,甚至参与地方冲突似乎成了其主要任务,如康区各寺以武装力量参与地方冲突最著名的就是大金寺。它的军事组织最完善,装备也最多,该寺历史上多次参加械斗,影响最深远的是1930年该寺与白利土司爆发冲突的"大白事件",是为康区史上一次规模最大的武装冲突。直到西藏和平解放,才停止了康区这种不断武装冲突的发生。

　　由上可知,康区宗教文化很容易受到地域历史文化的影响,而呈现出它异于其他藏族聚居区"独特性"的一面。由于康区连接东南西北的特殊地理位置,它成为各民族经济、生活中转的交汇点,康巴人在长期的贸易流通交换中形成了深厚的经商传统。这种根植于民间的商业文化正是康区寺庙经商传统形成的源头,便可以理解为什么这些一心向佛的寺庙僧侣会对经商如此乐此不疲了。康巴地区自古长期没有统一的政权组织,康区内各地民众因为所受政治和教育素养不同、原始社会遗留下的血族复仇习俗世代延续,和本教不禁杀戮,使得康巴人长期普遍认同武力战斗、暴力制暴、报仇雪恨等价值观标准。尤其是男子,又有喜爱马匹、枪支用于打猎和自卫来显示英武和勇敢的传统,在这种地域历史文化中,可以了解为何康区慈悲为怀的僧侣会端起枪支不断参与武装械斗,流血不止的缘故了。所以,可以证明,地域文化深刻影响僧俗人文性格的形成,也是塑造宗教文化的一个重要因素。

　　康巴在宗教文化上,表现为具有世界五大宗教并存、藏传佛教诸派别汇集、原始宗教、形形色色的民间宗教和信仰并行不悖、文化呈现纷繁多样的特点,在一个民族区域内竟然包含着如此多的文化形态,这在世界上都是极为罕见的。更难得的是,在各种宗教文化间互补下互不干涉、彼此尊重、互相包容,不会因信仰差异而发生排斥的现象。康巴地区是藏族聚居区乃至中国宗教文化多元和谐共存最具有代表性的地区,纵看当今世界许多国家和地区都因宗教和种族因素而发生冲突,甚至流血,康巴地区这种宗教文化多元和谐共存应该能为这些国家和地区提供些许思考和启迪。

第六章　文化艺术与传统科技

第一节　民间音乐、乐器、曲艺与美术

一、民歌

康巴民歌浩如烟海,承载着千百年来康巴藏族人民的情感、民族仪轨和历史变迁。主要分为鲁(谐)体民歌和卡尔鲁体(舞歌)民歌两大类,两大类民歌又分众多类别的歌种。鲁(谐)体民歌中包括仪式歌、习俗歌、劳动歌、儿歌等;卡尔鲁体(舞歌)民歌中包括仪式舞歌、习俗舞歌等。鲁和谐在藏文中解释为民歌、小调,卫藏地区平时多用"谐"字,较少用"鲁"字,而康区和安多藏语中用"鲁"字,在康区"谐"是指歌舞或弦子舞。

(一)仪式歌

1.婚礼歌

姑娘出嫁的头一天娘家要举行出嫁仪式,母亲为姑娘改变发式,一边梳妆一边唱"出嫁嘱咐歌",嘱咐女儿要孝敬公婆、勤持家务等。改变发式、佩戴首饰,穿上嫁装。姑娘要唱"哭嫁歌",感谢父母养育之恩。送亲在黎明进行,途中通过男方家设下的卡时,要互献哈达,互敬美酒,举行对歌比赛。到达男方家,新娘随伴娘进入新房,也有的进入厨房,掀开锅盖扬茶以示吉祥,并唱扬茶歌。

手持金箭和唱金箭赞歌是藏族婚礼中重要的一项。婚礼仪式开始,新郎手持五彩金箭跟新娘并肩站立,专唱婚礼歌的歌队或亲朋来宾们边舞蹈边唱起金箭歌。传说金箭是从远古混沌之气凝结的金蛋里生出,是人祖和

天神之女结婚的见证。婚礼中人们唱婚礼歌"巴鲁",请艺人说唱一段"折嘎"(主要道吉祥),歌手们唱"排座歌"即"柴鲁"。婚礼进入高潮,歌手们唱"邀舞歌",亲朋好友开始跳"弦子"或"国卓"。男女双方亲友对歌,或男女间对歌,你来我往,你敬我劝,最后集体唱"扎西觉鲁"(吉祥圆满歌),婚礼仪式结束。

2.征战歌(百、百谐)

据传始于 7 世纪松赞干布时期①,是部落间抗击外寇出征前或凯旋归来时所唱,内容以夸耀军威、鼓舞士气为主,也有人称其为吐蕃时期的军歌。演唱形式为领者唱词,众人合唱衬词,增加气氛,丰富旋律。有些歌曲旋律简单,只有一个音,称一音歌,节奏比较自由,领唱者随歌词的长短、语气的强弱、情绪的变化,调整歌的节奏、速度,具有一定的随意性和伸缩性。

(二) 习俗歌

1.拉伊

即情歌。在藏族传统音乐分类中,情歌是一个大的歌种,称为"拉谐"或"杂鲁",是男女青年交流情感的一种方式,不能在家里当着长辈唱。情歌分为以下几种:一是传递口信歌,藏语称"拉陈",多用于男女青年间互相托人传达情感;二是初识歌,藏语称"腾拉""国藏博国""如亭",是青年男女通过对歌传情达意,为情感发展打下基础;三是初恋歌,藏语称"卡腾杰国",青年经过初识进入恋爱中唱的歌,歌词常把初恋的心情用很形象的比喻描绘出来;四是热恋歌,藏语称"西腾布国",多用拟人手法予以表达,生动含蓄;五是起誓歌,藏语称"那吉布图",为表示坚贞的爱情,互唱起誓歌;六是苦情歌,藏语为"莫腾吉国",爱情常常受到生活风霜的摧残,恋人用歌声互诉忧伤。

2.次架

即对歌。对歌是藏族生活中很普遍的娱乐现象,不论节日聚会,还是劳动或歌舞,都少不了对歌,有男女间的对歌、朋友间的对歌,也有村寨之间的对歌,用对歌交流情感、比智力、赛歌喉,诙谐幽默。对歌时问者要问得巧

---

① 嘉雍群培:《藏族文化艺术》,中央民族大学出版社 2007 年版,第 18 页。

妙,答者要用形象的比喻予以回答,本体和喻体互相交错,节奏、韵律统一。为表示尊重对方,每首歌必须具备三段,三段的音节、行数要相同,最后还要互相祝福。

3.山歌

种类很多,如"巴鲁"(勇士歌)、"尕鲁"(僧游歌)、"昌鲁"(侠盗歌)、"觉鲁"(悲歌)、"叠鲁"(颂歌)、"特鲁"(唱歌)等。藏族山歌音域宽广舒展,节奏自由随意,旋律优美跌宕,显示出青藏高原的雄奇秀丽。比如昌鲁,即强盗、游侠歌,早期主要流传在康巴地区,"昌鲁"意为"昌巴"之歌,语言简练朴实,结构严谨,具有一定的格律,以表达演唱者的志向为主,也有一些叙述个人的身世和不幸的曲调,风格高傲不拘、随心所欲,是勇敢、力量的标志,忌讳女子传唱,是最能表达藏民族宽广胸怀和豪爽个性的音乐载体之一。①

4.谐莫

即猜情调,是一种娱乐性民歌。广泛流传在藏族青年男女中,起到沟通情感、牵线搭桥的作用。青年相聚,选一善歌者,每人拿一件随身佩饰交给歌者,善歌者并不知道东西的主人,然后针对每件东西唱一首猜情歌,有点卜卦的意思。猜情调音乐多为上下两句体结构,歌词结构同于情歌。

5.悲歌

藏族聚居区自然条件艰苦,坎坷的生活、悲欢离合的人生总带来各种痛苦,尤其在封建社会,人民群众受到欺压,往往用歌声来宣泄心中的忧愤,用歌声来减轻心中的郁闷,用歌声来寄托心中的哀思。早期在下层草根阶层中甚为流行,在正式的仪式活动上禁止演唱。

(三)劳动歌

1.牧业劳动歌

主要包括:打酥油歌,在打奶时歌唱,根据奶的多少唱不同长短的歌;放牧歌,或高亢嘹亮、跌宕起伏,或用假声悠扬、自如地演唱,具有山歌的委婉和草原的风情,节奏较为悠长、散漫和简练;剪羊毛歌,流传在藏族聚居区草原的

---

① 阿金:《康巴藏族民歌和民间音乐的分类及其艺术特色》,《西藏艺术研究》1995 年第 2 期,第 19 页。

歌,以独唱、对唱或齐唱的形式演唱,以歌颂牲畜为主,歌曲结构短小,便于重复或对唱;捻线歌,藏族聚居区妇女从事捻线活时,唱捻线歌调解情绪、打发时间,歌曲曲调固定,内容可随意创作,演唱者多为年轻女子。

2.农业劳动歌

主要包括:耕地歌,朴素、简洁,反映的内容是对土地、耕牛以及土地神和大自然的赞美;除草、收割、打场歌,流行于农区。人们在田野或打麦场,此起彼伏对歌,有独唱、对唱、一领众合等形式。

3.建筑劳动歌

主要包括:打夯歌,藏族聚居区房屋建筑多用土墙,女子背土,男子打墙,手持夯具边夯边唱,有一领众合、独唱、对唱等形式,不少曲子只有衬句无正词,被称作"无字歌",形式活泼热烈;"阿谐",是打阿嘎①时跳唱的歌,是在劳动中进行的具有一定表演动作的歌,为藏族人民所喜闻乐见。②

4.副业劳动歌

主要包括:骡马帮歌、卸货歌,是藏族聚居区马帮、牦牛帮和驴帮的歌,具有山歌的特点,节奏自由,旋律委婉;榨油歌,是藏族聚居区传统的作坊歌,随着榨油这种劳动形式的消失也在逐渐消失;洗氆氇歌,是藏族妇女织好氆氇去河边洗时,表示庆贺的歌。

二、曲艺

曲艺,又称"说唱艺术"。藏语对说唱艺术没有特定的总称,从表演形式上较为接近的是"仲",其意为"故事"。由于藏族独特的语调、音节和丰富的文化内涵,其说唱艺术具有浓郁的民族风格,有只说不唱的辞、颂、赞;有单人说唱的"仲"、"古尔鲁"、"岭仲"、"杂锐";有由单人说唱发展为群口说唱,并伴有歌舞的"折嘎"等;有一领众合、伴舞蹈的"百"、"夏"、"堆巴谐巴"、"甲汇";有弹唱类的"扎年说唱"等。康巴曲艺的代表曲种有以下几种。

---

① "阿嘎",是藏族传统的铺地、盖屋顶用的一种硬黏土,类似于混凝土。
② "阿谐"起源历史悠久,在早期修建的桑耶寺、昌珠寺的壁画中都有阿谐表演的图画。早期的阿谐分为民间阿谐、寺院阿谐和藏兵阿谐三类,在康巴地区主要多见于昌都地区。

（一）"仲"

"仲"是藏族流行地域最广、历史最悠久的一种说唱艺术，一般指故事，讲故事时所唱的歌叫"仲鲁"或"仲谐"，说唱艺人称为"仲巴"。

藏族人非常喜欢听民间说唱故事，从故事中获得知识，得到享受，给单调的生活增添乐趣。藏族民众也喜欢讲、善于讲民间说唱故事，善讲者受到社会的尊重和人们的喜爱，有些"仲巴"讲了一辈子故事，后来人们都忘了他的真名实姓，而被称作"仲给"，即故事老人。

藏族民间文学，主要以口头流传为主，流传过程中经过无数人的加工和改编，经历岁月的雕琢，逐渐形成流传至今的"仲"，或是探索和讲述大自然的奥秘，或是赞颂真、善、美，或是揭批假、恶、丑。

民间故事所涉及的内容非常广，主要包括：反映早期神话传说的，如：《猕猴与罗刹女神结婚》、《人种来源的故事》、《狗皮王子》中青稞种子来历的故事、《七兄弟星》中房屋起源的故事、《太阳公主》（太阳与月亮的故事）及山河大地成因的故事《斯巴宰牛》等；讲述历史故事的，如：藏戏《汉妃·尼妃》是根据《文成公主进藏》的说唱本改编的，藏族聚居区宫殿、寺院、官邸中的《文成公主进藏》、《藏族人的起源》、《松赞干布传》等著名的壁画是根据"仲"的说唱内容绘制的；传播佛教思想故事的，这在藏族聚居区传播的"仲"中占有相当比例，如根据民间说唱艺术改编的藏戏《朗萨雯蚌》中，瑜伽行者对女主人公朗萨姑娘的劝导等；反映社会生活的，如关于发展畜牧业的《马和野马》，关于发展农业的《青稞种子的来历》，关于发展林业的《取树种的故事》，关于修建房屋的《七兄弟的故事》，关于劳动和歌谣的《山歌的起源》，关于赞美智慧的《修建大昭寺的故事》，关于藏戏的《唐东杰布的传说》，关于揭露统治阶级巧取豪夺的《万户抢宝井》，关于惩治暴君的《小金鱼的宝箱》，关于揭露领主荒淫无耻生活的《鱼为什么笑》，关于敢于向领主斗争、善于同领主斗争的《阿古顿巴的故事》，关于抗英斗争的《反穿羊皮擒敌摸营》，关于青年男女在土司淫威下宁死不屈的《茶和盐的故事》，关于冲破婚姻等级界限为自由恋爱而献身的《铁匠与小姐》，关于选择对象注重思想品德的《青蛙骑手》，关于反抗强迫婚姻、不远万里寻找情侣的《才旺绕登与才仁吉姆》，关于战胜魔鬼迫害终得夫妻团圆的《橘子姑娘》，关于讽刺道貌岸然而骨子里极为凶残的《猫喇嘛讲经》,关于戳穿神算之谜的《猪头卦师》,关于利用智谋以弱胜强的《兔子报仇》《青蛙和老鹰》,关于以害人开始以害己告终的《狡猾的红狐狸》,关于坐井观天的《两只青蛙》,关于各有所长、互相尊重的《狮子和大象》等。①

(二) 喇嘛嘛呢

"喇嘛嘛呢"这种曲艺形式主要流传在拉萨、日喀则、山南等地方,是主要讲述藏传佛教"生死轮回"、"因果报应"思想的说唱艺术,因在康巴地区流传相对较少,本著不再赘述。

(三) 折嘎说唱

"折嘎",藏族聚居区普遍流传的一种民间曲艺。"折嘎"两字意为"吉祥的果实"或"洁白的果实"。"折"缘于民间艺人的吉祥贺词,"嘎"的本义为祝福获得吉祥洁白的善果。

早先的折嘎艺人多是流浪者,社会地位低,凡有人群的地方,都去说唱折嘎。特别是传统的节日、庙会和婚礼、乔迁之喜,人们一般都要请其去说唱。他们大多生活阅历丰富,语言优美,口齿伶俐,以社会生活为题材,表演形式生动活泼,说唱内容丰富多彩,语言幽默精练,擅长渲染夸张,尽情讴歌真善美,无情讽刺社会陋习。因此被人们称为"吉祥的象征和使者"。

折嘎说唱的结构比较雷同,分三部分组成。第一部分娱神,赞美本尊神及所到之处的四方神灵;第二部分赞颂折嘎艺人的"三件"主要道具及服饰,语言夸张,形容贴切,想象力丰富;第三部分是结尾,按照藏族传统方法,祝吉祥如意,表示圆满。传统的折嘎艺术由单人站立说唱,来回走动进行表演。现在有些地方发展为多人说唱,借鉴了相声艺术的方法,把藏族聚居区"堆谐"也融进来,形成以说、唱、跳、逗为一体的艺术形式。折嘎说唱散、韵相间,散文较少,韵文较多,散文用于说唱情节转换,韵文则演唱歌词,歌词格律严谨,曲调短小、简练,音域不宽,变化较小,具有明显的念唱性特点。

(四)《格萨尔王传》说唱

《格萨尔王传》是长期以来藏族人民集体创作、广泛流传、卷帙浩繁的英雄史诗。以藏族地区的一个号称为岭国国王的格萨尔为中心人物展开的故

---

① 马学良等主编:《藏族文学史》,四川民族出版社1985年版,第962页。

事。结构上由诞生称王、降魔除妖和地狱救母三部分组成。"它通过对主人公格萨尔一生不畏强暴、不怕艰难险阻,以惊人的毅力和神奇的力量征战四方、降伏妖魔、除暴安良、造福民众的英雄业绩的描绘,热情讴歌了正义战胜邪恶、光明战胜黑暗的伟大斗争。这部史诗是在跨越时空的广阔背景下,以恢弘的气势、高度的艺术技巧和丰富的艺术想象,反映了古代藏族发展的重大历史阶段及其社会变迁过程中的基本形态;表达了人民群众的美好愿望和崇高理想;描述了纷繁复杂的民族关系及其逐渐走向统一的过程;揭示出社会历史发展的必然趋势;也反映了古代藏族人民的宗教信仰、风俗习惯和道德观念,具有鲜明的民族风格和地方特色。"①

《格萨尔王传》除个别是纯诗体外,绝大多数是既有说又有唱,也就是说散韵相结合的形式。以唱词为主,散文的叙述也占很大比重。它代表着藏族传统文学的最高成就,凝聚着藏族人民的聪明才智和伟大的创造力,是智慧的结晶、知识的宝库。它不仅是一部杰出的文学巨著,而且有很高的学术价值、美学价值,是研究藏族的历史、文化、经济、宗教、民俗、语言、音乐、医药、审美、情感等问题的百科全书,也为人类学、民族学、民俗学以及其他边缘学科的研究提供了丰富资料,是世界文化宝库中一颗璀璨的明珠。

《格萨尔王传》既是历史的,又是今天的。直至现在,它仍然还在创作、发展和延续。藏族聚居区的"巴仲"今天还在说唱新的版本,不少部门和文人学者还在不断整理、出版新的版本。《格萨尔王传》的数量也在不断增加,仅西藏扎巴老人生前说唱的《格萨尔王传》有25部,约600多万字,诗行60万,相当于25部荷马史诗、15部印度史诗《罗摩衍那》、3部《摩诃婆罗多》。像扎巴老人这样的《格萨尔王传》艺人,在藏族聚居区不计其数。

三、藏戏

藏戏,在卫藏称为"阿姐拉姆",康区称作"拉姆"、"朗塔"、"囊它",安多地区多称"南木特",是具有一定程式化和歌舞化的舞台艺术,题材大多取材于日常生活。由于它表演的程式化和舞台化,注重形式美和抒情性,因而也较

① 马学良等主编:《藏族文学史》,四川民族出版社1985年版,第176页。

多地表现出虚拟性和象征性的特点。剧中没有实景,通过演员的表演、旁白表现出来。藏戏源于卫藏,后传入康巴、安多地区,并逐步形成一些各具特色的流派,进而发展成为一个遍布整个藏族聚居区的藏戏剧种系统。

（一）唐东杰布编创藏戏

唐东杰布(1361—1485年),生于后藏仁钦顶附近的沃哇地方,从小就聪明好学,宽厚善良,曾随从多位大师学习,被称作圆满自在大瑜伽法师。他在西藏云游讲法中发现由于藏族聚居区河面缺少桥梁,给穷苦百姓带来很多不便,而萌生了建造铁桥,解决百姓实际苦难的想法。他卖掉身边所有值钱的物品,四处进行架桥游说和资金募集,终于明宣宗宣德五年(1430年)在拉萨河上建起了第一座铁索桥。但藏族聚居区要建造的桥梁太多,募捐来的资金有限,唐东杰布遂邀请山南琼结白纳家的七姊妹组成戏班子,以白面具戏剧为基础,以佛教故事为内容,自编自导成歌舞剧去各地演出,以化导人众、募集经费。人们对这一新的艺术形式大为赞赏,同声赞叹"阿姐拉姆",意为演员是像仙女一样的阿姐,从此"阿姐拉姆"成为了藏戏的名称。

（二）藏戏文化的多元性

藏戏是藏族多种文化的融合和集大成者,广泛吸收了藏族传统说唱、歌舞和宗教"羌姆"等多种艺术。

结构上,藏戏以温巴顿、雄和扎西三部分组成。"温巴顿",即猎人说唱之意,是开场戏,介绍背景、人物、事件发生的原因,起到说明、引出、烘托的作用;"雄",即全剧的正戏,包括开端、发展、高潮、结局;"扎西",原意为"吉祥",是戏的结尾。传统藏戏都以正义(或佛法)最后取得胜利,欢呼迎祥,表达美好愿望结束。

藏戏的舞蹈动作吸收了谐钦、果钦、热巴舞蹈动作,并予以规范、发展,形成一定程式化的专为表现戏剧人物性格的舞蹈动作。藏戏表演中还进行民间歌舞的穿插表演,但这些歌舞与剧情没有关系。藏戏伴奏乐器只有大鼓和钹,基本保留了前弘期的宗教祭祀伴奏形式。

唐东杰布创编藏戏之初,受到一些宗教上层人士的反对,这些人认为这种做法泄露了佛教的内部秘密。至17世纪,由于五世达赖阿旺罗桑嘉措的支持,藏戏得到快速发展,通过从民间歌舞和宗教羌姆中吸收歌舞、说唱、服饰道具等形式,不断加工完善,不断增加新剧,从最初的短剧、折子戏发展成为开场、正戏和吉祥结尾三段不可分割而完美、丰富的演出形式,形成以唱、舞、韵、表、白、技等程式化表演和民间歌舞、百技杂艺表演穿插进行的表演形式。在五世达赖期间,每年"雪顿节"发展为表演藏戏的传统节日。到18世纪中叶七世达赖喇嘛时,"雪顿节"改在罗布林卡里举行,表演五六天的藏戏。到十三世达赖罗桑图丹嘉措(1876—1933年)时,每年固定参加"雪顿节"演出的各派藏戏班子达到10个(白面具藏戏班子6个,蓝面具藏戏班子4个),与藏戏同时表演的还有曲水的希荣仲孜(牦牛舞)和工布卓巴(鼓舞)。

(三)　藏戏的传播及康巴藏戏系统

藏戏初形成时,没有完整的剧本,主要是通过言传身教的方法传授。当传到康区和安多地区时,藏戏不仅有了剧本,而且发展得已经很成熟了。剧本多以传记的形式写成,因此藏语也称作"南木特"(传记),在康区和安多地区排演戏时,除了用言传身教外,还要靠剧本排演,并且多是由寺院僧侣表演。

藏戏的内容大多是讲述佛教故事、宣扬佛教教义,为格鲁派所倡导。拉萨格鲁派三大寺也组建戏班,有些高僧或寺主甚至亲自编写剧本,用藏戏表演来调剂僧人生活,扩大格鲁派影响。如昌都强巴林寺是康区影响最大的格鲁派寺院,强巴林寺的七世帕巴拉活佛委托四世西哇拉·格列红参根据西藏藏戏亲自编写剧本,组织朗珠扎仓(负责寺院乐队演出、跳法舞、酥油花制作)的僧人用康区语言和曲调进行排练演出,为藏戏在康区的发展打下了基础。20世纪初,十世帕巴拉罗桑土邓·米旁次成江村将寺院阿却扎仓的僧人组成藏戏班,从当地的民间歌舞中吸取动作和唱腔,从川剧中借鉴一些艺术手法,亲自设计参与,形成了具有康巴特色的藏戏。康区中部及东部地区的巴塘、甘孜、道孚、理塘、康定等地的一些佛教寺院,也都在17世纪后引入了西藏各流派的藏戏——白面具的扎西雪巴、蓝面具的江嘎尔和迥巴等。①

康巴藏戏系统(或称康方言藏戏)主要包括:德格藏戏、甘孜藏戏、昌都藏戏、嘉绒藏戏。康巴藏戏主要吸收了本地歌舞音乐,不帮腔,不戴面具,有些地

---

① 参见《甘孜藏族自治州藏戏志》(内部资料性图书准印甘孜字第28号)和《甘孜藏族自治州民族志》,当代中国出版社1994年版,第169页。

方乐队中还加入"嘉令",增加了音乐的表现力,整个风格更接近歌舞剧。

（四）藏戏传统剧目

藏戏传统剧目有记载的约百余种,经过长期的艺术实践、改变、加工传承下来,也有个别的失传或淘汰。这些剧目大都以一种说唱形式的文学底本流传,1950 年以前,在拉萨佛经的书斋均有出售。剧目内容丰富多样,主要取材于历史题材、民间故事、佛经故事和社会事件。从不同角度反映和表现了藏族人民的生产生活。著名的有《诺桑王子》、《卓瓦桑姆》、《智美衮登》、《苏吉尼玛》、《汉妃尼妃》、《顿月顿珠》、《朗萨雯蚌》、《白玛文巴》八部传统剧目,统称为八大藏戏,也是藏戏的传统代表性剧目,藏族聚居区所有的戏剧团,都有其中的剧目作保留剧目。1980 年以来,康巴地区各剧团对传统藏戏进行改编,加速向舞台化转型,创作了新剧目《琼达与布秋》、《尼玛与达娃》、《赛马登位》、《地狱救妻》及现代题材剧目《佛海赤子》等。

四、乐器

乐器是藏族文化的重要组成部分,是精神文明和物质文明相互融合的结晶,具有久远的历史和独特的民族、地域风格。七百多年前,萨班·贡噶坚赞在《乐论》中,把音乐划分为俱生乐和缘起乐两部分,缘起乐论述了器乐的理论,对器乐的演奏、色彩进行了论述。17 世纪,第悉·桑杰嘉措在他的音乐著作《意·耳·目之喜宴》中,把藏族乐器分为弦、膜、孔、片四个部分,这一分类法与今天西方的乐器分类法非常相似。藏族乐器种类多、流传广,可简单地分为打击器乐、吹奏器乐、弹拨器乐和拉弦器乐四种。

（一）打击乐器

1."丁冬"

又称"丁当",汉语称"云锣"。由内地传入西藏,主要用于寺院宗教乐队演奏。多用黄铜制作,由锣体、锣架和锣槌组成。置于木架,以锣槌敲击。

2."锣"

敲击体鸣乐器,由内地传入西藏,用于寺院法乐。西藏的锣因用叫做"利"的一种西藏特有的合金铜制成,而称为"利",汉语又译为"响铜"。形如圆筛,各寺所用大小不一,形状不尽相同。大者直径约 100 厘米,小者直径约

30 厘米。手提或悬于木架,以槌敲击。

3.“鼓”

藏族聚居区流行的槌击膜鸣乐器,主要可分为大、中、小三种。大鼓由鼓、鼓架和鼓槌组成,演奏时立于一侧敲击,多用于大型宗教仪式、羌姆表演;中鼓,形状与巨鼓相同,不用鼓架,鼓中间穿以木柄,演奏时盘腿坐卡垫上,左手扶柄右手持槌敲击,或悬于房梁敲击,用于大型宗教仪式、诵经、羌姆、藏戏等表演,是藏传佛教及本教很重要的法器;小鼓,形状与中鼓相同,没有鼓柄,在鼓两侧装两铁环,系上彩带,挎在腰间抡槌歌舞。这种抡鼓歌舞的舞蹈称作“卓”,是藏族聚居区古老的民间歌舞。

另有热巴鼓①、达如等似鼓的槌击膜鸣乐器。热巴鼓是热巴歌舞的主要道具和伴奏乐器。达如,为藏族特有,似汉族拨浪鼓或“骷髅鼓”,用于民间巫师祭祀仪式和寺院法乐中,早期选材非常讲究,必须选用自然死亡的童男头盖骨制作,亡者及家人是虔诚的佛教徒。后也有用象牙制作的和木制的,木制的多用紫檀木或红木。

4.“尕丁”

敲击体鸣乐器,汉族称为“磬”或石片琴。至今在本教寺中仍在使用,佛教传入西藏后佛教音乐也在使用,是用天然青石不加雕琢的石制法器。质坚硬,音色清脆,形状呈薄片,规格尺寸各不相同。

5.“丁夏”

即碰铃。由汉地传入西藏,由黄铜或响铜制成。外观呈小钟形,形似钵,高约 6—8 厘米,铃口直径 7—8 厘米,中空无舌,铃顶隆起半环形作为固定点,两枚为一副,用丝线绳或皮绳相连。演奏时两手各执一铃,铃口朝上仰举,互相碰击发音。

6.“尺布”

即法铃,也称金刚铃。原为古印度佛教密宗法器,由印度传入我国,流行于全国各佛教寺院。由铃身、铃柄、铃舌三部分构成。铃身外形似钟,响铜铸成。演奏时以手执柄,摇铃发音。

①　参见《盘点康巴地区民间乐器》,“藏汉双语”网 2016 年 6 月 2 日提取。

（二）吹奏乐器

1."筒钦"

意为大号,唇振气鸣乐器。主要用于寺院法乐中,是寺院宗教乐队中重要的低音乐器。由通体黄铜或红铜制成,号嘴和喇叭口用银子镶边。筒身由上、中、下三节号管衔接而成。上节最细,下节最粗,不用时,可将上、中两节号管逐节收拢后置入下节号管中。吹奏时要将各节管全部拉开并予固定,将喇叭口着地,或置于架子上,双手扶持筒钦上节,两唇紧贴号嘴送气发音。藏族聚居区每个寺院都有专门吹奏筒钦的乐手,采用循环换气法进行演奏。一般的乐队演奏,配筒钦两支,遇大型宗教节日或羌姆表演,增至四、六、八支等,以双数增加。

2."嘉令"

藏语音译,双簧气鸣乐器。元以后开始出现在藏族聚居区。由管身、喇叭口、芯子、气牌、管哨等部分组成,形制与内地唢呐基本相同,但管身长、管径较粗、按音孔稍大、管哨稍粗并较硬。管身多采用檀香木、红木、乌木等优质硬木,呈圆锥形,上小下大,管体中空,两端相通。演奏时,管身竖置,两手持握,右手在上,无名指、中指、食指按第五、第六、第七孔,拇指按背孔,左手在下,无名指、中指、食指按第二、第三、第四孔。第一孔不用,第二孔较少使用。常用循环换气法吹奏,常用于寺院法乐的齐奏、合奏、独奏,也用于藏戏、歌舞的伴奏。

（三）弹拨乐器

"扎年",是藏族地区普遍流行的弹拨乐器。"扎年"意为悦耳动听的声音,因张有六弦,汉语又称"六弦琴"。有些地方称为"达果扎年",意即马头扎年,至今康区老艺人仍这样称呼。由共鸣箱、琴头、琴杆、弦轴、马子和琴弦等部分组成。一般用白杨木制成,优质的则以核桃木、红木或檀香木等坚硬的材料制作,以红木制品为佳。琴的规格大小不一,可简单地分为低音扎年、大扎年、中扎年、小扎年。演奏时有坐姿、立姿、舞姿三种姿势。

（四）拉弦乐器

1."毕旺"

是民间弓拉弦鸣乐器,形似汉族二胡,"热果扎年"是其较为流行的称呼。

音量不大,音色柔和、悦耳,善于表露情感。琴杆、琴轴、琴马均为桦木,弓用藤或竹,弓毛用马尾,弦用牛脊筋或牛尾搓绞而成,由民间艺人自己制作,早期主要流传于下层社会中,如流浪艺人、折嘎艺人(说唱艺人)中,后用来为歌舞伴奏,是民间歌舞中十分重要的伴奏乐器。

2."根卡"

弓拉弦鸣乐器。用来列奏独奏、重奏、合奏或为声乐演唱和歌舞伴奏。传统根卡琴体木制,琴箱呈坛形,底座为上粗下细的圆铁棍,以使琴体立于地面。演奏技巧有拨弦、跳弓等,并能奏出和弦。演奏时多用坐姿,将根卡竖立于左胸前,琴底弯月形的木板座置于左腿上,左手扶持琴杆,食指、中指、无名指和小指均可用于按弦。右手扳弓,早期弓用竹制,现用小提琴弓。

3.特琴

"特琴",弓拉弦鸣乐器,藏语"特"意为"悠扬"、"慢",又名"铁琴"、"铁胡"等。形质与内地的二胡基本相同。特琴音色柔和明亮,常与胡琴一起演奏,常用特琴代表男声,胡琴代表女声,和谐委婉、别有韵味。演奏时多采用坐姿,将琴筒置于腿上,左手持琴按弦,右手执弓拉奏。

五、舞蹈

康巴藏族人民在长期的历史发展中以丰富的想象、集体的智慧,创造了独具风格的民间歌舞,生动地表达了美好的理想和执着的追求。在康巴,随处可见优美的舞蹈,被称为"歌舞的海洋"。每逢传统节日或盛大集会、婚嫁、新居落成、迎接贵宾、亲友聚会之时,人们身着盛装,兴致勃勃地载歌载舞,以示庆贺,就连平常走路、骑马、劳动、饮酒等都离不开歌舞。歌舞是藏族人民表情达意的重要手段,是雪域高原一道独具魅力的文化景观。

(一) 民间舞蹈种类

康巴民间的舞蹈种类很多,下面是具有代表性的三种舞蹈。

1."康谐"

融音乐、舞蹈、诗歌为一体的民间歌舞。源于康区、流传于康区,人们习惯称为"康谐",或"康巴谐",汉译为"弦子"或"弦子舞",而在康区称为"依",是与"谐"同一字的不同方言读音。表演时男女各一半围成一圈,排在前面的男子舞者手拉牛角胡,男的先唱,女的重唱一遍,边唱边舞,顺时针方向移动,节奏从中板(或稍慢)起,快结束时逐渐加快,最后在快板中结束。

康区地处连通西藏与中原的交通要道,康巴人性格开朗豁达,善于接受外来文化,又能取其精华,为我所有、为我所用,弦子艺术的形成和发展与这种特殊的地理位置和经济文化的交往有着密切的关系。康谐自由、浪漫、随意、豪放,娱乐性和参与性很强,广泛流传在下层草根阶层中。

2.“热巴”

主要流传在康巴藏族聚居区,因牛尾、铃和鼓是热巴舞的主要道具,也称为“铃鼓舞”,是一种融歌舞、折嘎(说唱)、杂技为一体的表演性很强的综合性艺术,以其技艺精湛的舞蹈特点、诙谐风趣的艺术风格而受到群众喜爱。

昌都、玉树一带的热巴讲究技巧性和动作的难度性,较多地保留了早期职业热巴的表演风格。程序上也用早期的形式:首先由热本颂开场祝词,接着表演铃鼓,男子特技是表演中最精彩的部分,男子表演特技时,女子击鼓助兴,男子表演结束后,女子进行集体表演,最后是男女的混合表演,把气氛推到高潮。

迪庆和盐井一带的热巴从昌都传入,发展很快,已如火如荼地成为群众性歌舞,更注重整体的气氛,表演一般都在几十人,场面壮观,气氛热烈。热巴技巧性不是很强,更容易表演,也更容易参与。逢年过节、迎送活佛、宗教庙会等都跳欢快热烈的热巴,有时还进行祭祀性表演。

3.“卓”

非常古老而又广泛流传的民间歌舞,由于地理、方言、审美、习俗等的差异,形成了不同的风格和流派。大多数藏族聚居区都称“卓”,不用“卓”一词的地区,也通晓“卓”的意思。

藏文历史著作《拉达克王统世系》中记载:“德·肖勒赞普时期,鲁和卓盛行起来。”①证明2世纪左右,卓已盛行开来。“卓”最初是舞蹈或歌舞的统称,并主要在祭祀仪式上表演,随着文化的发展、舞蹈种类的增加、风格的多样,逐渐成为今天这种舞蹈的专用名称。即使这样,各地“卓”的风格差别还是很大,总体上可以划分为三种风格。

----

① 格尔干:《拉达克王统世系》,藏文印本,第95页。

"额卓",主要流传于西藏山南、拉萨、日喀则等地。

"果卓",有男女混合表演的和纯男子表演的两种。男女混合表演的卓,不拘形式、不拘人数,男女分成两组,围成一圈手拉手,男子先唱一遍,女子又复唱一遍,有时男女混合排成一字单排,前挽后连,弓腰缓步,环绕场围,顺时针地歌舞移动,动作粗犷、豪放,也有些手挽手,或挥舞大袖。

纯男子表演的"卓",象征吉祥、象征威严,多在庆典仪式上表演,表演人数不限,人们将这种"卓"的表演看成是一项神圣的礼仪活动。舞蹈动作舒展豪放,大起大落,显示出男子高昂的气质,对表演者的个头、嗓音、舞姿以及服饰都有一定的要求。内容以纯宗教性的为主。

(二) 宗教乐舞的形成及发展

西藏早期的宗教乐舞,起源于原始宗教中驱鬼敬神、逐祸纳福的祭祀仪式"傩",是带有巫术性质的宗教活动。在远古文化的流变中,它逐渐融入多元宗教文化和其他艺术形式,形成藏民族特有的文化现象。

自原始社会起,藏族民众创造了丰富的远古神话和数不清的神灵,祭祀仪式和占卜打卦十分兴盛。据汉文史料记载,藏族先民"重鬼右巫,事羱羝为大神"。① 原始文化的积淀和蕴蓄,成为藏民族的文化习俗和民族心理,孕育出藏民族宗教文化中的乐舞艺术。据《西藏王统记》记载:"于吉祥桑耶,开光庆祝之时,……酣歌并欢舞,日日无间缺,伞盖及幢幡,日阳为之蔽,羽禽无翔处,黔首充大地,管弦声若雷,良骥难驰骋,童男和童女,丽服执牛尾,击鼓歌且舞,戴牛熊虎面,龙和小狮舞……"②可见,8世纪时尚未形成藏传佛教"羌姆",宗教乐舞还是以乡傩为主。寺庙"羌姆"主要是在后弘期形成的。这与后弘期众教派的形成以及佛教在西藏的复兴和发展有着一定的关系。

经历本教时期、前弘期和后弘期的发展,藏族聚居区宗教乐舞把本教的神灵鬼怪,吸收为护法神,又通过造像、面具、绘画、舞蹈、音乐等创造出可闻、观、触、感的千姿百态形象;把佛教教义、哲理,通过造型艺术和音乐色彩的变化加以表达;把神灵与鬼怪、天堂与地狱、今生与来世,在一个空间里、通过瞬间的

---

① (宋)欧阳修、宋祁:《新唐书·吐蕃传》卷216上列传,中华书局1975年版,第141页。
② 索南坚赞著,刘立千译:《西藏王统记》,民族出版社2000年版,第127页。

变化直观展现出来,产生强烈的震撼。它使藏传佛教因果报应、生死轮回的观念,一目了然地呈现出来,促使人们皈依佛门,虔诚顶礼。宗教乐舞艺术在实现宗教教化作用的同时,给人以美的享受,具有审美价值,表现了藏族先民很高的审美的情趣、观念和追求。

西藏和平解放至1980年的近30年里,由于种种原因,藏族宗教乐舞几乎销声匿迹。尤其是"十年动乱",藏族聚居区宗教文化遭受了空前的劫难和断层,与宗教有关的民俗活动和乐舞表演被禁止,很多有名望的宗教人士和乐舞艺人(大多是寺庙里的僧人或民间的居士)遭受迫害,在动乱中相继去世,乐舞艺术处于失传或濒临失传的地步。

1979年改革开放以后,宗教信仰自由得到恢复,宗教活动和乐舞表演也重新繁荣。1982年,青海玉树藏族聚居区举办了融民族歌舞、物资交流、商贸洽谈等为一体的声势浩大的赛马会,活动期间每天安排有寺庙乐舞表演,这是文化大革命以来第一次寺院祭礼性的乐舞在非宗教仪式上与世俗娱乐性节目同时表演。此后,包括康巴地区在内的广大藏族聚居区纷纷仿效,相继在本地的非宗教节日上出现了寺庙乐舞,而且在服饰、道具等方面进行了改进,从原来随意性的表演和演奏,进入规范化和严谨化;从原来只重宗教宣扬和威慑,开始注意整体艺术效果及音乐的变化和色彩的对比,开始注重器乐演奏的技巧和音色。

宗教乐舞的发展,促进了藏族聚居区专业文艺团体的创作和演出。各团以宗教乐舞为素材创作出不少各种体裁的优秀文艺作品,如《黑帽舞》、《金刚舞》、《神鹿舞》、《神牛舞》、《法王舞》、《灵童舞》、《骷髅神舞》、《嘉羌姆》、《雪狮舞》、《扎西雪巴》等,《扎西雪巴》和《神牛舞》更是成为藏族聚居区有代表性的乐舞。不少寺庙乐舞也相继应邀到国内外表演,得到很好的评价。

六、绘画艺术

绘画,藏语称"仁莫",意思为"山女"或"山姑娘"。广受藏族人崇尚和喜爱,是造型艺术中运用最广泛的一门艺术。它题材广泛,从藏传佛教的宇宙三界到细致入微的社会生活,从深奥的佛教教义到百姓寻常生活琐事无不涉及。

藏族绘画艺术起源很早,可以上溯到新石器时代。藏族聚居区古代的岩画遗存中,或采用坚硬的工具雕刻在崖面、崖阴、天然石块上,或采用红色的矿物质颜料绘涂于这些场所。岩画涉及的题材相当广泛,有生产、生活、宗教、娱乐、演武等方面,技法上十分娴熟地运用单线勾勒、剪影等方式来突出表现形体特征。

自 7 世纪中叶佛教开始传入西藏后,以佛教题材为主的新的绘画技术也随之入藏。在一千多年的时间里,藏族绘画艺术的发展与佛教的兴衰密切相关,可以说藏族传统的绘画艺术是依附于佛教、为佛教服务的绘画艺术。

11 世纪,藏传佛教后弘期兴起,各教派竞相发展,建寺之风盛行,绘塑佛像蔚然成风,带动了藏传佛教艺术的长足发展。五世达赖喇嘛时期,布达拉宫重建工程全面启动,全藏族聚居区的优秀画师、艺匠云集,使藏传佛教美术发展到了一个前所未有的新高峰,并在前藏、后藏和康区先后形成了勉唐、钦则和噶玛噶孜(康巴画派)三大不同风格的绘画流派和众多地方画派。

(一) 噶玛噶孜画派

盛行于康区的"噶玛噶孜画派",即"康巴画派",又称"噶孜派",以"噶玛巴大法会"而得名。形成于 15 世纪,17 世纪走向繁荣兴盛,此派历代著名画师大多为噶玛噶举派高僧,传承地主要在藏族聚居区东部著名的噶玛噶举派寺庙。

噶玛噶孜画派创始人南喀扎西活佛,自幼学习大小五明①。曾受到许多画界大师的悉心指教,尤其受勉唐派画师贡却班丹大师的影响颇深,后来以梵式铜佛像为摹写范本,又钻研汉地的丝轴画艺,以工笔重彩的技法绘制唐卡,并采用大量中原题材入画。吸收汉地明代工笔画表现手法,融合诸家之法,在人物和景物的描绘上表现出非凡的天赋和才能,从而开创了噶孜画派之新风。南喀扎西之后,又有却吉扎西和噶雪·噶玛扎西两位著名的画师继承噶孜派画风,被画史誉为"噶孜三扎西"。

与南喀扎西相对同时期的八世噶玛巴活佛米久多吉,也十分赞赏和热衷于噶玛噶孜画派的风格,以先师的教导和自己的实践经验,撰写了《线准太阳

① 大小"五明"是藏传佛教文化的重要组成部分,"明",藏文"学问"的意思。"大五明"指:工巧明,即工艺学;医方明,即医学;声明,即声律学;因明,即正理学、逻辑学;内明,即佛学。"小五明"指:修辞学、辞藻学、韵律学、戏剧学、历算学。大小五明文化随着佛教传入藏族地区而在藏区传播。

明镜》,奠定了"噶玛噶孜画派"的造型理论基础。16世纪时,噶孜画派的影响开始盛行康区,涌现出了一大批著名画师。其后,学识渊博、堪称绘画天才的十世噶玛巴曲英多吉亦热衷于噶孜画法,他吸取了汉地明代绘画中山、云、水、石、花、树、建筑等中原青绿山水画和界画楼台的技法,创造了一批汉风浓郁的艺术作品。又以高超的技艺提升了"噶玛噶孜画派"的艺术高度,把"噶孜"派艺术推向新的境界,影响遍及整个康区。

"康巴画派"在发展过程中由于生存地域与中原汉地紧密相连,多受汉地明代以后"工笔重彩画"和"四川棉竹木版年画"的影响。美学思想自由活泼,允许个人风格的发挥,主张面对自然、"师法造化"的写实主义法度。尤其是背景的描绘更是体现康巴画派艺术特征的重要方面,风景多以写实的自然主义手法刻画,神佛肖像也常以风景为背景,穿插有致,以景传情,以景托人,明显借鉴了汉地山水画的表现形式。加上表现生动的人物造型,使画面产生一种美丽神奇的艺术情境,故俗称"汉风画派"。

〔二〕 名师巨匠荟萃

"康巴画派"在发展中形成了体系完备、人才济济的局面,一大批热衷于佛教绘画艺术的寺院专业绘画大师、名家和民间工艺巨匠不断涌现,在不同的空间层次,或以点带面,或以面托点,开启了藏族美术的一代新风。

曲英多吉(1604—1674年),噶玛噶举派十世黑帽系转世活佛,自小被誉为神童。受业于艺术家赤青米古次仁,苦学旧勉唐派画风。他以最早传到西藏的丝织唐卡"也巴热瓦玛"的十八罗汉唐卡为范本绘制了众多唐卡作品,并吸收内地绘画画法,在继承藏地传统绘画风格的基础上加以改进,创立了"噶孜派"新风,他长期居住在云南丽江,创作了许多带有内地画风的作品,表现出极高的造诣,著有《噶鲁艺术注释》一书。

南卡杰,17世纪噶玛噶孜画派著名画师,尤其擅长微型佛像绘画,他画风工细流丽,风格清新,其线条勾勒细如发丝,造型微小精细,但造型比例准确,体态姿势优美生动,五官须眉刻画毫发毕爽,清晰如生,故有"神变"画师、"布娘"画师(毫毛不差之画师)之美誉。其传世作品中尤以佛本生传《如意宝藤》组画唐卡31幅、《十六罗汉像》、《三胜六庄严像》等组画唐卡著称于世。

司徒·却吉迥乃(1700—1774年),别名却吉朗洼,造诣深厚,技艺精湛,人称大司徒、大学者。他曾多次赴藏族地区各地、中原、印度、尼泊尔等处讲学。著述丰硕,代表作有《大司徒》;绘画成就卓著,最著名的有《本生如意藤》组画唐卡 20 幅、《八大成就者》组画唐卡、《六庄严》组画唐卡、《印度佛教六位大师》组画唐卡等。他创造了姿态特殊的"噶尔新派",对康区噶玛噶孜画派的形成和后来的发展产生了重要影响。

此外,康巴画派还涌现出通拉泽翁、普布泽仁、素南次仁、达波果巴、噶玛森哲、噶玛仁钦、爱巴古巴、霍尔·巴冲、白马拉丹和衮波多吉等一批著名画师,将噶孜派艺术推向更加完善和成熟的境界。

(三) 甘孜新唐卡画

20 世纪 80 年代以来,康巴画派的美术活动呈现出历史上前所未有的良好发展态势。美术作品的题材、体裁丰富多样,手法、技巧不拘一格,审美理念更体现时代特征和现实意义。当代康巴画派重视对藏民族风格的继承,同时也主动创新,确立了当代康巴画派美术的自身面貌和风韵特质。

当代康巴画派绘画中最值得称道的是甘孜新唐卡画的创新探索活动。甘孜新唐卡画以藏族传统唐卡为基础,突破了宗教绘画的格局,表现内容和形式注入了更多的时代精神和现实手法,是当代康巴画派以创新为特征的重要美术现象和群体代表。

"甘孜新唐卡画"在审美和创美方面表现出探索的热情,主动地为藏族美术发展探寻创新之路。以"噶玛噶孜"画派的技法、风格为前提,对新兴美术和其他绘画兼收并蓄,丰富时代感和科学性,建立一种新鲜的藏族绘画面貌。

"甘孜新唐卡画"的代表作品有新唐卡《雪域长青图》、《唐东杰布》、《扎西德勒》、《吉祥路》、《朱德会见格达活佛》、《雪山儿女》、《康巴神韵》、《十世班禅巡视图》、《新居图》、《古艺新花》、《雪域圣火》、《瑞雪》等。

第二节 传统科技

一、刻板与印刷术

根据保存下来的藏族历史书籍来看,明永乐以前藏族地区是没有印刷工艺的。1480 年,明永乐帝将全套"甘珠尔铜刻"印刷成书,赐给当时西藏的佛教领袖宗喀巴及其弟子萨迦巴、嘎麦巴每人一套,使西藏许多学者大开眼界,从而使藏族地区开始有了刻印经书。随着藏文刻印技术的发展,促进了藏族地区语言、文字的发展和统一,促进了藏族地区的社会进步,并逐渐形成具有历史影响的四所大印经院。其中,康巴地区的"德格印经院"久负盛名,集中展现了康巴藏族人民刻板印刷技术的精湛工艺,素有藏族文化发祥地之美称。[1]

德格印经院始于 1744 年,德格土司却吉登巴次仁在德格大寺院中将"甘珠尔"和"丹珠尔"以及许多佛教书籍刻成木刻版。印经院现在库藏的 26 万余张木刻版涉及学科广泛,内容丰富,大致可分为三大类:一是佛教经典,如大藏经即《甘珠尔》《丹珠尔》以及各种论释;二是藏族著名学者的文集,包括医学、逻辑、历史、传记、天文地理、星象历算、工业建筑、辞书文法、诗词音韵、格言歌谣、音乐绘画、雕刻泥塑和工艺美术等;三是藏传显密宗教仪轨法本等。其中,某些珍本、孤本尤为世人瞩目,著名的有《甘珠经》《丹珠经》《萨迎全书》《四部医典》《医学总集》《西藏王统明鉴》《宗喀巴全集前刻续刻分》、《西藏宗教源流》《唐东王传》等[2]。印经院藏版之巨,远胜于拉萨布达拉宫印经院和甘肃拉卜楞印经院,居藏族聚居区各大印经院之首,所印图书远销印度、尼泊尔、日本、东南亚和欧美各国。

德格印经院库藏木刻版分书版和画版,均以凸线为主构成白多于黑的复制木刻,版材采用致密坚硬的桦木。书版,两面刻制,有手柄,便于执持,刀功深沉稳健,字迹清晰,文字秀丽,采取横书右行,成长条形活页,便于翻页诵读。珍贵的经典著作,函(册)首页的书名以画纹或佛像装饰,并配以插图。书版的规格按其版心边框的横长写纵宽,尺寸可以分为特长、长、短、中四种。特长者 80 厘米以上,主要是为供养用;最常见的是 60 — 70 公分长,称为箭杆本;中等长度的 40 厘米左右,称为一肘本;短者 25 厘米左右,称为短小本,纵宽约 5 — 7 厘米,厚约 3 厘米。每一套书的印版都是一致

① 吴军:《藏族木刻印刷的发祥地——德格印经院》,《中国西藏》1996 年第 2 期,第 11 页。

② 泽尔多杰:《藏文化的璀璨明珠——德格印经院》,《四川统一战线》1994 年第 9 期,第 7 页。

的，多者一套书有 200 多函，如《丹珠尔》；一般的书有几十函，最少都在一函以上。每函的张数不一致，多者有几百张，少则有 100 张以上，每张的正面左边版头上标有函号和页码。背面左边版头上标有部别，相当于书眉。

画版大的高 100 余厘米，宽 70 余厘米，小的高 80 厘米，宽 60 余厘米，最小的高 20 厘米左右，宽 15 厘米左右，均厚 4 厘米左右。大部分画版为一面。多者一套佛画几十张画版，少者一张一套。其题材多为佛本生故事即释迦牟尼降生前所经历的许多世代的事迹；有佛经故事即释迦牟尼降生为净梵王太子以至成佛的一生事迹；有经变故事即佛经故事的形象描绘；有藏传佛教密乘百部本尊的各种金刚造像；有藏族史诗中格萨尔王调伏妖魔鬼怪；有历史事件和杰出人物；有民族风俗画；也有部分天文、医学等实用教材画等。其刻画艺术表现出丰富的想象力，构图丰满完整，画面生动灵活，刻工精细，不受空间的限制，也不局限于大地、海洋以及时间的约束，颇能代表近代以来藏族聚居区所形成的不同画派的风格。

印经院的木刻版制作材料选择红叶桦木①。砍伐秋季刚落叶的红桦木，截去节疤，选用纹理较细的树干截成若干段，将木块劈为厚约 5 厘米的板块，把板块就地上架，燃起微火熏烤，待木板烘干后，放进羊粪中沤一个冬天，到次年 4 月，再将木板取出水煮，而后将木板再行烘干，推光刨平，完成印版的初胚加工，可供给刻版之用。

木刻版的刻制工作更为艰辛，印经院选聘藏文知识高深渊博的名士，对要刻制的图书进行严格细致的三级审校，才可由聘请的藏文书法技艺精深的学者严格按照藏文书法正楷要求，开始横版书写工作；他们将图文描绘在半透明薄纸上后反贴在板面上，刻工们便依据纸横上的色差进行刻制工作；刻完后在清样上进行三校，版面改动较多的必须进行重刻或进行补刻，直至完全准确无误时将印版放在融成液体的酥油里浸泡一天后，取出晒干，再用一种名叫"苏巴"的植物根熬水洗净晒干，至此一块印版的制作才算全部完毕，可入库上架

①　任雅姣、李娟：《德格印经院对我国出版文化的贡献》，《新闻世界》2015 年第 2 期，第 153 页。

和进行印刷。画版刻制工作量更大,通常情况下,技艺娴熟的一名工人每天能完成一张书版的单面刻制。雕刻技工来自四面八方精于刻制的技工及学徒,如《甘珠尔》刻制期间有60多名缮写员,10名编审师,400名刻工以及100多名杂工。德格印经院因而获得"德格印经院印版成为全藏族聚居区最标准版本"的声誉。

印刷时间,因德格地区地处高寒,冬长夏短,春秋相连,约有半年时间不宜印刷。一般每年印刷时间例定于藏历三月十五始,九月二十止(公历4—11月)。具体操作方法是:各小组从磨墨组和裁纸组分别领取墨汁和纸张,负责印刷的工人把裁好的纸一叠一叠放在盛满清水的大盆里适度浸泡,再适当晾干,由坐在操作凳上的印工,将印版斜放在面前躺板上,左手拿纸,右手持卷布滚筒,待侧坐一旁的抹墨工人持墨筒在印版上抹匀墨汁后,左手将纸铺放在印版上,右手持滚筒自上而下缓缓推过,左手提起纸张放置一旁,一页书便算完毕。如此往复,再将印版翻至背面印够数量,才换另一张印版。待每天所印完毕后,一张张晾干,再清理汇册。印版印过后,每天用水清洗干净。一套书全部印完,装订组便从库房领出印好的书页,按页码顺序将每部书分拣配齐,再将配齐的书分别集放在磨书架上,每函书之间夹一张红纸以示区别,然后用加楔方法将磨书架的书籍挤紧,平放在地板上,装订工人持粗刮刀不断搓、拉,刮去超过磨书架框沿的书页毛边,基本上刮平后,又换刀孔较细的刮刀再行推磨。直至书籍边沿完全平整,再涂上一层红色颜料,稍稍晾干,撤开磨书架,将每函书上各加封面封底,用绳扎紧,标好左边书头上用纸做的函头标签,标有简略书名和函序,函序一般是按藏文字母顺序。这样一套书的印刷才算完毕,可入库销售。

二、藏医药

藏医药有3800余年的历史,是藏族人民通过长期的实践,不断积累完善形成的具有完整理论体系、独特治疗方法和浓郁民族特色的医药学体系,与印度吠陀医学、中医、西方传统医学并称为世界四大传统医学。2006年,藏医药被国务院列入第一批国家级非物质文化遗产名录。

在历史上藏医药形成南北两派,两派的学术内涵各有所长、互有交叉,均为藏医学的组成部分。以康巴为中心的藏医药称为南派藏医药。康巴地区复杂多样的地理、气候及生态环境,孕育了丰富的天然药物资源,特别是"南派藏医药"植根于此,形成具有浓郁地域特色的医药学学术思想、理论体系、治疗方法和用药特点。

(一) 康巴南派藏医药的起源与发展

藏医药学历史悠久。3800 多年以前,以杰普赤西为代表的藏医学家编著了《苯医四续》。[①] 8 世纪,藏医药学创始人宇妥·元丹贡布著《四部医典》,成为藏医药学奠基著作。藏医药学到 12 — 15 世纪,形成了独立的医疗体系,藏医药学术气氛空前活跃,产生了许多各具特色的医药学派。其中,宿喀·娘尼多吉被称为"南派藏医药"理论创始人,"南派藏医药"学的第一圣人。他以《四部医典》的理论为指导,对产生于南方河谷地带的藏药材以及好发于温热带地区疾病的瘟疫、赤巴病等常见疾病进行探讨和研究,被后世称为"南方温热派"的藏医药学派便应运而生,极大丰富了藏医药学理论。"南派藏医药"经过杰巴泽翁、释迦汪秋、宿喀·洛珠杰布、五世达赖喇嘛、达姆·门然巴洛桑曲批等一代代藏医药学家的继承和发展,一直到司都·确吉迥列,南北派藏医药学才得到真正意义上的统一。

司都·确吉迥列师承当时著名的"南派藏医药"学家直贡·本冲益西和胪玛桑培学习藏医药。在他担任德格八邦寺主持期间,创立了康巴地区第一所藏医药专门学校,培养了许多康巴籍藏医药名医,极大地推动了"南派藏医药"的发展,由于他精通并推崇南北派藏医药学理论,至此,南北派藏医药学才得到真正意义上的统一。蒂玛·丹真彭措师从司都·确吉迥列、康追·根嘎丹真等,足迹踏遍藏、川、滇、印度等地寻访明师,对各种药材进行实地考察,编成了集 18 世纪前藏药学大成的《晶珠本草》,全书收载药物 13 类 2294 种,成为流传最广的藏药学本草著作,被列为国家经典医学著作之一。嘉央·青则江布、贡珠·云丹嘉措、米旁·郎加嘉措皆为 19 世纪初"南派藏医药"的杰出代表,是继司都·确吉迥列之后康巴藏医药史上最著名的三位学者,他们在

---

① 华桦、杨宝寿、赵军宁:《我国南派藏医药的形成与发展概述》,《中国民族医药杂志》2010 年第 5 期,第 8 页。

藏医药学上的成就,使藏医药得到了前所未有的发展,为后代留下了许多宝贵的文化遗产①。

（二）康巴南派藏医药的特点

藏医:历代"南派藏医药"学家承前启后,积极创新,不断丰富和发展藏医学的基本内容,为藏医药学的继承和发展,发挥了重要作用。"南派藏医药"重点研究好发于温热带地区疾病的瘟疫、赤巴病等常见疾病,擅长治疗因热性导致的瘟热疫症,对治疗胃炎、胃溃疡、肝炎、胆囊炎、肝硬化等热性疾病有独特的疗效,对寒热交错、"三因失调"引起的风湿、类风湿、中风、瘫痪以及高原性心肺疾病等有显著疗效。

藏药:主要取材于南方河谷地带的藏药材。藏医所应用的药物有 2000 余种,其中矿物药和动物药几乎占了一半,这与青藏高原的自然环境及其民族风俗习惯有关。根据藏药学理论将药物归纳为六味(甘、酸、苦、辛、咸、涩)、八性(轻、重、润、糙、锐、钝、凉、热)和十七效(柔、重、温、润、稳、寒、钝、凉、软、稀、干、干枯、热、轻、锐、粗糙、动力)②。藏药的使用与藏医理论体系结合密切,由于藏医在诊断疾病时最终仍归结为"寒症"与"热症"两大类型,而藏药方剂按其性质也区分为"热性"与"寒性"两大性能,藏医治疗"寒症"时用"热性"药,治疗"热症"时用"寒性"药。藏药的使用和治疗,主要是通过"复方"的形式而体现的。"单味药"的"单方"在藏医中很少使用。

加工与炮制:藏药炮制主要是消除或降低药物的毒性以及适当改变某些药物的性能,借以提高药物的疗效或更适用于某类疾病。藏药在配制之前首先对原药材进行鉴定,然后再按照炮制通则进行加工炮制,药物的炮制一般包括筛、刮、洗、淘、泡、漂、烫、煮、蒸、碾、淬、炒、煅等。目前大多数藏药的加工、炮制、生产已经采用现代工艺,但仍然有不少藏药的加工炮制生产采用传统工艺,如名贵母本藏药"仁青佐塔"的生产,其独特的加工生产工艺是藏药生产的一大特色。在成品药的配制上,珍珠七十丸、仁青芒觉、仁青常觉、如意珍宝

① 杨宝寿、江吉村:《重树"南派"藏医药形象,加快甘孜州藏药事业发展》,《康定民族师范高等专科学校学报》2000 年第 9 期,第 1—4 页。
② 一说"六味、八性、三化、十七能"。参见邓都:《甘孜南派藏医药》,《中国藏学》2011 年第 4 期,第 140 页。

丸、二十五味珊瑚九、二十五味松石丸等深受藏族聚居区民众欢迎,声名远扬。

制品及作品等相关器具:藏医药文献及挂图:《四部医典》《月王药诊》、《晶珠本草》《本草秘籍》《佐塔配制手册》《四部医典》曼汤(挂图)等。藏医外科传统手术器械:探针、割痔器械、手术钳、手术锯、手术刀、穿刺针、挖匙和骨锯、烧灼器、熏药壶、黄水抽吸器、牛角罐、灌肠器、剃发刀、药锉、眼药点眼器、眼罩、药筛、药帚等。藏药传统炮制、加工、制药工具:碎药用的石匣、研磨、粉碎用的石槽、石锅、手动铜质制丸机、制丸用的羊皮口袋、炼制佐塔用的獐子皮口袋、瓦罐、竹筛、晾晒用的竹匾等。

三、建筑

藏族聚居区建筑千姿百态、各具风韵,折射出藏族文化、历史、审美中的共性。藏族建筑的基本类型包括寺庙建筑、民居建筑、园林建筑、宫殿建筑、宗堡建筑等。旧社会由于世俗的影响,许多藏族建筑艺术只能在寺院建筑中应用,绝不可能用于民居建筑。改革开放以来,藏族人民开始大胆地把藏族建筑艺术用于民居建筑中,更具藏族特色的大批民居建筑拔地而起,把藏族建筑艺术发扬光大。

(一) 宫殿建筑

宫殿建筑是藏族建筑的重要组成部分。在不同的历史时期,均建筑过当时的权力象征的宫殿建筑。自雅砻王统第一代赞普聂赤赞普在今乃东县境内创建藏族历史上第一座宫殿——雍布拉宫始,从公元前2世纪至20世纪初的2100多年间,藏族建筑经历了雏形时期、形成发展时期和成熟时期三个发展时期。其中最著名的当然是吐蕃王朝松赞干布在拉萨修建的"布达拉宫",后经五世达赖主持、桑结嘉措具体实施扩建后,布达拉宫成为藏族历史上规模最宏大、建筑技术最高超、艺术品位最佳、气势最雄伟的宫殿建筑。

(二) 寺庙建筑

寺庙建筑是除民居以外的藏族建筑中分布最广、规模最大、数量最多的建筑类型,集中了藏式建筑艺术之精华。

寺庙建筑的基本类型如下。(1)"拉康"。按照藏传佛教对寺庙的定义,"佛、法、僧"三宝俱全的宗教场所,方能称为寺庙。大的寺庙僧侣上千人,中等寺庙在百人以上,小寺庙几十人甚至几人不等。习惯上将小寺称为"拉康",建筑物较少,除佛堂外,有些建筑便是供信徒转经的"东康"和供本寺的僧侣居住的"扎隶"。(2)"寺庙"。在建筑设施上有专门供僧侣集体诵经、举行全寺性的宗教仪轨和安放主供佛的大殿,有专门供僧侣居住和研习佛法的场所;有数量不等的"拉康"和"更康";有寺庙住持和活佛的"拉让"等;有一套完整的自上而下的管理机构和完整的学经制度和修法仪轨。

寺庙主要建筑设施包括:大殿,是寺庙的核心建筑物,藏传佛教寺庙中大殿规模最大的是拉萨哲蚌寺大殿;佛堂,主要用作供奉佛、菩萨、神,日喀则扎什伦布寺的未来佛(强巴佛)堂,是藏族聚居区藏传佛教寺庙中所有强巴佛堂的佼佼者;拉让,是寺庙住持、高僧大德或活佛的私人住宅,自成独立的院落,除生活用房外,也有专门的佛堂;学习与修法场所,有的属学校性质,有的为禅修场所,有自己的佛堂、佛像、僧侣和学法系统;僧侣居所,称为"扎康",院落式,一般两层,也有单层,隔为若干小间,每间可住一僧或是二僧,建筑设施一般较为简陋。

康巴地区寺院建筑表现出明显的以卫藏地区为核心向周围汉地扩散的过渡性和地域化特征,是与汉地文化融合强于卫藏地区的表现。①

(三)佛塔建筑

佛塔与佛教一样源于印度,是藏族聚居区最普遍也是最具特色的宗教性建筑,原义是安葬佛骨、佛舍利的坟冢。

藏式佛塔从形式和内涵上可以分为八类,即叠莲塔、菩提塔、和平塔、殊胜塔、涅槃塔、神变塔、神降塔、吉祥多门塔,实际上分别代表佛陀的八个阶段或成就,抑或是佛陀的八种精神境界,统称为"八相塔"。在藏族聚居区的许多寺庙和地方,均有建造整套八塔的习惯,其中布达拉宫和青海塔尔寺的八相塔最具代表性。藏族聚居区的佛塔造型一般都按照八相塔的模式来建造。藏式佛塔按其建筑材料大致可以分为石塔、土塔、木塔、砖塔、金属塔等种类。若按塔的实际功能可分为纪念性佛塔和安葬活佛、高僧的灵骨塔两类。

---

① 贺佳贝:《藏族寺院建筑设计区域特征对比研究》,湖南工业大学,2015 年硕士学位论文,第 31 页。

藏式佛塔的结构主要由塔基、塔身和塔刹三大部分组成。塔身是藏式佛塔的主体核心部分,也是重点装饰部位,为古瓶形,故又称塔身为塔瓶。佛塔塔瓶内存放经卷、佛像、各种宝物等。灵骨塔内除装上述物品外,主要放置活佛、高僧的肉身、骨灰或舍利等。藏传佛教认为,世间万物均由五个元素组合而成,物质四元素(风、火、水、土)为最细微的元素——心所吸收。高僧大德的遗体保存于灵塔之中,体现了肉体复归四大元素的佛教思想,象征着"出生—生活—精神—死亡—出生"的生命轮回。

康巴地区的佛塔按其功能一般分为经塔和灵塔。室外的经塔和灵塔一般用石砌,外覆泥或灰;室内基本为该寺著名活佛、高僧的灵塔,有木制、铜制镀金、银制等不同质地的灵塔,其中著名的有色达邓登曲登佛塔、道孚尊胜佛塔、塔公塔林、理塘白塔公园、新龙拉日马佛塔等。

（四）高碉建筑

高碉建筑是藏族建筑中的特殊建筑,既体现于各类传统建筑中,又常以独立形式存在。高碉建筑充分显示了藏族利用天然建材,运用夯筑和砌筑技艺建造高大建筑物的高超技艺和非凡才能。

两千多年以前,藏族聚居区的高碉建筑就已经逐渐成熟,西藏的许多古遗址中,有许多与护城墙连在一起的防卫性建筑——高碉遗迹。康巴藏族聚居区是高碉建筑发育的核心地区之一,丹巴中路、梭坡素有"千碉之国"之称,其最高的高碉建筑在 40 米左右。

高碉建筑大体有按结构划分、按功能划分、按外形形状划分三种分法。按结构划分,可分为土木结构和石木结构两类。按功能划分,可分为寨碉、哨碉、家碉三类。按外形形状划分,可分为三角、四角、五角、六角、八角、十三角等类,其中三角、五角、十三角碉较少,常见的是四角碉。

（五）民居建筑

藏族民居具有鲜明的民族风格和艺术特色,根据生产方式可分为农区民居和牧区民居两大类。农区民居为固定式建筑,而牧区民居除越冬的简易固定建筑外,主要为活动建筑。

康巴民居建筑,具有强烈的地域特色,被称为"康巴名片"。石木结构的康巴民居建筑在康区极为普遍,尤以丹巴康定折多河以西,雅江等地最具特色。木结构建筑则是以半圆木叠架而成的箱形建筑体,建筑物防震抗震能力佳,外观独具风格,近森林地区的居民和地震区的居民均采用这种建筑结构。泥木结构的建筑内框架与石木结构的建筑基本相同,外围护结构是用天然黏土架以模板夯筑而成,尤以乡城、巴塘、甘孜等地的建筑最为突出。康巴民居注重与自然环境的协调、和谐。为对付积雪暴露重压和狂暴风沙,民居一般多为平顶;为求暖和、防止河水、泥石流侵扰,民居一般建造在向阳、地基牢固的高处;民居外观色彩鲜艳,充满活力和希望。

康巴民居建筑布局也呈多样性,平面及空间布局富有变化,层次感强烈。由于甘孜州地处汉藏交界的过渡地带,藏式建筑中也借鉴一些汉式建筑风格和传统,并有机地糅合到本地建筑中,使康巴民居具有兼容的多样性。在建筑物装饰和内部陈设中,则充分保持藏式建筑的传统,蕴藏着深厚的文化内涵。同时,康巴民居建筑还具有地域性特点,尤以丹巴甲居藏寨、道孚"崩科"建筑、乡城"白色藏房"为代表。此外,稻城的石砌墙房,得荣"立木承千斤"的金字塔形民居,色达蕴含丰富格萨尔文化的色尔巴民居等,均各有特色。

四、井盐开采

康巴地区藏族人民对盐的利用和开发有着悠久的历史。昌都地区芒康县盐井乡的盐民至今还在采用传统而古老的盐业生产方式从事盐业生产,与四川井盐产区的早期生产方式几乎相同,成为中国井盐文化的活化石。

盐井乡位于西藏自治区昌都地区芒康县的东南部,澜沧江从该乡自北向南流过,河谷两岸地面上不仅有露出地表的盐泉蒸发后形成的许多盐霜,而且有浓度较高的盐泉。沿澜沧江从南向北近 2000 米的范围内分布着大大小小的盐井和盐田。盐井人很早以前就通过整修泉口,开挖盐井,生产食盐。其井盐生产在藏东南、滇西北和康巴地区非常有名,据说有近千年的历史。盐井汉文地名早在 1721 年前就已经出现,(康熙六十年)1721 年 6 月,云贵总督的幕僚杜丁昌从云南的阿敦子(今德钦县)进入盐井县境内,曾经谈到这里的"盐井"地名①。

---

① 《藏行纪程》,载吴丰培编:《川藏游踪汇编》,四川民族出版社 1985 年版。

（清光绪三十一年）1905 年以前，盐井乡在行政上隶属巴塘管辖，不属驻藏大臣及西藏地方政府管辖，统治这里的是腊翁喇嘛寺，当地盐利一直为该寺所独专。是年冬，清政府在镇压了巴塘、盐井一带的反洋教运动后，将盐井的盐务收回官办①。历史上盐井乡是相当富庶的地区，即使现在它的经济和文化也是西藏较发达的地区之一。当地藏族同胞将盐井乡所产之盐称为"藏盐巴"。"藏盐巴"具有独特的工艺和口感，用它打的酥油茶不仅色泽好，而且味香，用其他地区产的盐做出的酥油茶则没有上述特点。据传，当地的牛羊等牲畜吃了"藏盐巴"，身上不会长虱子。

盐井乡所产之盐除了供当地村民使用以外，还销往西藏的左贡、察雅、察隅，四川的巴塘、理塘，云南的德钦等地。盐井、盐田在 1970 年以前为私人所有，1970—1982 年为当时的人民公社所有，1982 年至今采用包产到户，私人拥有。盐业生产以家庭为单位，妇女为主，少数的男人和少年儿童参与，盐民家中每个生产者都参加到运卤、筑盐田、晒盐等工序中。一户盐民年产盐多的达四五千斤，少则也有两三千斤。

盐井用锄头和十字镐等工具靠人工挖凿而成，是典型的大口浅井。"……盐井深不及丈，卤盛大若泉……"②藏民通过整修、扩大江岸泉口，开采盐水，形成盐井。由于当地盐卤资源丰富，盐民自由开凿的盐井多数靠近江边，这是因为凿井容易且所需时间不长，多则几个月，少则一天即可完成。夏天洪水冲毁频繁，在不产盐的季节，盐民将易被江水淹没的盐井用木板遮盖，用于雨季隔绝江水。盐井的数量每年都在变化，清宣统年间有盐井 53 口③。所有盐井依山势分布在江边，井口较高的也不过距江面 3 米左右。站在井口可清楚地看到盐泉从缝隙中不断流出，盐水总涌量可达 20 升/秒④。为了防止江水上涨淹没井口，确保夏季也能进行生产，所以在一些高产井的井口上用石、泥垒成圆柱形的围堤，在下部还开有一条通道，大小可容一人通过，高出地

①　房建昌：《西藏盐史研究》，《盐业史研究》1995 年第 1 期。

②　《喀木西南纪程》，《川藏游踪汇编》，四川民族出版社 1985 年版，第 444 页。

③　段鹏瑞：《盐井乡土志》之盐田。载吴丰培主编：《中国民族史地资料丛刊》之十五，中央民族学院图书馆油印本，1979 年。

④　《西藏昌都地区的盐泉》，《井盐史通讯》总第 5 期。

面 3 米左右,以备洪水期间取盐水。

由于两岸地势的差异,盐民采取了不同的运卤方式。东岸盐田因地势较陡、坡度大,运卤水所走的路是在陡壁上用木头作支撑,并铺成像栈道那样的路,运卤水的容器是相当原始的"冬"①。西岸盐田地势较为平缓,运卤工具由过去的"冬"改为现在白铁皮制作的桶,一桶盐水重约 40 斤。从井口到贮卤池盐民都是沿着陡峭的山壁爬行。贮卤池离盐井距离较近的,盐民一天能背 400—500 桶盐水,远一点儿的只能背 60—100 桶,一天最少的也要走 40000—60000 米的路程,而多的可达 10 万米。负重多的一天可达 5000 斤,最少的也要背 1000 多斤。

"盐井所产之盐乃汲水晒成,非煎熬成块之盐可比。"②盐井乡晒盐的主要特点是用人力将盐水背或挑至盐田,靠自然蒸发析出盐分。"其取盐之法,不借火力,江两岸岩峻若壁,夷民缘岩构楼,上覆以泥,边高底平,注水于中,日暄风燥,干则成盐,扫贮楼下以待。夷名其盐田。"③

晒盐只能靠天,依靠风力和阳光。"……汲水摊晒,全赖风日之力凝结成盐。惟每岁夏间,澜沧江水势盛涨,井口悉被淹灌,须待秋冬水涸,晒户乃能复业……"④生产时间依季节、天气而定,有淡旺两季。产盐季节为 11 月至次年的 6 月,江水退落、盐井露出、雨水较少,适宜盐业生产。生产的旺季在每年的 3—5 月,风大、光照强、雨水少、成盐快、盐色较白、盐质好。每年 6—10 月雨季期间,江水暴涨,盐井大部分被淹没,只能靠储卤池里的卤水维持生产,一旦池中的卤水用完,生产就难以为继。因此,盐田的数量在不断地发生着变化,据清宣统年间的统计:"东岸盐厢一千二百四十二,盐池八百零二;西岸盐厢二千七百二十四,盐池四百七十四。"⑤

在江边筑盐田时根据地形用整块圆木作支撑,搭建楼架,称作木楼,其大小和高度依地形而定,面积在 10—60 平方米。木楼上面为盐田,下面为贮盐

---

① "冬"由木、竹制成,呈圆柱体,是背盐水的工具。直径 27 厘米、高度 59 厘米,装满盐水重约 60 斤。

② 四川民族研究所编:《清末川滇边务档案史料》,中华书局 1989 年版,(中册)第 133 页。

③ 《喀木西南纪程》,《川藏游踪汇编》,四川民族出版社 1985 年版,第 444 页。

④ 四川民族研究所编:《清末川滇边务档案史料》,中华书局 1989 年版。

⑤ 四川民族研究所编:《盐井县考》之盐田。

水池,"数田之间有盐窝,状类田而稍深,用以囤积盐水,春暖夏融,江汜井湮,盐户取田泥浸诸其窝以取盐,仍与井水相若。盐楼鳞比数千,岁产昏累巨万。"①"盐窝"即为贮卤池,长方体,面积比木楼略小,深度在50—80厘米。

筑盐田时,将长短不一的木块(也有用木柴、树枝的)紧密地平放在木楼横梁上,在木块上面抹上厚达10余厘米的黄黏土或红黏土,再用工具夯实、打平,使四周壁稍高,中间用泥土格成若干方块,当地人称为"盐田",藏语读为"擦依",纳西话读为"擦尕"。盐田大部分呈长方形,少数呈扇形。每栋木楼上建有盐田4—20块,一般都是10块左右,这些盐田的规格多数为长3—4.5米、宽2—3.5米。面积大的有10多平方米,小的只有2平方米左右,盐田壁高在15厘米左右。

盐田使用一年后要进行维修,先将盐田中的泥土挖出放在木楼一角,再将下面的楼板(木块)取下投入楼下的贮卤池中浸泡,使木块中所含的盐分充分溶出。这样不仅提高了池中卤水的浓度,而且使资源得到充分利用,经过浸泡后的木块又重新用来搭建盐田。

晒盐时将盐水倒入晒田,待蒸发结晶后进行翻晒,待盐变得干燥后再收盐,最后再将盐田重新打平、夯实,重新倒入盐水晒盐。由于盐井乡的泥土大多是红色的,而盐水又是直接在泥土铺成的盐田上晒制成盐,所以所产之盐有红盐、白盐之分。过去将晒成的盐细分为桃花盐、二道盐、三道盐。桃花盐顾名思义是洁白而略带红色,又因产于3—5月间桃花开放的季节,故得名,其品质最优;二道盐稍含泥土,品不洁白;三道盐色红盐劣。现在将晒成的盐分为食用盐和牲畜盐,第一道收的盐杂质少、色较白,质量高,因此,主要供当地人食用。第二道收的盐颜色较深,含杂质多,质量较差,主要供牲畜食用。

收盐的周期因季节和天气而定。时间长的要一周左右,通常3—5天收一次盐。一块盐田一次可收盐50余斤,少的只有10多斤,一般为30—50斤。为改善盐质,提高生产效率,清代赵尔丰曾在这里试行煎盐,"本拟改用煎熬之法,曾经试验,一经提炼,色味俱佳。惟关外向无煤矿,全用山柴,成本几增

---

① 《喀木西南纪程》,参见《川藏游踪汇编》,四川民族出版社1985年版,第444页。

二十余倍,只可暂仍其旧"。① "……只宜倾晒,不宜煎熬,盖一经煎熬则成本过高,影响行销。"②可见当地盐民根据其地理环境、气候特点总结出来的晒盐方法是适宜的。

五、天文与历算

藏族天文历算是藏族人民在长期生产、生活实践中通过对大自然各种现象的观察,充分汲取其他民族天文历算精华汇集而成的,是藏族"十明"传统文化的重要组成部分,藏族的历法具有鲜明的特点,在世界历法之林中独树一帜,占有很重要的地位。③ 主要由天文算、韵律算、五行算三大体系组成。

天文算,是推算星宿运动和天气季节等的学科,是小五明之一。宇妥·云丹衮波的《天文历法综述》记载了天文历法的五要素,即曜、日序、宿、会合和作用,阐述了太阳日的缺日、重日,星辰的会合顺逆,罗睺日月食,五曜步数,二十四个节气,冬夏季至日,气温变化等,其理论依照自然界日、月、星辰的转轨变化来指导农牧业生产活动,在生产、生活实践中具有重要作用。

韵律算,是以元音字母作为计算历数和占卜符号,运用二十七星宿的转位、九曜的运轨来推算气温高低、农牧业生产佳期、动植物生长及活动期等。以藏文大译师西绕仁青译著为主的韵律学书,发展很快,普及广泛。

五行算,是一种占星术,以年、月、日、时干支所属之五行(木、火、土、金、水)的相生相克理论,来推算命运之术,包括厄运算、流年算、合婚五行算、死丧卜术、春牛术等,用途广,运算精确。

除上述三大体系外,广泛流传和运用的藏族民间天文历法,是藏族历算学的又一重要组成部分,虽无完整的理论体系,但在藏族生活和生产中的作用是巨大的。这类民间历算主要是凭借前人传世的丰富经验,结合诸多自然现象等的观察进行综合分析,作出较为准确的预测和预报,符合一定的生态规律。

云测气象,即以云色预测气象、以云游动方向预测天气变化、以云的形状

---

① 四川民族研究所编:《清末川滇边务档案史料》,中华书局 1989 年版。
② 四川民族研究所编:《盐井乡土志》之盐田。
③ 黄明信、银巴:《传统天文历算学研究的历史与现实》,《中国西藏》2007 年第 4 期,第 50 页。

预测天气变化、观测云位、以当年云的形状预测下年气象、以雾的变化预测天气等。

风测气象,即以起风方向来预测天气变化、以风的趋势来预测天气变化、以雷声和闪电的方向预测天气变化等。

以季节观测天气,即以天气冷热预测天气变化、以当年的天气状况预测来年的天气变化、以上月天气变化预测下月天气状况、观查气象变化、观彩虹预测天气变化、观日预测天气变化、观月预测天气变化、观动物活动预测天气变化等。

藏族民间历算,代代口碑相传,易学易会,甚至不识字者,只要勤于观察、分析,也能预测天气变化,对农牧业生产产生的促进作用尤其突出。研究藏族传统历算,不断丰富藏族历算学,充分发挥民间历算在农牧业生产中的作用,具有积极意义。

第七章　非物质文化遗产

对"无形的文化"加以探讨是研究文化重要的内容之一,这种无形的文化在早年间普遍未引起更多的关注,直到 20 世纪末才得到应有的重视,这就是"非物质文化遗产"。康巴非物质文化遗产是整个康巴文化中的重要组成部分,也是现有研究的薄弱部分,加强对康巴非物质文化遗产的研究、保护与传承关涉到康巴文化的延续与保护,理论意义重大,实践意义非凡。

第一节　康巴非物质文化遗产之民间工艺

一、民间工艺基本状况

康巴地区的民间手工艺以它的技艺精湛、造型独特受到人们的青睐,许多手工产品不仅仅是人们生活的用品,更被作为艺术品加以收藏和馈赠。康巴地区的民间手工艺主要产品为氆氇、服装、木工、金银制品、铁器加工、制陶等行业。

编织业是康巴地区一种主要民间手工艺,其生产方式是以农闲时的家庭生产为主,主要有剪毛(以羊毛为主,部分地区为牛毛)、洗毛、成线、纺织成呢等工序。除编制牛毛帐房的多为男性外,从事编织业者多为妇女。主要是织褐子、裁毛褐子被、裁氆氇、编织毛衣毛裤。产品除少量自用外,其余均是为了换取生活用品而出售。工具均为当地生产的一种简单的木制机械,藏语叫"塔夏"。

缝纫匠在藏语里称为"索哇",从业者多以男性为主,产品为各式藏袍、藏靴、帐篷。生产工具简单,只有剪刀、大小针、顶针、木尺等几种。具有精湛手艺的裁缝专门从事高档藏装和各种华丽帐篷的生产。一般而言,做工精细的藏式服装需要3—5天,老羊皮袄等简单的服饰仅一天可成。

银器生产工艺为主的打制银器在康巴地区有悠久的历史,并且与日常生活、宗教信仰息息相关。主要以生产金银首饰、各种生活器皿为主,内容涵盖康巴地区日常生活中使用的银制茶壶、茶盖、茶托、银木碗等日用器皿,辫饰、耳环、项链、手镯等各种佩饰都离不开金银器。而寺院中的各种供器,小转经轮、净水壶、供水壶等法器,以及唢呐、镶翅法螺等乐器也都多以金银器制作而成。生产手艺中所使用的工具有铁锤、刻刀、高温火炉等。

生产程序:先把金银放在木炭火上烤至一定的温度,再用榔头反复锤打,制作为半成品;手艺人将其精雕细刻的各种样式、图案刻制于半成品上,变为成品。他们制做的器具图案新颖活泼,做工精巧,具有很高的审美价值。由于受藏传佛教文化的影响,"八吉祥徽"(金鱼、宝瓶、胜利幢、法轮、吉祥结、右旋海螺、妙莲、宝伞)和"曼陀罗、妙翅鸟、龙、凤、雄狮、怪兽、祥云、宝焰"等佛教文化的祥瑞与花式受到民间手工艺人的青睐,常常成为装饰图案的重要选题。

铁器生产工艺是康巴非物质文化遗产中的另一个重要的组成部分,铁器生产多以加工修理农具、打制刀具等从事生产活动的工具为主。生产工具包括大小锤子、铁石砧、钳子、风箱等。有的铁匠出于宗教信仰,不生产刀具等生产用具,而是专门为寺院和农牧民打制铁锅。

木匠手工艺人主要从事修建房屋、制作家具、编织机、木碗的制作,也包括房屋装饰用的木制品。生产工具有锯子、钻子、凿子、斧子、锛子以及墨斗、尺子等。粗木工主要从事房屋的架梁、立柱、楼梯、隔间壁、门框、楼板的修造和简单农具、驮鞍的制作。手工技艺精巧者主要为富裕人家和寺院从事雕刻花窗、藏式茶几、经堂内修、木质佛像、佛塔、装经框以及精致马鞍等做工精细、耗时较多的项目。

塑匠:主要在寺院塑造泥制佛像、假面具、酥油花等。他们往往具有很高的绘画才能和设计技巧。塑造的人物栩栩如生、形象生动逼真。

石匠:以打制石磨和刻嘛尼石为主。康巴地区藏传佛教寺院很多,刻嘛尼石的匠人分布在各寺院附近和有宗教活动点的地方。他们即刻佛教经文,又刻"唵、嘛、呢、叭、咪、吽"六字真言,尤以后者居多。少数手艺高的还能刻出精致的佛像。这些匠人专以此为生计,把刻好经文的石片卖给转嘛尼堆的宗教信仰者,以换取一点零用钱或衣服、炒面等。也有为死人专门定刻的。但是有部分包括阿卡(和尚)在内的石匠为了从善积德,弘扬佛经,专门在交通沿线的石山上刻制经文,操劳终生。

泥陶匠:烧制泥陶是康巴地区较早的工艺技术,在有五千年历史的丹巴罕额依古遗址就有先民陶制品出土。康区的陶制品主要以黑陶为主。以红黏土为主要原料,自愿组织几个人分工合作,有的采土、有的和泥、有的加工、有的烧制。产品有茶壶、夜壶和能发出几个单音的小鸟、泥笛。这类匠人进行季节性生产,农闲时集中烧制,等有了庙会就驮运出售。中华人民共和国成立前穷人家买不起铜壶,绝大多数用的都是当地生产的泥壶。

造纸匠:有的农民在农作之余从事造纸业,也有少数造纸专业户,产品供寺院印刷经文和旧政府人员办公使用,原料为俗称馒头花的根茎(学名狼毒,瑞香料),藏语叫"阿交如交"。制法简单,先将挖掘的馒头花的根茎洗净、熬煮、捣碎、漂洗,清除根须皮渣,然后将糊状物匀铺于绷紧的布上,晒干后轻轻揭下即成,待牧主、头人和政府催交纸张时,无纸的农户就去购买缴纳。

二、民间手工艺生产的特点

其一,在康巴民间手工艺生产具有悠久历史。如在丹巴的罕额依新石器时代遗址等考古活动中,就发掘出大量做工精细、造型多样的陶制品以及骨针等手工生产工具。可见,康巴地区的先民在 5000 年前就已经开始了手工业的生产。

早在唐代,藏王屯兵康巴地区,为战争所需,铸造刀、矛、弓、箭等兵器,工艺随之传入。"岭·格萨尔"兴起之后,更是广集工匠,赶制兵器,强令霍尔部落著名铁工曲打带徒传艺,并开始用土法炼铁。促进了以兵器为主的民族手工艺的长足发展。

其二,康巴地区民间手工艺以家庭副业为主。家庭副业手工业生产是中国手工业生产的基本类型之一,在康巴地区的手工业生产中一直很活跃,且处于主导地位。其主要原因是康巴地区的手工业生产主要以日常生活品为主。

新中国成立前,家庭副业不仅仅包括农牧民家庭副业还包括了土司家庭的手工工艺,只不过土司家庭的手工工艺的生产者主要以农奴为主。手工作坊主要以金银铜铁、家具的生产加工为主,且这类作坊仍然是以家庭为单位的"店坊一体"模式居多。

其三,康巴地区民间手工艺产品以家庭自给为主。中华人民共和国成立前,康巴地区的生活生产物资除茶、盐需要从其他地区购买外,其余都能自给自足;因此,康巴地区的手工业产品主要以家庭自给为主,只有极少数产品供奉给寺院或土司使用。

其四,康巴地区手工艺行业分布广泛。由于康巴地区的手工业生产主要以家庭副业为主,产品以家庭自给为主;因此,康巴地区的手工业没有手工业工场,专职手工业本地较少,多为从事农牧业之余兼职性的一家一户单独作业的手工业。这种以家庭副业为主的手工工艺的地域分布十分广泛,每一个地区都能找到齐全的手工工艺人,主要有编织匠、木匠、铁匠、银匠、塑画匠、石匠、泥陶匠、造纸匠等。

其五,康巴地区手工艺生产技艺的传授方式单一。在康巴地区,每个手工业行业的生产技艺都是通过数代人不断地摸索积累出来的,一项技术的成熟需要付出很大的成本,也是一个家庭地位的体现。而且在康巴同一行业的生产技艺大不相同,都有自己的独特之处,产品质量也就不尽相同。因此,为了不让自己的加工技艺失传,手工工艺的传授主要向家庭内部成员传承,如父子相承、母女相承或兄弟相承。而母女相承只以纺织技艺传承为主,在康巴地区如果妇女具有精湛的纺织技艺,那么她的社会地位和家庭地位都会得到很大的提高。因此,每个母亲都会将自己掌握的纺织技艺毫无保留地传授给自己的女儿,而家庭的其他生产技艺是不允许女儿学习的,主要是为了防止手工工艺随女儿的婚嫁而泄漏。

三、民间手工艺的典型代表

（一）阿西土陶烧制工艺

"阿西"是藏语"好地方"之意。阿西土陶以当地一种特殊的泥土做原料,在捏、捶、敲、打成锅、罐、盆、壶、瓶后,用碎瓷做出花纹来点缀,最后架起松柴火烧成黑色即可。藏族人用土陶煮出来的汤味道特别鲜美,用土陶酿酒历久弥香,用土陶茶壶泡茶醇香之味沁人心脾。作为藏族的传统手工艺品,阿西土陶以其悠久的历史和精湛的技艺充分展现了藏族人民的聪明才智。

(二) 藏族民间车模技艺

藏族车模技艺是生产并流传于藏族民间的一种制作各类木制生活用具的特殊工艺,距今已有千年的历史了。其中以甘孜州得荣县的车模技艺最具代表性。

得荣的车模技艺主要流传于该县子庚乡境内,这里的木制品品种花样较多,有 50 余种,其中不乏传统与现代结合的民族手工艺术的精品,具有独特的艺术价值,其工艺独特、精美,具有一定的观赏性和实用性,其产品远销于西藏、印度等地,深受广大群众的喜爱。

(三) 德格印经院藏族雕版印刷技艺

作为藏族地区三大印经院(拉萨印经院、拉卜楞印经院、德格印经院)之首的德格印经院,因其广博的藏族文化典籍收藏、严格的勘校、精湛的刻工技艺和高质量的印刷,使得德格版经书在藏族地区及国内外的藏学界广泛流传,十分有名。

出于对信仰的极端虔诚,德格印经院对每一道工序的处理都异常严格。现在的印经工艺包括造纸、制版、印刷等程序。德格印经院不同于一般意义上的图书馆、藏书楼,它的雕版印刷在制版、雕刻、书写、制墨、造纸、印制工艺上,都基本保持了 13 世纪以来的传统方法,为已消失的世界印刷文明提供了不可多得的原始例证。就算到了印刷业比较发达的今天,这里仍然保留了古老的传统——手工操作。

第二节　康巴非物质文化遗产之民间口头文学

民间口头文学是康巴非物质文化遗产的重要组成部分,也是其中影响力极为广泛和深远的部分。康巴民间口头文学既有反映远古先民对客观世界认识和斗争的神话,又有不同历史时期的人物、事件、风物、风俗、山川传说;既有热情开朗的民间歌谣，又有饱含哲理的民间谚语；有誉满世界长诗之冠的《格萨尔王传》，还有反映社会斗争、生活习俗的民间故事、笑话、寓言等。

一、《格萨（斯）尔》的基本状况

在康巴民间口头文学中最具代表性和典型性的是誉为中国三大史诗之一的《格萨（斯）尔》史诗，其是反映藏族古代社会生活的百科全书，也是多民族共享的口头史诗，代表着藏族、蒙古族、土族等民族民间文化与口头叙事艺术的最高成就。这部古老的史诗，从远古时代到现在，一直在民间延续和传承，是一部活形态的英雄史诗，也是一份典型的非物质文化遗产。2009 年 9 月，"《格萨（斯）尔》口头传统"被联合国教科文组织列入世界非物质文化遗产保护名录，成为"具有重大历史、文学、艺术、科学价值的非物质文化遗产项目"（《非物质文化遗产法》第十八条）。

《格萨（斯）尔》是我国藏族人民集体创作的一部伟大的英雄史诗。它历史悠久、结构宏伟、卷帙浩繁、内容丰富、博大精深、流传广泛，代表着古代藏族民间文化的最高成就，是研究古代藏族社会历史的一部百科全书式的著作。对藏族文化的发展，产生了深远影响。①

《格萨（斯）尔》是藏族民间文学集大成之作，享有世界最长英雄史诗的美称。成为世界上最长的并以活形态存在的、艺术价值和史料价值最高的英雄史诗。它内容丰富、卷帙浩繁，其手写本、木刻本文献数量就达 200 多部，近千万诗行，远远超过了只有数万诗行的希腊史诗和印度史诗的总和。② 格萨尔王在藏族的传说里是神子摧巴噶瓦的化身，一生戎马，扬善抑恶，弘扬佛法，传播文化，成为藏族人民引以为自豪的旷世英雄。

二、《格萨（斯）尔》的故事梗概

《格萨（斯）尔》的主要故事：很久以前，藏族的祖先生活在雪域高原，过着幸福的生活。突然，不知从什么地方刮起了一股妖风，使藏族聚居区刀兵四

---

① 降边嘉措：《中国〈格萨尔〉事业的奋斗历程》，社会科学文献出版社 2012 年版，第 244 页。
② 王蓓：《〈格萨尔王传〉与多康地区藏族族群认同》，中国社会科学院研究生院 2011 年版，第 17 页。

起,烽烟弥漫。藏民祈求菩萨拯救众生,观世音菩萨又向极乐世界的阿弥陀佛恳请帮助。阿弥陀佛派德确昂雅和天妃的儿子推巴噶瓦即格萨尔,降生在南瞻部洲的人世间。为了让格萨尔能够完成降妖伏魔、抑强扶弱、造福百姓的神圣使命,史诗的作者们赋予他特殊的品格和非凡的才能,把他塑造成神、龙、念三者合一的半人半神的英雄。格萨尔降临人间后,多次遭到陷害,但由于他本身的力量和诸天神的保护,不仅未遭毒手,反而将害人的妖魔和鬼怪杀死。格萨尔从诞生之日起,就开始为民除害,造福百姓。5岁时,格萨尔与母亲移居黄河之畔;8岁时,岭部落也迁移至此;12岁时,在一次岭国以王位和美女珠牡为赌注的赛马盛会上,他战胜了叔叔晁同和岭国的众将领,一举夺魁。按照规定,格萨尔登上了岭国国王的黄金宝座,娶珠牡为妻,从此统领岭国。并正式取名为"世界雄狮大王格萨尔洛布扎堆"。格萨尔称王后,为了让岭地的人民获得幸福安宁的生活,进行了四场大战,分别是"魔岭大战、霍岭大战、姜岭大战、门岭大战"。岭国的北部有个专食童男童女的魔国国王鲁赞。他生性残暴,涂炭生灵。一次他抢走了格萨尔的次妃梅萨。为了消灭吃人的魔王,救回爱妃,格萨尔独自出征北方魔国。经过他与梅萨的内外配合,终于除掉了魔王。但是,由于梅萨不愿重返岭国充当次妃,欲独享格萨尔大王的恩宠,所以给他喝了迷魂酒,致使格萨尔滞留在北方魔国与梅萨幸福地生活12年。12年间,岭国备受劫难,内忧外患横生,格萨尔的爱妻珠牡遭劫。岭国的东北方,有个霍尔国,有三个一母所生的国王,他们均以自己帐篷的颜色命名:黄帐王、白帐王和黑帐王。其中白帐王武艺最强,威震四方。一次,他召集人们聚会,并派出白鸽、花喜鹊、红嘴鹦鹉和黑乌鸦为他四处寻找美女。黑乌鸦飞到岭国,发现了美丽非凡的珠牡,于是禀报给白帐王。白帐王欣喜若狂,即刻发兵岭国,趁格萨尔王在北方魔国之机,在叛徒晁同的内应下攻入岭国,掠走了珠牡,并抢劫了岭国的珠宝财富。格萨尔酒醒后得知此事,急速返回。他处罚了晁同后,乔装打扮来到霍尔国,杀死了白帐王,救回了珠牡,为岭国报了仇。岭国的东南方有个紫姜国,国王萨丹精通魔法巫术,且贪得无厌。他企图抢占岭国的盐海。格萨尔王派出霍尔国降将辛巴施巧计,降服萨丹王之子玉拉托居,并亲率大军驻在盐湖边。有了玉拉托居,格萨尔对萨丹的动向了如指掌。后来当萨丹王饮水之时,格萨尔变成一条金眼鱼钻入萨丹腹中,入腹后又变成千辐轮,在其腹内不停地转动,直搅得他心肺如烂粥。从而降伏了紫姜国。

"南方的门国与岭国曾为世仇。当岭国还是弱小部落时,门国曾经侵扰过岭国的达绒部,烧杀抢掠无恶不作,从此门、岭两国结下了不解之仇。如今岭国强盛了,并先后征服了三个魔王,唯剩四大魔王之一的门国辛赤。于是在天神的授意下,格萨尔决心征服门国,既除妖患又了旧恨。同时,门国的公主梅朵卓玛美丽无双,正值豆蔻芳年,亦可趁机娶其为妃。于是格萨尔王发兵门国。战争开始后,经过激烈的鏖战,双方均有损伤,相持不下。格萨尔王便亲自出战与辛赤王交锋终于用神箭射穿他的护心镜,辛赤王死于阵前。格萨尔征服了门国,并得到了梅朵卓玛。至此,格萨尔消灭了四大妖魔,解救了众百姓。从此四方安定,民众过上了吉祥幸福的生活。"[1]

康巴地区不仅是英雄史诗的主人公岭国——格萨尔王的故乡,而且是格萨尔文化走廊的核心地区。在历史上,康巴地区格萨尔说唱艺人层出不穷,当代的一些著名说唱艺人的祖籍都在康巴地区;关于《格萨尔王》的六部木刻版本全部出自于康巴地区;康巴地区到处都有格萨尔的传说故事和遗迹遗物,民间的格萨尔煨桑祭祀活动极为盛行;作为格萨尔藏戏的发祥地康巴地区格萨尔藏戏的创编剧目和表演剧团也最多。造型形象丰富多彩的格萨尔王泥、铜雕塑像在康巴地区也随处可见。由甘孜州文化局申报的"格萨尔"民间文学和色达县中坡的"藏族格萨尔彩绘石刻"非物质文化遗产代表作,已于2006年双双被列入全国首批非物质文化遗产代表作。[2] 康巴藏族与格萨尔王息息相关,在《格萨(斯)尔》的传唱中蕴含着极为丰富的格萨尔文化。

三、《格萨(斯)尔》的价值与意义

首先,《格萨(斯)尔》说唱艺人是史诗的创造者、传承者,也是史诗得以世代相传的主要载体。《格萨(斯)尔》说唱艺人基本归纳为五种类型:依靠耳传心授而学会说唱的闻知艺人;从地下或意念中挖掘出《格萨尔》史诗,再书写

---

① 王治国:《集体记忆的千年传唱:〈格萨尔〉翻译与传播研究》,南开大学2011年版,第266—267页。

② 杨嘉铭:《康巴文化综述》,《西华大学学报》(哲学社会科学版)2008年第4期,第9—16页。

为抄本的掘藏艺人;看着抄本而说唱的吟诵艺人;通过做梦学会说唱的托梦艺人(也称为"神授艺人");借助咒语、凭借铜镜或水碗等器物能看到占卜者愿望的圆光艺人。此外还包括像青海果洛州的丹贝尼玛活佛和四川甘孜州的巴迦活佛等一批热衷《格萨(斯)尔》事业的高僧大德以及青海果洛州德尔文史诗村、四川甘孜州德格尼姑剧团等传承群体。

往往依托传统社会的仪式活动来进行史诗传唱的"授"和观众的"受"共通的传承内在需求的互动。除艺人和史诗赖以存在的文化生态环境外,一个优秀的说唱家必须具备很好的感悟力、丰富的想象力和超常态的记忆力等内在的因素。用创造性的口头叙事才华铸就了规模宏大的史诗传统。

其次,"活态性"是《格萨(斯)尔》史诗的核心特征。史诗说唱艺人和史诗文 PH 化空间是《格萨(斯)尔》史诗之所以能活态传承的关键所在。非物质文化遗产中的传说、表述、表演者和传统工艺技能的操作者,在不同时期、不同地域、不同场次或场景的表述、表演和技能操作中都会有所发挥,都是一种新的创造。《格萨(斯)尔》和世界上许多国家以"活形态"传承的史诗作品一样,至今在人民群众中广泛流传。《格萨(斯)尔》的"活态性"主要体现在活态表演性质和活态传承特点上。虽然,《格萨(斯)尔》史诗有手抄本和木刻本传世,处于口传性与书面化并行的状态,口传向书面转换也将是不可逆转的发展趋势,但口传仍是现阶段的基本形态。"固态"的藏文铅印本的流传,需要能说唱的艺人,而说唱艺人的存在和"活态性"的特征,是《格萨(斯)尔》史诗得以兴盛并闻名于世的内动力。

再次,地方性知识是《格萨(斯)尔》史诗的本质属性。地方性知识指具有文化特质的地域性知识。《格萨(斯)尔》是藏族人们在长期的生产与生活实践中形成和发展的,具有显著的地域性特征和传统的经验性的文化特征。通常,地方性文化资源的封闭性和自享性决定了它仅停留于地方民俗生活,而达不到文化交流的程度。另外,民间记忆也绝不会因为新的地域文化的压制和排斥而消亡。藏族《格萨(斯)尔》文化的同质性与多民族《格萨(斯)尔》的地方性、边缘性差异在同步发展。①

---

① 伦珠旺姆:《丝路非遗:〈格萨尔〉文化的多样性》,《中外文化与文论》2015 年第 4 期。

　　与古代希腊的"荷马史诗"、印度的史诗,以及世界上其他一些著名的史诗相比,《格萨(斯)尔》有两个显著的特点。

　　其一,她世代相传,至今在藏族群众尤其是农牧民当中广泛流传,是一部活形态的英雄史诗。

　　其二,她是世界上最长的一部英雄史诗。有 120 多部、100 多万诗行、2000 多万字,仅就篇幅来讲,比古代巴比伦史诗《吉尔伽美什》、古希腊的《伊利亚特》和《奥德修纪》、古代印度的《罗摩衍那》和《摩诃婆罗多》的总和还要长,堪称世界史诗之冠。

　　而这两个特点,都与优秀的民间说唱艺人有着密切联系,是他们世代传唱的结果。也是构成非物质文化遗产的重要因素。

第三节　康巴非物质文化遗产之民间艺术

　　康巴非物质文化遗产的民间艺术中数量丰富,类型多样,其中最具代表性的是传统舞蹈。

一、锅庄

　　锅庄,藏语称"卓"或"果卓",它是流行在藏族聚居区的一种圆圈舞。锅庄流传于昌都、工布、甘孜、阿坝、藏北草原、云南中甸、青海、甘肃藏族聚居区。锅庄分为用于大型宗教祭祀活动的"大锅庄"、用于民间传统节庆活动的"中锅庄"和流行于亲朋好友聚会的"小锅庄",其规模和功能亦有所不同。一般也有研究者将其分成群众锅庄和喇嘛锅庄、城镇锅庄和农牧区锅庄。

　　据传锅庄起源于古代,藏民白天外出狩猎,晚上聚集在一起分享猎物,人们围着篝火,男一排女一排,手拉着手,臂连着臂,且歌且舞,从日落跳到夜晚,从午夜跳到天明。人们利用歌舞来表示庆贺并消除劳动的疲累来抒发自己热爱家乡、酷爱大自然的感情,男女青年更是用歌舞来倾吐彼此之间的爱情,这些旋转不息的歌舞,陪伴这个民族走过漫长历史岁月,传承发展直至今日。①

锅庄舞是我国藏族民间舞蹈中具有悠久历史和优秀传统的舞种之一,不同地域有不同称谓,仅卫藏就有果谐、果卓、堆谐等不同风格。

它历史性地描述了藏民族和其他民族的亲密团结关系,记载了民间舞蹈的多样性。舞蹈含义有庆丰收、欢聚、祈祷、节日欢庆、祈雨、颂牦牛、保平安、敬山神、敬佛祖文化等众多方面的历史文化元素。从卫藏(西藏地区等)开始梳理,到康区(甘孜、阿坝、玉树、迪庆等),再到安多地区(青海海南州、甘肃甘南州等),自上而下地贯通。涉及西藏、四川、青海、云南及甘肃五省锅庄舞的基本内容。

表1　康巴地区锅庄舞统计表

舞名	舞段	形式分类	地域	来源	收集日期
锅庄舞	3	原生态	甘孜	乡城	2012
锅庄舞	2	原生态	甘孜	道孚	2012
锅庄舞	5	原生态	甘孜	丹巴	2010
锅庄舞	5	原生态	甘孜	白玉	2010
锅庄舞	8	原生态	甘孜	德格	2010
锅庄舞	12	原生态	甘孜	稻城	2010
锅庄舞	9	原生态	甘孜	石渠	2007
锅庄舞	1	原生态	甘孜	康定	2007
锅庄舞	6	原生态	凉山	木里	2007
锅庄舞	5	原生态	甘孜	理塘	2007
锅庄舞	35	原生态	四川	甘孜	2012
锅庄舞	29	原生态	甘孜	巴塘	2007
锅庄舞	37	原生态	迪庆	香格里拉	2008
锅庄舞	22	原生态	迪庆	德钦	2008
锅庄舞	30	原生态	青海	玉树	2006
合计	209			15	
主题	庆丰收、祈福、欢聚、祈祷、节日欢庆、祈雨、颂牦牛、敬山神、保平安				

① 凌立、曾义编:《康巴藏族民俗文化》,四川人民出版社2012年版,第221页。

表2 安多地区锅庄舞统计表

舞名	舞段	形式分类	地域	来源	收集日期
锅庄舞	30	原生态	四川	阿坝	2007
锅庄舞	16	原生态	阿坝	马尔雅	2008
锅庄舞	14	原生态	青海	海南州	2010
锅庄舞	25	原生态	青海	祁连	2007
锅庄舞	62	原生态	青海	西宁	2004—2010
锅庄舞	10	原生态	甘南	夏河	2010
合计	157			6	
主题	庆丰收、祈福、欢聚、祈祷、节日欢庆、祈雨、颂牦牛、敬山神、保平安				

　　锅庄舞的基本动作特点是:"颤"、"开"、"顺"、"悠"、"左"、"绕",除此以外,在舞蹈的动律上还普遍存在着最基本的"三步一变"、"后撤前踏"、"倒脚辗转"、"四步回转"的共同规律。在这种共同规律基础上产生出种种不同的变化,再加上手势的动作、腰身的韵律、音乐的区别而构成不同地域风格。如锅庄舞的步法十分丰富,从脚部动作上可概括为"蹭"、"拖"、"踏"、"磋"、"点"、"掖"、"端"、"刨"、"踢"、"吸"、"跨"、"扭"等;藏族舞蹈的手势也可归纳成"拉"、"悠"、"甩"、"绕"、"推""升"、"扬"的变化。藏舞中的技巧主要有:辗转、刨腿转、踢腿转、果谐转、跨腿转、跳跨转、推磨转、跪转、掖转、正反转、扭腰正反转、拧身反跨转、点步翻身、踏步翻身,点转、平转、小蹦子、平转虎跳以及跨服跳、吸腿跳、盖腿跳、捺腿跳、蹭步跨腿跳、兔子跳、猫跳等。[①] 锅庄舞是古代藏族祖先在长期的生产、生活实践中发自内心的"语言"表述,不同地域,有不同的舞蹈风格,同一地域,有如此多的锅庄舞,即使在舞蹈动作相近的情况下,词曲变化很多,在自娱中不断探索、发展。

　　锅庄舞是康巴藏族在农闲和节日期间都会群体跳起的民间舞蹈。一个锅庄舞往往会吸引上百人集体参与,用实际行动证明了在藏族聚居区流行的俗语"会走路的就会跳舞,会说话的就会唱歌"。舞动锅庄的时候,众人围成一

---

　　① 毕研洁、冯涛:《寻找锅庄舞:截地锅庄的历史、社会、体育考察》,社会科学文献出版社2012年版,第209页。

个大圈,从慢板歌舞跳到快板歌舞。甩脚踏步、节奏鲜明,或点踏或擦地或跺脚,双手随动作屈臂或上举或摇摆。

（一）昌都锅庄

流行在藏东康巴人中间的昌都锅庄,舞姿潇洒,气势高扬,充分显示出康巴男性的彪悍之美。昌都锅庄通常分为"曲卓"（寺庙锅庄）、"仲卓"（牧区锅庄）、"绒卓"（农区锅庄）三大类。动作大体可分两类:一类节奏缓慢,舞姿舒展优美;另一类节奏急促,舞蹈热烈奔放。昌都锅庄的动作多有模拟动物形态的,如"猛虎下山"、"雄鹰盘旋"、"孔雀开屏"、"野兽戏耍"等,其表演注重姿态的情绪变化和表现。昌都锅庄的节奏在表演中前后有三次变化,序舞时只要舞蹈者站好自己的位置,脚步缓慢地交替迈步即可,步伐很轻,力度也不强;序舞过后逐渐进入慢板舞蹈;最后进入最能体现锅庄舞粗犷奔放特征的快板舞蹈阶段。这时,舞蹈者的情绪达到高潮,场面极为热烈。

每逢节日、庆典、婚嫁喜庆之时,广场上、庭院里男女相聚,围成圆圈,按顺时针方向边歌边舞。舞圈中央通常置青稞酒、哈达,舞毕由长者或组织者敬献美酒、哈达,兄弟姐妹情谊借此得到升华。舞蹈时,男性穿着肥大筒裤,女子脱开右臂袍袖披于身后,男女各站一边,拉手成圈,分班唱和。通常由男性带头起唱,女性随后唱和,歌声嘹亮,穿透力很强,舞者和着歌曲"甩手颤踏步"沿圈走动。当唱词告一段落后,众人一齐"呀"的一声呼叫,顿时加快速度,撒开双臂侧身拧腰大跨步跳起,挥舞双袖载歌载舞,奔跑跳跃变换动作。男性动作幅度很大,伸展双臂犹如雄鹰盘旋奋飞;女性动作幅度较小,点步转圈有如凤凰摇翅飞舞,显现出健美、明快、活泼的特点。①

（二）迪庆锅庄

在迪庆有的地方称锅庄为"卓"（圆圈舞）,有的地方称"擦拉"（玩意儿）。历史比较悠久,可以追溯到 7 世纪之前。它是随着藏族生产生活的发展变化而产生变化的。因此,锅庄舞有打青稞、捻羊毛、喂牲口、酿酒等劳动歌舞,有颂扬英雄的歌舞,也有表现藏族风俗习惯、男婚女嫁、新屋落成、迎宾待客等歌舞。凡遇喜庆佳节、新居落成、婚嫁喜事,人们不分男女老幼都要聚集在一起

---

① 凌立、曾义编:《康巴藏族民俗文化》,四川人民出版社 2012 年版,第 230 页。

跳个通宵,表示欢庆和祈福。

锅庄舞有"擦尼"和"擦司"两种。"擦尼"是古锅庄,具有浓厚的祭祀性质,有专门的动作和歌词,多为宗教界和老年人所喜爱。"擦尼"相传在吐蕃祖孙三法王时就已流传于迪庆,反映了奴隶制社会和原始宗教形态,带有祭祀性质,歌词内容和舞步形式等都比较古老,如《莲花生大师的诞生》、《建立桑耶寺》、《金碧辉煌的寺庙》、《银光闪耀的王宫》、《福气财运降此地》、《丰收呀丰收》等。跳这种舞时只能唱专用歌词,不能改动,舞蹈一般都具有缓慢、稳健、占朴、庄重的特点。"擦司"是新舞,系随着不同时代而新编的歌舞,唱词以三句为一段。擦司的歌词内容、舞姿等都比较灵活,反映生产劳动,歌颂农牧业生产的发展和经商贸易的歌词比较多,如《北方大草原》、《白瓷碗里聚三色》、《在金坝子的上方》等。也有年轻人通过擦司歌词中的比喻配对来表达相互爱慕的情意。如檀香树与孔雀鸟配对、松柏与鹦哥配对、杨柳树与布谷鸟、雪山与马鹿、森林与獐子、草原与花、鱼与水配对等。迪庆各地的锅庄舞因地域不同而又各具特色。德钦奔子栏一带的锅庄舞曲调低沉典雅、凝练深沉,拖腔多而长。舞姿舒展洒脱、豪放稳健。跳舞时,参舞者皆弯腰搭肩,舞蹈始而平稳缓慢,临近结束时动作小巧迅速,变化较快,歌舞都在欢乐热烈的气氛中结束。德钦一带的锅庄舞自始至终有严密的顺序,一般程序为:仪瓦(锅庄序歌)、央卓(招福锅庄)、思卓(迎宾锅庄)、堆卓(赞颂锅庄)、宗卓(相会锅庄)、主卓或彰卓(辞别锅庄)、卦卓(挽留锅庄)、扎西卓(锅庄结尾歌)。其曲调分"吆"、"卓金"、"霞卓"、"卓草"四个部分,其中除序歌和尾歌外,每个程序的锅庄都有数调或数十调曲子,但跳唱必须按程序来进行,跳完这道程序后再跳下一道程序。①

(三) 新龙锅庄

新龙锅庄不仅仅是新龙文化的典型代表,还是康巴民间歌舞的典范,在民间有"知巴塘弦子者,皆晓新龙锅庄"的说法。就其类型而言,大致可分为上瞻锅庄、中瞻锅庄和下瞻锅庄三类。这三种类型的锅庄,既体现出新龙锅庄风格的基本一致性,又存在着一定的差异。这在其他地区的锅庄中是很少见的。

---

① 凌立、曾义编:《康巴藏族民俗文化》,四川人民出版社 2012 年版,第 231—232 页。

新龙锅庄的主要特征具体表现在鲜明的地域性、突出的人文内涵、舞蹈动作和舞蹈音乐独具个性,其历史价值与文化价值十分突出。

（四） 嘉绒锅庄

嘉绒藏族居住在四川阿坝藏族羌族自治州的马尔康、小金、金川、理县等地。"锅庄"是嘉绒地区很重要的社交形式之一,通过锅庄舞相互结友,增加团结,而小伙子和姑娘们在跳锅庄时播下爱情的种子。嘉绒锅庄在当地分别称为"达尔尕底"和"达尔尕忍",即大小"锅庄"之意。这是嘉绒地区流传极为广泛、最古老、最富有群众性的一种传统民间舞蹈。源于劳动的各种动作和场面,嘉绒锅庄舞的基本韵律可以概括为"屈"、"开"、"顺"、"含"。这四种韵律特点的形成与当地人民独特的生活环境、生活方式、风俗习惯、宗教信仰和文化传统有密切联系。表演形式有一套严格的程序,开始是颂扬式的,结尾以祝福为内容。舞蹈在开始时仍保留着庄严的仪式。在舞场中间要摆着青稞酒坛,由德高望重的老人致颂词,每颂一段,用吸酒的竹管从坛中挑少许青稞撒向天空,祭万物神灵,而后男女按辈分而立,领舞者手摇铜铃,率众人顺圈而舞。男女联臂携手,长袖舒摆,模仿雄鹰,布谷鸣春,或反映生产劳动的欢乐情绪。

（五） 玉树卓舞

玉树卓舞流传于青藏高原腹地青海省西南部的玉树藏族自治州一带。卓舞的历史渊源可以追溯到原始社会,玉树卓舞中至今还保留着很多远古时代的痕迹,随着藏族六大氏族的形成,玉树卓舞逐渐以部落、部族和区域文化的形态发展起来。

玉树卓舞种类繁多,其内容以对家乡、自然风光等歌颂为主,同时广泛反映社会生活的各个方面。完整的演出分祭奉神佛的序舞、表现广泛内容的正部、祝福吉祥的尾声三个部分。玉树卓舞按功能可分世俗性较强的普通卓舞和宗教色彩很浓的"法"卓(藏语称"曲"卓)两类,整体结构由从慢到快两部分组成,以载歌载舞的形式进行表演。玉树卓舞的动作主要围绕甩袖来进行,表演时常常有几十人、上百人共同参与。舞者的袖子很长,全都拖在地上,男子舞蹈甩袖幅度大,动作优美潇洒,手臂旋转自如,运动路线变化多样。

腿部的动作幅度也很大,需要配合着手臂的甩袖作抬腿、撩腿、转身等大幅度的跳跃、移动,动作路线以弧线为主,周身协调配合。整个舞蹈节奏鲜明,气势磅礴,将男性舞蹈阳刚、帅气之美充分展现出来。女子舞蹈动作柔美流畅,甩袖和脚下动作基本与男子舞蹈相近,但幅度较小,展现出女性柔美秀丽和温柔端庄的特性。

二、巴塘弦子舞

弦子和锅庄是一对孪生姊妹。弦子,藏语称"谐",意为歌或舞,它的全称叫"嘎谐",即圆圈舞的意思,人们跳时多用胡琴伴奏,不受时间和场地限制,往往尽兴才散,因此,也就把这种歌舞形式叫"弦子"。汉语的意思是拉起弦胡唱着歌子的舞蹈。又拉又唱又跳是弦子舞的基本特点,音乐优美,舞蹈轻盈,古雅有致,是弦子舞的基本特色。巴塘县的"弦子"在康巴地区流传广泛,称为"巴塘弦子"。巴塘县上至白发苍苍的老人,下至天真活泼的小孩,都喜欢"弦子",因此巴塘又被称为"弦子之乡"。1964 年,巴塘人民带着弦子上北京,载誉京华,受到周恩来和贺龙等中央领导的好评。

巴塘弦子,历史悠久,早在 641 年文成公主进藏和 710 年金城公主嫁赴西藏,汉族文化逐渐传到藏族聚居区。盛唐时期,尼泊尔、不丹、西藏等,每年到内地给皇帝朝贡时,这些使节带来的歌舞要在巴塘进行加工整理。这样就和本地古老的"热巴"舞相结合而产生了"弦子"。"弦子"歌舞以琴手为核心,每首"弦子"的节奏由琴手掌握,琴声一响就必起舞。每首曲子从稍慢或中速起,在过门中逐渐加快,最后以快节奏推向高潮。曲子短小精悍,节奏整齐,旋律优美,易记易唱。每首曲子可以反复十余次。"弦子"的歌词大多是赞美家乡,歌颂大自然和爱情的。配舞歌词为六字一句,四句一段,结构严谨,语言华丽,比喻生动,朗朗上口。新中国成立后,出现了大量歌颂党和人民领袖,歌颂新生活的新词。"弦子"歌舞在巴塘,由于区域不同,又呈大同小异。在气候温和的地方,舞姿优雅俊逸,彩袖飘飘,歌曲悠扬婉转,仿佛白鹤曼舞,轻盈婀娜。①

弦子舞是藏族民间舞蹈,流行于四川巴塘。弦子,藏语称"谐",意为歌、

---

① 王开友:《巴蜀民族风情》,四川民族出版社 1993 年版,第 145 页。

舞。全称"嘎谐",意为圆圈舞。一般在劳动之余、节假日、婚嫁喜庆时进行。跳弦子时多以弦胡(藏族民间拉弦乐器)伴奏。舞蹈时以琴手为核心。男女围圈共舞,边歌边舞节奏由琴手掌握。每首曲子从稍慢或中速开始,在过门中逐渐加快,最后以快节奏形成高潮。曲调短小精悍,旋律优美。节奏整齐。曲调可反复,易记易唱。弦子歌词内容大多是赞美家乡的自然景物和歌颂纯美的爱情。配舞歌词每句6字,每4句一段。结构严谨,寓意深刻,比喻生动,语词华丽,和谐押韵,朗朗上口。弦子歌有"祭歌"、"团聚歌"、"欢歌"、"悲歌"、"情歌"等。巴塘弦子舞蹈有东区、南区、城区三种风格。东区弦子平稳娴静,古朴端庄、缓急适中、动作秀气优雅。南区弦子粗犷有力,刚劲奔放。城区弦子舞姿优美柔和,动作轻盈婉转,彩袖轻拂似细风托云,漫踏舞步如蜻蜓点水,颇富魅力。巴塘弦子在藏族聚居区受到男女老少欢迎。巴塘有"弦子之乡"美称。①

其产生的年代在学术界有两种观点:一种认为,从六世达赖仓央嘉措创谐体歌词以后才形成;另一种认为,已有一千多年的历史,在敦煌156窟晚唐壁画《张议潮出行图》及其夫人《宋国夫人出行图》中就已有类似弦子的舞姿。

藏族学者洲塔教授赞同弦子有一千多年的历史这种说法。之所以说巴塘弦子有上千年的历史,他的根据是:弦子,拉萨语称为"谐",四川藏族聚居区称为"叶",青海玉树称为"依",甘肃藏族聚居区称为"格儿"。"谐"的藏文原意是歌,《藏海大词典》释为歌,歌谣。当"谐"与其他词组成词时,有时意义就发生变化,如"果谐",便成为圆圈歌舞的意思。藏族人民为何把载歌载舞、歌舞结合的弦子舞等歌舞形式都归入"谐"呢? 这说明"谐"有一个缓慢发展过程,其早期可能是以歌谣、山歌为主的唱歌形式。藏族是一个感情奔放的民族,当单一的歌唱形式不能满足抒发情感寻找锅庄舞时,人们便用"谐"的曲调,将古老的"卓舞"及其表演性动作加以吸收发展,渐渐演变成一种新型的民间歌舞形式。在《西藏王统记》中记载:"为了消散法王(吐蕃国王松赞干布)的忧闷,面带狮子、牦牛和老虎等面具表演阿卓和噶尔舞的人们,奏起巨

---

① 巴蜀文化大典编纂工作委员会编:《巴蜀文化大典》(下),四川人民出版社1998年版,第1841页。

鼓、哔旺和铙钹,尽情欢呼和演戏……"这段史料不仅说明大致在 633 年,西藏已拥有一种叫"哔旺琴"的弦乐,还向我们提示了历史悠久的哔旺乐器在民间广泛传播后,聪明的藏族艺人将弦乐、歌唱、舞蹈融为一体,使"谐"这个古老的形式从内涵到表演形式上都有了很大的发展。由于古代的"卓舞"多用于祭坛、明誓、宗教等祭祀礼仪活动,群众性的自我娱乐功能受到限制;而优美抒情,形式自由的弦子舞则弥补了卓舞的局限,动作舒展曲调优美,深受青年人喜爱。并且在大昭寺大殿右边有一幅该寺落成典礼庆祝的壁画,其中就有二胡、笛子、定音鼓、云锣等。

考证莫高窟 156 窟,张议潮出行图中的八人舞队图画:壁画五人亦展长袖,且是左手叉腰、右手斜绕屈伸,右腿微弓,左腿拉开的姿势。因而推论这种叫做"西凉伎"的乐部可能是早期类似"弦子"的藏舞。这种分析大体可信。因为无论是巴塘还是敦煌,都比较接近内地,藏、汉民族文化交流频繁,因此,这种被称为"弦子"的歌舞又有可能受中原文化的影响。巴塘流行的《月令曲》,就是以汉族民歌《孟姜女哭长城》的曲调填词成曲的,类似的还有《四季歌》等。巴塘白松一带,还有彝族民间音乐融进"巴塘弦子"的现象。这些都说明了巴塘弦子文化层次的丰富性。

另外一个依据是弦子的固定词部分。它清楚地告诉我们藏族第一座寺庙——桑耶寺落成典礼上就有歌颂这个庙宇的弦子唱词。比如:"这个奠基的石头,来自印度的石头、内地的石头以及尼泊尔的石头,虽然生长在不同的地方,但是聚集在桑耶寺里;印度的木头、内地的木头以及尼泊尔的木头,虽然生长在不同的地方,但是聚集在桑耶寺里;印度的水、内地的水以及尼泊尔的水,虽然流在不同的地方,但是聚集在桑耶寺的圣水里。"①

这证明藏族每落成一个佛教宫殿,就取一些佛教圣地的东西来奠基,表示愿它也像佛教圣地一样兴旺。这个弦子歌词从藏族风俗礼节上来讲,是完全站得住脚的。从这些歌词可以看出,舞和旋律是固定的。这个歌词的衬词和这首歌是相当吻合的。衬词是"乃身拉"也就是"美丽的水哟"。又比如"依丽巴桑",是歌颂纳西族王子和王妃的。城区有一首弦子《吾扎吾扎可令善玛》,

---

① 萨珈·素南坚赞:《西藏王统记》,民族出版社 1981 年版,第 215—218 页。

也是唱这方面内容的。①

表演时由男子拉弦子,女子舞彩袖,曲调繁多,歌词丰富,舞步多变。舞蹈时男女舞队各围成半圈,时而聚圆,时而疏散,且歌且舞。男子舞姿重在舞靴、踩脚,显示豪放粗犷之美,女子突出长袖轻柔舒展之美。

巴塘弦子是一种优美抒情的藏族舞蹈,具有"长袖善舞"的特点。这种舞蹈的舞袖十分讲究,男袖由外白袖和内红袖构成,女袖相反,男女袖的内袖均长出外袖50多厘米。表演时,由领舞者手执胡琴边弹边带头跳,众人后随,随着弦子曲调人们边歌边舞。队形时而向圈内聚拢时而向外散开,舞蹈延绵流畅活泼欢快,舞步多由靠、撩、拖、点、转等动作组成,与手臂动作的摆、掏、撩、甩等配合自如,"拖步"与"点步慢转"是常用的步法。

弦子歌调多为六言四句,曲调可以自由地填入新词,内容大多为歌颂爱情、劳动、家乡或自然景物等,从弦子舞中可以捕捉到模仿收割、打场、狩猎、骑马、剪羊毛等生产劳动动作,传统曲目包括《古来亚木》、《色令令桑浪浪》、《孔雀吃水》、《龙子巴母》等。

"三步一撩、一步一靠"是巴塘弦子舞的基本律动特点,其含胸、颤膝及长袖的绕、托、撩、盖等动作形成了不同一般的地域舞蹈特色。每逢喜庆佳节、集会野营、劳动之余,人们聚集在"林卡"(林中空地)或坝子跳起弦子舞。男女不拘,人数不限。弦子音乐一般分前奏、间奏、尾声三部分,音乐柔中有刚,优美抒情,节奏富于舞蹈性。

巴塘弦子按其风格,分为城区、东区、南区三种。城区弦子,轻歌曼舞、婉转飘逸;南区弦子,明快矫健、热烈奔放;东区弦子典雅端庄、古朴大方。

巴塘弦子舞中积淀着厚重的民族文化,折射着浓郁的民族风情,其学术价值和艺术价值都很高。2000年5月,文化部正式命名巴塘县为"中国民间艺术之乡"。有着几千首曲目的巴塘弦子成为藏族民间音乐的最大宝藏。它是保存最完好的藏族音乐"活化石",其音乐和唱词已经渗透到藏族其他各种文学艺术当中,保护巴塘弦子对于保护藏族歌舞艺术、研究藏族文化都具有十分

---

① 毕研洁、冯涛:《寻找锅庄舞:藏地锅庄的历史、社会、体育考察》,社会科学文献出版社2012年,第161页。

重大的意义。①

三、热巴舞

热巴舞是由藏族"热巴"艺人表演的一种舞蹈形式,流传在西藏东部的昌都、工布一带和云南、四川、青海玉树藏族聚居区,据史料记载热巴舞产生在约11世纪,由藏传佛教噶举派第二代祖师米拉日巴所创建。热巴是一种由卖艺为生的流浪艺人班子(一般以家庭为基本单位组成,或几家人合作组队,多者20人,少者四五人,都是能歌善舞又各怀绝技之人)表演的,以铃鼓为主,有弦子、鼓、铃铛等乐器伴奏,融说唱、谐(歌舞)、杂技、气功、热巴剧于一体的综合性艺术。它有一套相对固定的程序,由12个节目组成,全套演出需要5个小时。整场演出完整严谨,其中戏剧及体育内容丰富且寓意丰富,是一种很有健身效果的民族民间体育舞蹈。

热巴舞是一种由鼓钹(单钹)、锣伴奏的集体大型歌舞,技巧性较强,初时舞姿轻捷,高潮时感情奔放,动作粗犷有力。跳热巴舞的原意是求佛保佑村寨平安、六畜兴旺和禳灾、祈丰收。唱、舞、器乐、服装等方面的艺人事前需要经过长时间的培养、训练方能参加。

热巴中的舞蹈,为了吸引观众,讲究舞姿的优美,编排难度高的动作,像古代的百戏带有杂技、武术等艺技。舞时,男女人数相等,由领舞人扮演主要角色。在铃鼓声中,通过跳、转、翻动作,圆好场地,招来观众,然后男女演员上场。表演中,男摇铜铃女敲鼓,伴随着鼓点,应节奏而舞。舞者腰间短裙状的用羊毛或牛毛编织的染有三色或五色的辫条,随着各种强劲有力的高难度动作,裙条飘起,刚中现柔,潇洒自如。表演者很讲究单腿旋转和各类蹦子、串身翻等动作,如女子"带鼓平转"、"猫跳翻身"、"正反转"、"高低击鼓"等,变化多端,情绪灼热。男子的技巧表演更扣人心弦,它充分表现了藏族人民纯情朴实、热情开朗、坚强的英雄气质。如表现动物形态的"兔子跳"或"扭身跳"或"滚毛"或"走矮子";表现技巧和技艺的"磨盘腿"或"单腿跨转"或"摇铃蹲转"或作"躺身蹦子";表现嬉戏与体育竞技的"摔跤角斗"、"乌龟爬沙"、"堆

---

① 凌立、曾义编:《康巴藏族民俗文化》,四川人民出版社2012年版,第236页。

罗汉"、"滚壶坛";表现气功内容的"尖刀刺腹"、"夹刀旋转"、"滚牛角尖"等动作。热巴舞风格技巧熟练精当,节奏激烈紧张,表情丰富,情绪奔放,粗犷豪迈,英武豪放,特点稳重大方,舞姿优美多变,整套节目包括哑剧、杂技、气功等成分,形成了成套的演出程式。尤其具有较高的艺术性和趣味性,既能娱乐又达到锻炼身体的目的,深受藏族人民的喜爱。

热巴舞的队形变化多且十分复杂,除圆圈外,还有"龙摆尾"、"双插花",舞姿优美,节奏鲜明,手和脚为顺脚,重在腿部动作的变化。时而如同走"八卦阵",时而像数条青龙在飞舞、交缠、并肩盘圆圈。队形虽复杂多变,但近百人的业余演员却能做到整齐划一、有条不紊地演出。

四、学羌

"学羌"为藏语,意译为"一起跳",是流传于四川甘孜州南部得荣县子庚乡、子实、阿村境内的一种民间歌舞。每逢节日、集会,村村寨寨的藏族男女老幼都欢聚一堂,跳学羌以示和睦、吉祥、祝福。特别是秋收之夜,人们点燃熊熊篝火,相聚在一起,跳起学羌,畅饮美酒,尽情歌舞,气氛热烈。得荣"学羌"历史悠久,内容丰富,蕴含深情,舞蹈动作刚劲有力、古朴大方,舞姿端庄典雅,曲调豪迈奔放,步法潇洒自然。该舞蹈起源于民间,流传于民间,无论其唱词、韵调、舞步都具有浓郁的地方特色。

跳"学羌"时,在坝子中燃起一堆篝火,众人围圈而舞,舞者人数不限。男舞者头戴狐皮帽,穿藏式男衬衣,外套藏袍,穿彩裤,系红绸腰带,佩珊瑚项链,腰后插男用藏刀,着藏靴;女舞者头上盘发辫,戴银耳环,穿彩绸或白绸藏式女衬衣,外套无袖大襟女藏袍。系氆氇围腰,佩嘎乌,着女式藏靴二男女各成一排相互搭肩扶腰:男在右,女在左,全体面对篝火站成一横排,由男左侧第一人领头,全体边唱边跳。主要动作有"溜步"、"端立步"、"双蹲步"等一起动作特点在于脚下的踏跺组合。舞蹈中常见的进式踏点,可谓下步有力,踏脚清脆,当舞者俯身而变化踏点后,这一动作则显得柔韧、洒脱。学羌的音乐曲调较单一,其旋律结尾处多以不稳定的角音为主,每段曲子旋律结束后,伴以舞者的踏点而填补空白,给不定的角音为主,每段曲子旋律结束后,伴以舞者的踏点而填补空白,给不稳定的余音造成稳定的结尾,使学羌这一旋律单一的舞曲充满生机活力。①

第四节 康巴非物质文化遗产现状、问题与对策

康巴地区位于横断山区的大山大河夹峙之中,即四川的甘孜藏族自治州、阿坝藏族羌族自治州(部分)、木里藏族自治县,西藏的昌都市、云南的迪庆藏族自治州、青海的玉树藏族自治州等地区。康巴地区是我国历史上藏族聚居的重要地区之一,由于区内还有汉、纳西、羌、傈僳、回、彝等民族与康巴藏族和睦共处,交流融合,共同开发了这一地区,创造了绚丽多姿的康巴文化。有学者对康巴文化定义,从广义文化来讲:"是区内各民族在漫长的历史发展过程中,创造并积累下来的物质文化与精神文化的总和。它以藏族文化为主体,兼容其他民族文化,具有多元性、复合性等特色的区域性文化。康巴文化的核心是人与自然的和谐统一,多元文化的和谐兼容、人与人和谐共处的'香巴拉'人文意境。"②

一、"非物质文化遗产保护"理论及其在我国的兴起

关于非物质文化遗产概念的提出、辨析与确定经历了一个演变的过程。早在 1982 年,联合国教科文组织和世界知识产权组织共同提出了一个《发展中国家著作权保护突尼斯示范法》。这个示范法,一方面建议发展中国家给予民间文艺表现形式普遍的著作权保护;另一方面根据民间文学艺术的特点规定了与传统著作权法不同的保护条件和保护内容,如族群权利、不要求固定性和原创性、提供永久性保护、特定条件下"付费公有领域制度"、通过邻接权对传统艺术表演者提供保护等。《发展中国家著作权保护突尼斯示范法》在民间文艺的保护方面,产生了深远的影响。亚洲、非洲和拉丁美洲的很多发展中国家,纷纷借鉴和采纳示范法的相关规定。③ 此示范法是为国际上对于非

---

① 钟廷雄、莫福山主编:《国家级少数民族非物质文化遗产集解》,中央民族大学出版社 2014 年版,第 183 页。

② 杨嘉铭:《康巴文化综述》,《西华大学学报》(哲学社会科学版)2008 年第 4 期。

③ 杨鸿:《民间文艺的特别知识产权保护:国际立法及其启示》,法律出版社 2011 年版。

物质文化遗产保护的创始性方法,此后围绕着如何对这类民间艺术的权利与保护问题进行了多次磋商与协定,在联合国教科文组织的推动下召开了数次专门性会议,也出台了一些相关议案。直到 2003 年,联合国教科文组织大会举行第 32 届会议,才正式通过了《非物质文化遗产保护公约》。公约中一项重要的议程是审议通过了对非物质文化遗产概念的阐释:"非物质文化遗产指被各群体、团体,有时为个人所视为其文化遗产的各种实践、表演、表现形式、知识体系和技能及其有关的工具、实物、工艺品和文化场所。"由此,非物质文化遗产这个专业词汇和概念在全世界范围内被广泛传播和使用。①

中国政府于 2003 年正式启动中国民族民间文化保护工程。试行后,在对"非物质文化遗产"做最初表述时,也沿用了这一定义。2005 年制定的《中国民族民间文化保护工程普查工作手册》中指出:所谓"非物质文化遗产"是指"各民族人民世代相承的、与群众生活密切相关的各种传统文化表现形式(如民俗活动、表演艺术、传统知识和技能,以及与之相关的器具、实物、手工制品等和文化空间)"。② 该手册在《非物质文化遗产保护公约》对"非物质文化遗产"原有概念界定的基础上,针对中国民族民间的相关特点,作出分类和延展。至此,"非物质文化遗产"的概念逐渐进入中国学者和普罗大众的视野。按照普查手册的分类,非物质文化遗产的范围包括:

1.口头传统,包括作为文化载体的语言;

2.传统表演艺术;

3.民俗活动、礼仪、节庆;

4.有关自然界和宇宙的民间传统知识和实践;

5.传统手工艺技能;

6.与上述表现形式相关的文化空间。③

在这样的总体安排下,我国开始了对非物质文化遗产的名录编制与保护

---

① 刘承华主编:《守承文化之脉——非物质文化遗产保护特殊性研究》,南京大学出版社 2015 年版,第 8 页。

② 中国民族民间文化保护工程国家中心编:《中国民族民间文化保护工程普查工作手册》,文化艺术出版社 2005 年版,第 1 页。

③ 中国民族民间文化保护工程国家中心编:《中国民族民间文化保护工程普查工作手册》,文化艺术出版社 2005 年版,第 2 页。

传承工作。

国家级非物质文化遗产名录,是经中华人民共和国国务院批准,由文化部确定并公布的非物质文化遗产名录。为使中国的非物质文化遗产保护工作规范化,国务院发布《关于加强文化遗产保护的通知》,并制定"国家+省+市+县"共4级保护体系,要求各地方和各有关部门贯彻"保护为主、抢救第一、合理利用、传承发展"的指导方针,切实做好非物质文化遗产的保护、管理和合理利用工作。

到目前为止,中华人民共和国国务院先后确定了四批国家级非物质文化遗产名录,共计1372项: 表3

2006年5月20日	第一批国家级非物质文化遗产名录	共计518项
2008年6月14日	第二批国家级非物质文化遗产名录	共计510项
2011年6月10日	第三批国家级非物质文化遗产名录	共计191项
2014年7月16日	第四批国家级非物质文化遗产名录	共计153项

二、康区国家级"非物质文化遗产"项目①

在千余项的非物质文化遗产中,可按地州将康巴文化相关的内容,逐一分列单位,统计如下:

表4　四川省

编　号	地　区	遗产名称	申报人/单位	类别
X-6	四川—甘孜州—康定县	康定"四月八"跑马转山会	甘孜州康定县文化馆	民俗
X-9	四川—甘孜州—白玉县	山岩帕措习俗	甘孜州白玉县文化馆	民俗
IX-9	四川—甘孜州	藏医药	国家、四川、西藏	传统医药
VIII-10	四川—甘孜州—稻城县	阿西土陶烧制工艺	甘孜州稻城县旅游文化局	传统手工技艺

① 由于康巴非物质文化遗产资源丰富,无法做到面面俱到,本部分主要涉及被列入国家级非物质文化遗产项目名录的部分,特此说明。

编　号	地　区	遗产名称	申报人/单位	类别
Ⅷ-7	四川—甘孜州—得荣县	藏族民间车模技艺	甘孜州得荣县文化旅游局	传统手工技艺
Ⅷ-80	四川—甘孜州—德格县	德格印经院藏族雕版印刷技艺	四川省德格县	传统手工技艺
Ⅲ-4	四川—甘孜州—道孚县	扎坝嘛呢舞	甘孜州道孚县文化旅游局	民间舞蹈
Ⅲ-5	四川—甘孜州—巴塘县	热巴舞	甘孜州巴塘县文化旅游局	民间舞蹈
Ⅲ-6	四川—甘孜州—甘孜县	甘孜踢踏舞	甘孜州甘孜县文化馆	民间舞蹈
Ⅲ-19	四川—甘孜州—巴塘县	巴塘弦子舞	四川省巴塘县	民间舞蹈
Ⅱ-6	四川—甘孜州—康定县	康定溜溜调	甘孜州康定县文化馆	民间音乐
Ⅲ-66	四川—甘孜州—得荣县	得荣学羌	四川省得荣县	民间舞蹈
Ⅶ-14	四川—甘孜州	藏族唐卡·噶玛嘎孜画派	西藏自治区、四川省甘孜藏族自治州	传统美术
Ⅶ-39	四川—甘孜州—色达县	藏族格萨尔彩绘石刻	四川省色达县	传统美术
Ⅶ-64	四川—甘孜州—德格县	藏文书法	四川省德格县、甘肃果洛	传统美术
Ⅱ-115	四川—甘孜州	藏族民歌（川西藏族山歌）	四川省甘孜藏族自治州	传统音乐
Ⅳ-80	四川—甘孜州	藏戏（德格格萨尔藏戏、巴塘藏戏、色达藏戏）	四川省德格县、巴塘县、色达县	传统戏剧
Ⅷ-101	四川—甘孜州	藏族牛羊毛编织技艺	四川省色达县	传统技艺

表5　西藏自治区

编　号	地　区	遗产名称	申报人/单位	类别
Ⅲ-20	西藏—昌都地区	昌都锅庄舞	西藏自治区	民间舞蹈
Ⅰ-27	西藏—昌都地区	格萨（斯）尔	西藏自治区	民间文学
Ⅶ-48	西藏—昌都地区	酥油花制作技艺	西藏自治区昌都地区	传统美术

表6 青海

编号	地　区	遗产名称	申报人/单位	类别
Ⅲ-20	青海—玉树藏族自治州	玉树卓舞	青海省玉树藏族自治州	传统舞蹈
Ⅰ-69	青海—玉树藏族自治州	康巴拉伊	青海省治多县	民间文学
Ⅵ-43	青海—玉树藏族自治州	玉树赛马会	西藏自治区、青海省玉树藏族自治州	传统体育
Ⅷ-120	青海—玉树藏族自治州	藏族金属锻造技艺	四川省白玉县、青海省玉树藏族自治州	传统技艺
Ⅹ-113	青海—玉树藏族自治州	藏族服饰	西藏自治区、青海省玉树藏族自治州	民俗
Ⅲ-130	青海—玉树藏族自治州	锅哇（玉树武士舞）	青海省玉树藏族自治州	传统舞蹈

表7 云南

编号	地　区	遗产名称	申报人/单位	类别
Ⅹ-17	云南—迪庆州	奔子栏村藏族传统文化保护区	云南省德钦县	民俗
Ⅺ-19	云南—迪庆州	锅庄舞之乡	云南省香格里拉县	民俗
Ⅲ-20	云南—迪庆州	迪庆锅庄舞	云南省迪庆藏族自治州	传统舞蹈
Ⅷ-98	云南—迪庆州	藏族黑陶烧制技艺	四川省稻城县、云南省迪庆藏族自治州	传统技艺
Ⅸ-9	云南—迪庆州	藏医药（藏医骨伤疗法）	云南省迪庆藏族自治州	传统医药

　　从统计数据来看，四川省以甘孜州为主的康巴非物质文化遗产共18项；西藏自治区以昌都地区为主的康巴非物质文化遗产共3项；青海省分布于玉树藏族自治州内的康巴非物质文化遗产共6项；云南省全部集中在迪庆藏族自治州的康巴非物质文化遗产共5项。

　　总体上讲，康巴文化中涉及的国家级非物质文化遗产共计37项，数量上偏少，仅占到现有目录中1372项的2.69%。但类型上，却十分丰富，在中国非物质文化遗产 10 大类别中涵盖了民俗、传统舞蹈、传统手工技艺、民间文学、传统音乐、传统医药、传统体育、传统戏剧 8 个类别,可见康巴文化涉及资源的多样性,与康巴文化内涵的丰富性。

与此同时,康巴文化另外一个重要的特征也通过数据分析清晰地看到,那就是康巴文化地域的广泛性。共有 4 个省、市、自治区涉及康巴文化,而从地理位置上看,这就是"藏羌彝走廊"所覆盖的区域。这里有数条河流所切割的南北向地形,两岸高山峡谷,有为数众多的族群存在,是两个扩张型文化实体的竞争地,即在走廊东方的中华帝国,及走廊西边的西藏喇嘛教神权统治体这两者的竞争。① 康巴文化的区域介于两个文明的竞争夹缝中,反而促使其生成了独特的文明特质,具有文化的多样性与丰富性。

由于康巴文化分布的广泛性,非物质文化遗产资源的集群性和集中性却有所缺失,不利于资源形成一个康巴非物质文化遗产的整体品牌。共有 4 个省市涉及的康巴文化蕴含了多样性的文化样态,但因为跨几个省市区,受制于行政区划的影响,资源的分散性问题一直未能得到妥善解决,无法形成品牌效应。同时由于更大的藏族文化的遮蔽,使得康巴文化的地位处于亚文化的状态,无法将其特有的独特性展现出来。

三、康区"非物质文化遗产保护"之建议

因此,根据康巴非物质文化遗产现有的生存和保护样态,我们认为未来在开发、保护、传承及弘扬中应该从以下几方面加以重视,以形成独具特色的康巴文化。

(一) 加强对康巴非物质文化遗产的总体性认识,提升康巴文化的形象和地位

康巴文化保护与传承总的原则应该是加强宣传、进一步保护康巴文化多样性。一方面,政府需要成为康巴非物质文化在未来开发、保护、传承及弘扬中的主体地位。通过政策支持、财政投入、专门机构设置提高康巴非物质文化

---

① 黄树民:《藏彝走廊旅途印象》,台湾"中央研究院"《周报》第 1141 期,2007 年 10 月 11 日。

的保护和开发,通过人才培养、技术指导等手段增强康巴非物质文化的传承。同时,应该强调利用民族文化的同时,要加强品质性保护,建立民族民间文化生态保护区,设立重要文化遗产抢救的专项资金等。

另一方面,在提高总体性认识的基础上,各省区应该打破行政区划对非物质文化遗产的分割,共同行动、统筹协调,成立专门的组织,强化康巴文化的品牌建设,推动康巴文化产业的核心竞争力。利用各省区的康巴文化资源优势和特色遗产,既要加强一地一品牌的建设,在宣传中强调特色,增强品牌竞争力,适应现有市场经济体制下消费买方市场主导环境。更要打破行政分割,统筹确立康巴非物质文化遗产的整体品牌,加强资源整合,提升康巴非物质文化遗产的地位。

设立专门组织抢救工程计划,在现有资源的基础上,进一步筛选,加大治理,出版珍贵的民族文化典籍和固定下来的民族民间文学、神话、故事、谚语、歌谣等民族口承文化,以及民族民间美术、工艺、服饰、饰物等民族民间文化品种,动员政府力量和民间力量,建立民族文化博物馆,集中保护存列一批有价值的珍贵文物。

(二) 从立法、执法与完善法制建设,培养民众法律意识的角度,对康巴非物质文化遗产的保护需要加强法规和条例的保障,制定专门的法律法规,加大对责权利的保护

康巴非物质文化遗产所在的省区州在无形的精神文化和口承文化方面,都取得了一定成绩,但加大法律保障依然是文化保护与发展的不二法门。立法保护需要从国家法律和地方法规和条例两个层面制定。

从国家法律层面而言,2011年2月25日,《非物质文化遗产法》在第十一届全国人民代表大会常务委员会第十九次会议通过,这是一部专门保护非遗的法律,具有里程碑意义。这部法律从对非遗的调查,到代表性项目名录建立,到非遗代表性项目的传承传播以及对违法行为的法律责任都做了明确规定。保护非遗"传承人"并引入其退出机制,规范非遗"重申报轻保护"现象并引入非遗退出机制,依法追究对非遗保护不力的主管部门及责任人的责任等。法律注意到了非遗权的公益属性,更多地从行政法的角度规定了非遗的保存、传承与保护。该法未明确规定非遗传承人及团体的权利,也未就侵权行为作

出具体规定,而对法律责任的规定也仅局限于文化主管部门及其他有关部门的工作人员。①

从地方立法层面而言,康巴非物质文化遗产涉及的各省区情况不一,有的省区已陆续出台相关法规条例,但仍有部分省区对法律保护重视不够,尚未出台相关的法律。例如,云南省是非物质文化遗产的大省,对立法保护的重要性认识较深刻。早在 2013 年 3 月,云南省第十二届人民代表大会常务委员会第二次会议就通过《云南省非物质文化遗产保护条例》,强调非物质文化遗产保护坚持"政府主导、社会参与、长远规划、分步实施"的原则,贯彻"保护为主、抢救第一、合理利用、传承发展"的方针,注重其真实性、整体性和传承性。②而四川省在 2016 年也公开发布了《四川省非物质文化遗产条例(草案)》(征求意见稿),加强非物质文化遗产的法律保护。③

但是,从现有情况看,一方面地方法律条例制定除以上两省外,其他省区跟进较慢,到目前为止仍无相关法令出台,使得权利的保护还只能依靠《非物质文化遗产法》、《中华人民共和国著作权法》等上位法来执行。另一方面,尚无专门针对康巴非物质文化遗产的法律法规,对康巴文化的保护也处于空白。

总体上看,法律法规建设的步伐不能及时跟上非物质文化遗产保护工作的需要,康巴非物质文化遗产还缺乏相关地方性法律法规的保护。

(三) 进一步挖掘和探寻更多的康巴非物质文化资源,选择非遗精品遗产,申请省区乃至国家级非物质文化遗产名录,提升遗产地位,获得更好地保护和传承

标注重点并加以保护、挖掘和发展,尤其要重视活态文化载体的保护,因为传承上的断流意味着消失。而是用更开放的胸襟,深挖传统民族文化的内质,呈现文化形态的多样性;深入挖掘民族传统文化内涵,广泛开展优秀传统文化教育普及活动。

---

① 任学婧、朱勇:《论非物质文化遗产法律保护的完善》,《河北法学》2013 年第 3 期。
② 《云南省非物质文化遗产保护条例》,参见宋俊华主编:《中国非物质文化遗产保护发展报告 2014》,社会科学文献出版社 2014 年版,第 463 页。
③ 《四川省非物质文化遗产条例(草案)》,参见国家文化部编:《中国文化年鉴 2014》,新华出版社 2014 年版,第 452 页。

（四）要借旅游产业来开发与保护康巴非物质文化资源，树立"保护第一，保护重于利用"的基本原则，在打造康巴非物质文化资源的同时，还要重点提升精品文化的档次

在开发保护中，应该在充分考虑康巴非物质文化遗产的社会效益的基础上，遵循经济利益让位于人文精神和传统文化弘扬的目标。纠正长期以来"文化搭台、经济唱戏"唯经济效益论，避免康巴非物质文化遗产在开发中成为商品市场中的附庸。在传承康巴非物质文化遗产这一蕴藏着丰富的精神价值的、特殊的旅游资源时，应该充分考虑到其"社会效益"，要以相匹配的保护管理手段作为支撑审慎地进行，不可简单地跟进"旅游热"。否则，"只会生出许多简单复制庸俗制作，反过来对无形文化遗产造成巨大的伤害甚至破坏"。①

总之，康巴非物质文化遗产是承载中华民族精神与情感的重要载体之一，是康巴人民智慧的体现。然而，在经济全球化和现代化的冲击下，康巴非物质文化遗产赖以生存和发展的重要基础正面临着前所未有的急剧变迁，使得长期依赖口传心授方式传承的康巴非物质文化遗产也遭遇到前所未有的变革，大批有悠久历史、文化和独特魅力的康巴非物质文化遗产遭遇传承与发展的断裂而濒于消亡。过往传承康巴非物质文化遗产的观念、方式与技术等已远远不能适应今天的客观现实。因此，提高认识、加强保护、制定法律条例、开发利用以促进保护与传承康巴非物质文化遗产的工作更加紧迫。②

---

① 张博、程圩：《文化旅游视野下的非物质文化遗产保护》，《人文地理》2008 年第 1 期。
② 中国艺术研究院、中国非物质文化遗产保护中心编：《中国非物质文化遗产普查手册》，文化艺术出版社 2007 年版，第 3—4 页。

第八章　民族交流与共同繁荣

第一节　经济互通有无与相互需要

康巴地区处于我国川、藏、青、滇四省（区）藏族聚居区的接合部和交通要冲。在地缘上，介于边疆与腹地之间，处于汉藏民族交汇之区，是我国西北、西南各民族经济文化交流的孔道。这种特殊的地理区位条件，使得康巴地区与其他地区很早就开始了经济交往，互通有无。不仅满足了康巴地区人民的生产生活需求，促进了康巴地区自然资源的开发与利用，也沟通了民族间的文化交流。

一、康巴地区与外界的早期经济交往

由于特殊的自然、地理环境制约，康巴地区虽然长期处于自给自足的自然经济环境之中，但低水平的自然经济终究难以满足人们的生活需求，康巴地区对外进行交往贸易的需求仍然非常巨大，因此，康巴地区与外地的经济交往很早就开始了。据考古资料证明，最早从先秦时期开始，康巴地区已开始与外界有了商贸交往。1981 年，在康巴地区雅砻江流域中下游地段的雅江县石棺墓中，发现了作为货币的"贝币"、"铜币"。[1] 在地处雅砻江上游鲜水河流域的炉霍县，在卡萨湖春秋至战国中期的石棺墓中，也出土海贝 37 枚。[2] 在雅砻

---

[1]　扎西茨仁：《甘孜州石棺葬文化概述》，《康定民族师专学报》（人文社会科学版）1990 年第 1 期。

[2]　四川省文物考古研究所：《四川炉霍卡萨湖石棺墓》，《考古学报》1991 年第 2 期。

江以西的金沙江流域白玉县城区小学发现的石棺墓中,出土海贝 2 件。① 这些海贝的发现,说明了康巴地区很早已经与外界开始了贸易交往。

另外,在雅砻江上游鲜水河流域炉霍卡萨湖石棺墓出土的细石器、铜制品、骨制品、桦树皮制品等器物,与甘青地区寺洼文化和卡约文化有着密切的关系。② 在金沙江—雅砻江流域的巴塘扎金顶出土的铜镯,与凉山州喜德县拉克公社大石墓出土的 II 式铜镯相同,管状珠亦为大石墓常见之物,出土的青铜剑,与巴蜀铜剑类似。③ 因此,大量的考古发现证明,康巴地区早在先秦时期早中期以东与成都平原古蜀文化,并与北部的甘肃、青海,南部的云南有了文化交流与商品贸易往来。

二、康巴地区是"茶马互市"的核心区域

藏族人生活离不开茶,汉地则缺少马,"茶马互市"就成为汉藏民族团结互助的经济纽带。由于输入藏族聚居区的"边茶"绝大部分产于川西的雅安、邛崃地区,因此康巴地区历史上处于"茶马互市"的核心区域。早在西汉时期,四川盆地的商人即以蜀茶向长河西(大渡河以西藏族聚居区)的藏族先民筰都夷、牦牛夷等交换牦牛、筰马等物,早期互市口岸主要在黎(汉源)、雅。唐末、五代以来四川盆地周边地区一直是汉藏"茶马互市"的重要口岸。进入宋代,虽宋太祖玉斧划界,弃大渡河以西之地,但由于推行"茶马互市",康巴地区与中原的联系仍然保持着时有康巴部落头领入贡。

元朝将藏族聚居区直接置于中央王朝的统治之下,设置通往藏族聚居区的驿站,使得汉藏之间的交通得到空前发展,进一步把茶马市推至碉门,使四川内地通往康区的交通有所发展。

明代将互市口岸西移至碉门(天全)和岩州(泸定岚安)后,规定乌斯藏贡

---

① 该石棺葬被认为"与岷江上游的石棺葬属同一文化类型",主人"可能是氐羌系统的土著居民",时代"上限不晚于战国中晚期"。参见扎西茨仁:《甘孜州石棺葬文化概述》,《康定民族师专学报》(人文社会科学版)1990 年第 1 期。

② 陈明芳:《炉霍石棺葬族属刍议——兼论炉霍石棺葬与草原细石器的关系》,《南方文物》1996 年第 1 期。

③ 甘孜考古队:《四川巴塘、雅江的石板墓》,《考古》1981 年第 3 期。

使朝贡经四川路入京,每年多达数百人至两三千人贡使往来于川藏茶马古道上,使川藏道成为主要的官道和贡道,进一步促进了茶道的畅通,康巴地区的茶马贸易交易量急剧增加。

(清康熙三十五年)1696年,清政府批准在打箭炉开市贸易,(康熙四十一年)1702年在打箭炉设立茶关,在大渡河上建泸定桥,开辟直达打箭炉的"瓦斯沟路",将康定为川茶输入西藏的转运站,打箭炉成了西陲重镇。康巴地区因此成为汉藏贸易的重要桥梁。络绎不绝于途的商旅驮队,穿梭于西藏、青、甘与四川腹地之间。

伴随着茶马互市的兴盛,对康巴地区各城镇的兴起、发展及对外经济交流有着举足轻重影响。沿线的雅安、泸定、康定、巴塘、察木多(今昌都)、工布江达等城镇"因茶而兴",逐步成为人流、物流集中的繁盛商埠。正如林隽在其《西藏归程记》记述:"理塘、巴塘、道孚、炉霍等集镇也都因茶叶集市和转运而迅速兴起和繁荣。特别是察木多(今昌都)因其为川藏茶路与滇藏茶路的交汇处,又是川藏南、北两路入拉萨汇经之地,各地茶商云集,也迅速成为'口外一大都会也'。"[①]伴随"茶马互市,以茶易马"的大宗交易刺激了康巴地区畜牧业生产的恢复和发展,大量先进的科技、技术传入藏族聚居区各城镇,推动了康巴社会经济的发展;同时,大量牲畜由此进入内地,对汉族的农业区经济带来了巨大的支援和推动作用。

三、康巴地区是"汉藏贸易"的桥梁和纽带

康巴地区位于内地与西藏之间,是沟通内地与西藏地区经济贸易的桥梁和纽带。(康熙七年)1688年,裁免茶马御史,到乾隆二十五年到二十七年(1760—1762年)分别裁撤各地茶马司。"茶马交易"这种特殊的贸易形式终于退出了历史舞台。清朝茶马贸易虽然停止了,但通过茶马贸易而建立起来的各种经济交流,远远超过历史上茶马贸易的规模和水平。历代的汉藏茶马贸易,到了清代就变为内地和边疆、汉族和藏族之间全面的物资交流和经济活

---

① 林隽:《西藏归程记》,载吴丰培辑:《川藏游踪汇编》,四川民族出版社1985年版,第106页。

动,以至于汉藏的经济更加牢固地结合在一起。

伴随着康巴地区汉藏贸易的全面兴起,藏族聚居区的土产与汉区的物资交流进入一个全新的阶段,康巴地区的打箭炉(康定)、昌都、青海玉树的结古①等地成为汉藏贸易的桥梁和纽带,并逐渐成为康区与藏、滇、青、甘等地汉藏贸易的重要口岸。康定出现48家锅庄,而康巴地区的大金寺、甘孜寺、理塘寺、广法寺等喇嘛寺的寺庙商队开始出现,并经营百货远至上海、印度等地。西藏、青海及康区各地藏商(其中各大寺庙的"寺庙商"就有20多家)将麝香、鹿茸、虫草、贝母、羊毛、皮张、黄金和大宗药材等土产,以及印度、尼泊尔的商品运至各交易口岸,内地陕西、山西、江浙和四川各地的汉回商人亦组成商号、商帮,以茶叶及内地所产各种生产生活用品,与藏商进行交易。以康定为例,民国时,康定城中已有商号七八十家,商贩三千多人,分为茶叶、金香、府货、草烟、干菜、邛布、制革、纸瓷等21个商帮。其中仅"德泰合"一家商号的年营业额就达白银20万两,康定城的锅庄也由48家增至达74家。仅瓦斯碉锅庄一家经手的藏商交易额,最多时高达80万大洋。著名藏商邦达昌、英商沙逊洋行也在康定作转口贸易业务,商务远达上海、香港、加尔各答等地。康定作为进出口商埠,每年输出金额达三百多万元。

民国十七年(1928年)国民政府发布的《全国商会条例》中将康定与上海、武汉一同定为三大商埠,可见康定城的商贸盛况。

清朝末年,伴随着外国列强的势力逐渐进入并向藏族聚居区推进,康巴地区的贸易格局也随之发生新的变化。由于英帝国主义发动入侵西藏的战争,迫使清政府和英帝国主义签订了中英《印藏条约》和《印藏续约》,开放西藏亚东为商埠,规定:"五年之内,印藏贸易互不纳税",造成印茶大量倾销西藏,致使南路边茶在藏销售剧减,市场萎缩。伴随着西藏对外门户打开,大量的英印货物输入西藏,并经由西藏进入康巴地区。此外,康巴地区的一些土特产品,尤其是麝香、虫草、鹿茸等药材转销到上海、香港、南洋等地,使康巴地区的商品开始进入国际市场。清光绪三十三年(1909年),川滇边务大臣赵尔丰以督商办名义,筹资创立"边茶股份公司",强迫茶商入股,力图统一经营南路边

----

① "结古",藏语意为"货物集散地"。

茶,结果亦无起色,三年后随着辛亥革命的成功,公司亦随之解体停办。

第二节　文化交流与共生丰富康巴文化

　　由于康巴地区自古以来是西北、西南诸多民族或族群频繁迁徙、相互交流的重要孔道。伴随着民族的频繁往来孕育了独特的康巴文化。一方面,由于纵横交错的河流和山脉的切割,许多迁入康巴地区的部族生活在一个个相对封闭的地理环境中,许多原生形态的古代文化因素至今仍保留在当地的文化、语言、宗教和风俗习惯中,使得康巴文化地域特色浓郁、形态古朴。另一方面,伴随着藏族与汉族及其他民族的文化交流在康巴部分地区的长时期、广泛地展开,大量的人流、物流、信息、文化进入康巴地区,康巴地区成为多民族、多类型文化广泛交流的活动舞台,在康巴地区形成了多姿多彩、开放多元的康巴文化。

一、特色浓郁的康巴文化

　　在康巴地区长期的历史发展过程中,各种文化在这里相互碰撞、吸纳,在文化的形成、发展过程中融入了诸多其他民族的文化,从而形成了既有与其他藏族聚居区相同的藏族文化共性,又具有自身多元性文化历史印记的鲜明地域特征。

　　语言方面,有卫藏、康、安多三个方言区。由于历史上不同部族和民族在康巴地区长期接触、交往、融合于当地部族中,加之山川阻隔、交通不畅等因素导致语言分化,因此康巴地区的语言非常复杂、种类繁多。除通行的藏语康方言德格话、在部分纯牧区流行安多方言外,还有很多仅在族群内部交流使用的"地脚话",有的地方甚至"十里不同音"、"一条沟一种语言",在康巴地区形成了众多的语言孤岛。如在康巴地区有说嘉绒语(今甘孜藏族自治州的丹巴县及阿坝州的嘉绒地区)、木雅语(甘孜藏族自治州的康定、九龙、雅江)、贵琼语(甘孜州康定至泸定的大渡河两岸的鱼通区)、里汝语、尔苏语、纳木义语(甘孜州的九龙、凉山州的木里等地)、扎巴语(甘孜州雅江、理塘、新龙、道孚)、尔龚语(甘孜州的丹巴、道孚、炉霍、新龙等地)、却域语(雅江、新龙雅)、史兴语(木里藏族自治县部分区域)、中甸语(迪庆州的大中甸、小中甸等地)等与藏语三大方言迥异的许多特殊语言或方言。这些"地脚话"多为内部交流使用,对外仍然使用通用语言,在一些民族杂居区,不少群众还会使用其他民族语言进行交流,如在九龙、木里等藏、彝、汉杂居区,有相当一部分群众能使用三种语言进行交流。在甘孜巴塘的纳西族人,除内部交流使用纳西语外,对外交流均使用藏语,不少人兼会汉语。

建筑方面,康巴地区的传统建筑也与其独特的地理区域和人文发展历史息息相关。一方面,因为各民族大多沿河流迁徙、移动,因此大多数建筑和其他许多地区一样,更多选择在河谷台地、漫滩地区修建,又结合所处的地理环境运用不同建筑材料进行建造。另一方面,由于康巴地区处于汉藏交界的过渡地带,在藏式建筑中,亦借鉴了一些汉式建筑风格和传统,并有机地糅合到本地建筑之中去,从而使康巴民居具有相互兼容的多样性。

丹巴的甲居村寨,色达的日格古碉房、色尔坝格萨尔藏寨、色尔坝古村寨、得荣的茨乌村寨、道孚城郊的民居、新龙拉日马石板藏寨、白玉的龚巴古藏民居、根嘎古藏民居等居民,别具一格、地域特色浓郁。同时,一些族群为了防御和自我保护的需要,在康巴地区还修建了很多碉楼、碉房,如甘孜州丹巴一县就有600余座,素有"千碉之国"的美誉,是我国高碉分布最广、类型最齐全、数量最多的地区之一。藏传佛教传入康巴地区后,康巴地区还修建起了数量众多、绚丽宏伟、态势庄严的寺院建筑,有些寺庙建筑在修建过程中融入了汉地的斗拱技术。如白玉的噶拖、安章、萨马等寺的建筑均采用了汉式飞檐、斗拱等形式,使藏汉建筑文化巧妙融合一体。如安章寺的大雄宝殿,是咸丰二年(1852年)由汉藏匠师共同建造,斗拱层叠。

社会形态方面,在康巴文化中,仍然留存着其他一些地区难见的、许多古文化的"活化石"。如白玉的三岩地区,至今仍留存着很古老的父系氏族残余"帕措"制度,是现今国内极为罕见的古老父系氏族公社制度残存;在丁青、芒康、白玉等地还保留有独特的一妻多夫婚姻形态;在甘孜扎巴鲜水河下游两岸狭长的河谷地带,还保留着语言独立、历史古老、文化特殊、至今实行"走婚"习俗的扎巴文化,是典型的母系氏族社会文化残余;在炉霍的勒宗4部、色达的瓦须(神狐)部落、理塘的毛垭部落,还保留着许多"骨系"部落,仍然沿袭着以往古老的部落文化,部落中有特殊的组织结构、特殊的部落法、特殊的习俗和图腾。

文化艺术方面,由于各民族文化的不断交流和影响、藏传佛教和内地佛教的影响,康巴的文化艺术不断发展,成为藏族人民生活的重要组成部分。康巴地区有不少将其他地域舞蹈形式、器乐融入于本土的传统歌舞中,并加以发展成为本土代表性的歌舞情况。如在甘孜县流行的踢踏舞,是 20 世纪 40 年代从西藏传入,传入后舞步越发激越明快,盛行于甘孜县,逐渐遍及全州。康区的藏戏也非常多元,有发源于本土的德格藏戏、有由傩戏生成的丹巴嘉绒藏戏、有源于甘肃拉卜楞寺而色达化的色达戏、有源于西藏而康巴化了的"康巴藏戏",还有在大力吸收汉地戏曲艺术的基础上将原有的藏戏加以改造,加入内地乐器和表演方式,具有汉族传统戏剧风韵的藏戏。① 康巴地区还堪称歌舞海洋,因为地域环境、语言文化的差异,加之受到内地、彝族、纳西族等多种文化的浸润,因而在歌舞的形式等方面各具特色,不同地域,甚至同一个县不同村落之间,歌舞也存在较大差异,在康巴地区形成了巴塘弦子、真达锅庄、新龙锅庄、木雅锅庄、德格卓且、得荣学羌、昌都锅庄、芒康弦子、丁青热巴等别具特色的民间舞蹈。

绘画艺术方面,在长期的文化交流中,藏文化对其他民族文化逐步吸收,加以整合,使外来文化有机地融入于本土文化之中。随着藏传佛教在康巴地区的传播和发展,康巴地区和佛教有关的唐卡、雕塑、石刻等绘画艺术得到了迅速发展。16 世纪在康巴甘孜地区兴起的"噶玛噶孜"画派的多位画师都曾到汉族地区学习,从汉族工笔画等技法中得到启发,在其创作的唐卡中,大量吸收了汉地的青山绿水表现技艺。同时又受多种外来文化,包括南亚、中亚等文化的影响,形成了独具康巴特色的画派风格②。

科学技术方面,康区的藏医、藏药大量地吸取了内地中医药的成果。如南派藏医药代表人物司徒·却吉迥乃在学习和掌握藏医学之外,还学习了内地的中医学和印度医学的医疗知识。他主编了《中医脉诊》、《中医天花疗法》等

---

① 《甘孜藏族自治州文化艺术志》,甘孜藏族自治州文化局内部印行,2007 年,第 4、74 页。
② 康·格桑益希:《藏传噶玛噶孜画派唐卡对汉地青绿山水技艺的吸纳》,《西藏大学学报》2010 年第 1 期,第 49—56、73 页。

具有代表性的重要医著。①

二、开放多元的康巴文化

康巴地区是以藏族为主的多民族聚居区,形成大杂居,小聚居的民族分布。由于各民族陆续进入康巴地区,不同民族文化在这里碰撞、汇集、交流,彼此吸纳、融汇发展,形成了特色鲜明、开放多元的康巴文化。

首先,康巴文化中多元、开放的宗教文化色彩浓烈。在康巴地区,藏传佛教五大教派齐集于此,同时道教、东巴教、伊斯兰教、基督教(包括天主教与新教)和形形色色的民间宗教、原始宗教并行不悖。清代以来,大批西北回商来康巴地区经商,从而使伊斯兰教也在康区流行开来。历史上多次汉族移民和汉族戍军进入康区,使得汉地的道教、儒教、佛教等带入了康巴地区。天主教和基督教也伴随着西方传教士的传教在康巴大地产生影响,迄今在康巴地区的一些地方还有一定的影响力。如昌都芒康目前还有藏族聚居区独一无二的天主教村。宗教文化的多元性不仅在整个康巴有大区域性的覆盖,更有小范围的凸显。许多在教义、教法和信仰习惯等方面明显差异,甚至相互抵触的宗教和教派,也能在一个区域中共存并行、互相包容,甚至被兼信并崇。如民国时期的康定城,有藏传佛教各个教派及汉传佛教、道教、儒教和各种民间宗教,还有天主教、基督教、伊斯兰教等外来宗教。在不到 1.5 平方公里的城区,就有各种宗教寺庙及活动场所 40 多座。

其次,康巴文化还呈现出多元民族文化和谐共存的景象。各种文化的交流、碰撞使得不同民族文化在康巴地区的许多区域内和谐并存。除藏文化外,康巴文化还包含其他一些民族文化,具有文化兼容和复合的特色。藏文化与汉文化、纳西文化、蒙古文化、羌文化、彝文化等众多民族文化汇合于此,组合成千姿百态的民风民俗。在康定、巴塘、丹巴、道孚、炉霍、九龙、昌都等民族杂居地区,这种民族文化的兼容性尤为突出。不同民族的家庭成员,大都保持着各自民族的一些固有生活方式与习惯,互不干涉,彼此尊重,同时,又进行优势互补,相互借鉴。在社会上,藏、汉、回、彝各族和睦相处,互不侵扰,并不因民

---

① 邓都:《甘孜南派藏医药》,《中国藏学》2011 年第 4 期,第 138—145 页。

族、信仰、习俗的不同而发生排斥、互仇的情况,呈现出多元文化和谐共存的景象。如康巴地区的纳西族既信仰藏传佛教,又信仰本民族的"东巴"。①

第三节 川藏"茶马古道"及其文化价值

一、川藏"茶马古道"的形成历史

"茶马古道"是指唐宋以来至民国时期汉、藏之间以进行茶马交换而形成的一些交通要道统称。茶马古道主要有滇藏、川藏、青藏等线。其中,川藏茶马古道东起四川雅安、名山、荥经、汉源、天全等县,经藏汉商贸重镇康定,分南、北、东三线到达青海玉树、西藏昌都,经芒康、察亚、江达等地直至拉萨,并通达不丹、尼泊尔、印度等国。

关于茶马贸易最早明确记载见于唐代史料。唐代是我国历史上饮茶盛行的时代,史书记载唐时:"溺之甚,穷日尽夜,殆成风俗,始自中地,流于塞外,"②甚至已达到了"茶为食物,无异米盐,于人所资远近同俗,既祛竭乏。难舍斯须,田间之间,嗜好尤切"。③ 随着饮用茶叶在内地的普及,饮茶风俗随着唐王朝对外经济文化不断交流,也传到了周边的少数民族地区,吐蕃就是深受饮茶影响的一个民族。而在毗邻藏族聚居区的四川绵、汉、彭、邛、雅、眉、嘉、简、茂等州,自唐时,便是产茶地,并且形成一条以雅州为中心的茶叶生产地带,向周边少数民族地区销售茶叶。其中,大部分茶叶通过"西山路"沿青藏道运往西藏地区。部分通过"灵关路",由雅安严道(今雅安市)经卢山(今芦山)入白狼夷之界,然后到达吐蕃;部分通过"和川路",由雅安严道(今雅安市)经过和川镇(今天全)沿大渡河西岸南下,从大渡河西部至吐蕃城。④

宋代,"碉门茶马互市"的兴起,内地茶叶通过碉门运往藏族聚居区的道

① 《甘孜藏族自治州概况》编写组:《甘孜藏族自治州概况》,民族出版社 2009 年版,第20 页。

② 唐封演:《封氏见闻记》卷 6《饮茶》,文学古籍刊行社 1956 年版。

③ (五代)刘昫:《旧唐书》卷 173《李钰传》,中华书局点校本 1974 年版。

④ 李敬洵:《唐代四川经济》,四川省社会科学院出版社 1988 年版,第 276 页。

路逐渐开通。宋代先后设置了"雅州买马场、碉门寨买马场、黎州买马场",与周边区域进行茶马贸易。宋代在邛州还专门生产一种甘中带苦、专门输向少数民族地区的"火番饼"。① 入元,茶叶已经形成一种专门销往松潘、黎、雅等藏族地区专门的茶叶品种,称为"西番茶",亦称"西番大叶茶"②。据元人忽思惠《饮膳正要》:"西番茶,出本土,味苦涩,煎用酥油。"所谓"西番茶,出本土",指天全、雅州、邛崃、名山等地后扩大至邛州、名山、峨眉、夹江等地生产出的茶叶。③ 元世祖至元六年(1269 年),设立西蜀四川监榷茶场使司,统一收购民间茶叶,管理和营运川茶贸易,禁止私人贩运茶叶。至元十四年(1277 年),在碉门和黎州设立榷场,与少数民族地区贸易。

从明朝开始,大量的茶叶通过川藏道输入藏族聚居区。明代的汉藏茶马贸易主要有三种形式:一是官办贸易,二是民间的私茶贸易,三是从藏族聚居区来朝的僧俗贵族的朝贡贸易。洪武十九年(1386 年),设立雅州、碉门茶马司,进行茶马贸易。"自碉门、黎、雅抵朵甘、乌斯藏,行茶五千里。"④为保证茶马贸易的顺利进行,还先后制定了茶课制度、茶法进行管理。明朝也通过对进京朝贡的藏族僧俗上层给予优厚的赏赐,并且默许其在进贡途中采购茶叶,准许其携带私茶、布帛等出关,以此来稳定藏族聚居区僧俗各族。优厚的政策便使得藏族聚居区的僧俗贵族也纷纷从川藏道入贡,并在朝贡途中采购茶叶回藏。明英宗正统十四年(1449 年),四川布政使侯轨就在奏陈中指出:"自今番僧朝贡,其远方者,遣人送来,其近边者,每次不得过三四人,余则量馆待之,以礼遣回。""臣等切思各僧生长番地,语言不通,止凭通事传译,虑有交结,以近作远,无有讥察。况其所进皆不过舍利、佛像、氆氇、茜草等物,中下羸弱等马,其意盖假进贡之名,潜带金银,侯回日市买私茶等货,以此缘途多用车马、人力运送,连年累月,络绎道路。"⑤因为入贡的人数增多,加之朝贡途中购买茶叶

① 黄晓枫:《宋代成都平原考古发现的茶具与饮茶习俗》,载雅安市人民政府、四川省文物管理局编:《茶马古道文化遗产保护(雅安)研讨会论文集:边茶藏马》,文物出版社 2012 年版,第 109 页。

② (明)宋濂:《元史》卷 94《食货志》,中华书局 1976 年版。

③ 贾大泉、陈一石:《四川茶业史》,巴蜀书社 1989 年版,第 100 页。

④ (清)张廷玉等:《明史》卷 80 志第 56《食货四·茶法》,中华书局 1974 年版。

⑤ 《明英宗实录》卷 177(补),中华书局 2016 年版。

行为的泛滥,为此成化六年(1470 年)礼部还对各地贡使的贡期、人数、入贡路线等方面做了限定。规定:乌斯藏赞善、阐教、阐化、辅教四王,三年一贡。每王遣使百人,多不过百五十人,由四川路入。国师以下不许贡。其长河西、董卜韩胡二处,一年一贡或二年一贡,遣人不许过百。①

　　清政府承袭明制,继续积极推行"茶引制",继续在四川、云南、青海等地设茶马司、管理茶马贸易,依赖通过茶马贸易的形式来获取急需的军马并"以茶控边"。康熙七年(1688 年),裁免茶马御史,并放弃了对藏族聚居区茶叶的供应限制,使茶叶大量输入藏族,边茶市场逐渐由碉门向打箭炉延伸。康熙四十一年(1702 年),在打箭炉设立茶关,川藏茶叶贸易进一步发展,打箭炉发展成为川茶输藏的集散地。在明清时期形成了由雅安、天全越马鞍山、泸定到康定的"小路茶道"和由雅安、荥经越大相岭、飞越岭、泸定至康定的"大路茶道"。再由康定经雅江、理塘、巴塘、江卡、察雅、昌都至拉萨的"南路茶道"和由康定经乾宁、道孚、甘孜、德格渡金沙江至昌都与南路会合至拉萨的"北路茶道"。

二、川藏"茶马古道"的文化价值②

　　"茶马古道"沿线是民族文化最丰富的地区之一,是民族文化研究的最佳基地,随着世界旅游业的发展、国家对"藏羌彝文化产业走廊"的整体打造,"茶马古道"沿线区域也成为较受人们关注的极具旅游价值的地区之一。那么茶马古道究竟有哪些方面的文化价值呢?

(一) 文明连通之道

　　川藏茶马古道是联系汉藏两大文明体系的重要桥梁,是联通中华文明与南亚、中西亚文明的重要纽带,是世界上多元文明碰撞的代表性区域。川藏茶马古道,西北经茶马古道青藏线(唐蕃古道)联通北方"丝绸之路";东南接滇藏茶马古道通达"南方丝绸之路";东接中原文明;西出拉萨进入南亚等国,联通广阔,是中华文明与南亚、中西亚文明交流的重要纽带,是世界上多元文明

---

① 《明宪宗实录》卷 78 成化六年四月乙丑,中华书局 2016 年版。
② 参见王川:《川藏"茶马古道"的文化遗产价值及其特征》,载段渝主编:《巴蜀文化研究集刊》第七辑,巴蜀书社 2012 年版。

碰撞的代表区域。茶马古道沿线区域刚好处于中华文明、西亚文明、印度文明的结合部。在茶马古道逐渐形成、发展的上千年中,中华文明的儒家文化、印度的佛教文化、中东的伊斯兰教文化乃至欧洲的基督教文化,都经由茶马古道逐渐传播,并在沿线区域生根、发芽,结出绚丽多彩、独具特色的丰硕果实。随着信奉伊斯兰教的阿拉伯帝国的兴起,北方丝绸之路上的佛教传播道路逐渐受阻后,许多高僧大德积极寻找新的陆路佛教传播路线,川藏线因此从唐代开始已不同程度地成为佛教的重要传播路线。藏传佛教与汉传佛教就沿着这条古道广泛在青藏高原及周围地区传播,两者在四川的康定、雅安一带衔接。茶马古道因此成为佛教传播的神圣通道。伴随着茶马古道的逐渐拓展、延伸,佛教的传播方向也逐渐转向西南方向,茶马古道沿线从唐代开始已不同程度地成为佛教的重要传播路线,成为佛教传播的神圣通道。

(二)多元文化之道

川藏茶马古道形成了多姿多彩、历史悠久、积淀深厚、特色浓郁、交汇互容的多元文化,在我国西部民族文化版图及民族文化产业发展格局中具有独特地位和特殊价值。茶马古道是我国至今为止西部文化原生形态保留得最好、最多姿多彩的一条民族文化走廊,拥有挖掘不尽的文化宝藏,是文化多样性最集中的地区,是国家藏羌彝文化产业走廊打造的重点区域。茶马古道道路网状贯通,使各民族的文明相互融合、相互影响,成了民族文化的大熔炉。茶马古道沟通着今四川、云南、西藏三地的古代文化,是古代文明交流和传播的重要通道。在长期的交往中,增进了对彼此不同文化的了解,加快了民族交融进程,促进了"中华民族"的形成。茶马古道的兴起使得大量藏族聚居区商旅、贡使有机会深入祖国内地,领略博大精深的中原文化增强向心力;同时,也使大量的汉、回、蒙、纳西等民族商人、工匠、戍兵进入藏族聚居区,感受古老的藏文化,带去彼地文化,促进藏地发展。

在茶马古道的许多城镇上,藏文化与汉文化、伊斯兰文化、纳西文化等不同文化,共同交汇、互相吸收,促进了文化交融。在康定、巴塘、甘孜、松潘、昌都等地,既有金碧辉煌的喇嘛寺,也有关帝庙、土地庙、清真寺、道观,出现多种文化兼容并包的局面。各地来的商人还在茶马古道沿线的城镇上建立起"湖广会馆、川北会馆"等汉地会馆。同时也将川剧、京剧、秦腔等戏剧传入藏族聚居区。不同的民族节日、不同的饮食习俗,在此地共同存在。中国广阔疆域内的民族文化通过茶马古道进行交流,促进了文化的融合与进步。另外,古道上还有蒙顶茶文化圣山、国宝大熊猫发现地、珍贵的汉代文化遗存等;有蜚声海内外的泸定桥、海螺沟冰川;风靡世界的康定情歌、青藏高原;雅鲁藏布大峡谷;还有巍峨的喜马拉雅山、宏伟的布达拉宫……富含壮丽的自然风光,多彩的民族风情,众多的名胜古迹;还有四川康定的锅庄、甘孜的踢踏舞、木雅的藏戏、巴塘的弦子、芒康的邦达昌古宅等具有厚重历史积淀的历史遗迹。这些丰富的自然、人文景观,使茶马古道成为一条绝佳的文化生态旅游线路。

（三）民族融合之道

川藏茶马古道是我国西部地区民族交流、民族团结、民族融合的重要孔道,它像一张巨大的网,把生活在这一区域的各民族人民紧密团结在一起。围绕着茶马古道,各民族加强了联系和沟通,促进了各民族之间政治、经济、文化的互动、发展和融合,增进了彼此间的情感,共同参与建立了一种文化认同——中华文明。因茶马古道的繁荣,四川、云南、陕西、甘肃等地从事茶马贸易的汉族和其他少数民族逐渐迁入青藏高原地区居住,并与当地人融合的现象。这些活跃的移民现象充分反映了当时由于茶马贸易的繁荣而促成的民族融合盛况。茶马古道是一条穿越时空的纽带,把各民族的历史、文明串联起来,共同发展。茶马古道沿线藏、汉、回、纳西、彝等诸民族在这条通道上和睦共处、密切交流、相互融合,使茶马古道沿线因茶马贸易而兴起的众多城镇（如康定等）,成为我国乃至世界民族地区中罕见的不同民族和谐共处、不同文化和谐共存的典型地区。在这条茶马互市的贸易走廊上,各民族相互交往、相互融合奠定了诸民族共同生存、共同繁荣的基础,使各民族牢牢团结在祖国大家庭中。由藏区各族人民共同开辟的这条道路,见证了藏族聚居区与祖国不可分割的关系,见证了藏族与汉族等各兄弟民族间水乳交融的关系,促进了各民族之间政治、经济、文化的互动、发展和融合,增进了彼此间的情感,寻找到了对彼此认同的基础。

可见,川藏茶马古道,对我们今天构建和谐社会,增强民族团结具有典型而重大的意义,并可成为中国对外展示民族关系和谐、文化交融协同发展的重要窗口。

结　语

　　党的十八大以来，以习近平同志为核心的党和国家领导人非常注重中华民族传统文化的继承与弘扬，在多次重要场合的讲话中对如何发展中华民族传统文化的历史底蕴，努力展示中华文化独特魅力，提高国家文化软实力，树立文化自信都有多处论述。2013 年 12 月 30 日，在中共中央政治局第十二次集体学习时，习近平同志对此谈到"在五千多年文明发展进程中，中华民族创造了博大精深的灿烂文化"，"要认真汲取中华优秀传统文化的思想精华和道德精髓，大力弘扬以爱国主义为核心的民族精神和以改革创新为核心的时代精神，深入挖掘和阐发中华优秀传统文化讲仁爱、重民本、守诚信、崇正义、尚和合、求大同的时代价值，使中华优秀传统文化成为涵养社会主义核心价值观的重要源泉"。同时，在"讲清楚中华优秀传统文化的历史渊源、发展脉络、基本走向，讲清楚中华文化的独特创造、价值理念、鲜明特色"的基础上，"要使中华民族最基本的文化基因与当代文化相适应、与现代社会相协调，以人们喜闻乐见、具有广泛参与性的方式推广开来，把跨越时空、超越国度、富有永恒魅力、具有当代价值的文化精神弘扬起来，把继承传统优秀文化又弘扬时代精神、立足本国又面向世界的当代中国文化创新成果传播出去"。并且，"要处理好继承和创造性发展的关系，重点做好创造性转化和创新性发展"，最终达到增强文化自信和价值观自信的目的。①

　　康巴文化作为中华民族优秀传统文化的重要组成部分，经历了千百年的

---

① 习近平：《在中共中央政治局第十二次集体学习时的讲话》，2013 年 12 月 30 日；《在中共中央政治局第十三次集体学习时的讲话》，2014 年 2 月 24 日。

洗礼与融合,走出了一条独具特色的区域、文化道路。康巴文化在多元一体民族格局与多元民族文化构建中都占据着非常重要的地位,随着研究者更多地介入与深入地探讨,越来越多的康巴文化资源会被更好地发掘、保护与利用,也将在弘扬中华民族优秀传统文化中发挥更大的作用。

一、"康巴文化"的研究脉络及趋势展望

在漫长的历史发展进程中,聪慧、勤劳、勇于开拓的康巴藏族在与祖国其他民族的不断交往、交流、交融中,在康巴这块神奇的土地上创造了特色鲜明、多姿多彩、底蕴深厚、独具特色的民族文化。康巴文化是藏文化的重要组成部分,但是又具有鲜明的地域特征,它承载并彰显了康巴地区民众独有的精神价值、思维方式、聪明才智和想象力,直观地反映了康巴地区群众的生活状态、生产方式、社会需求。

但是,长期以来,由于受历史、地理、自然环境等诸多因素的影响和制约,康巴地区在很长一段时间内还处于相对封闭的状态,康巴文化的独特魅力鲜有人知,对康巴文化的研究更无从谈起。可以说,在 20 世纪以前,康巴地区就像一个美丽、害羞的姑娘,一直"养在深闺人未识"。虽然在历代史志中不乏对康巴文化现象的记载,特别是清代以来,伴随着康巴地区重要性的凸显,对康区的调查研究开始逐渐增多,还有少数不畏艰难的探险家、传教士、学者等怀着对康巴地区的深深迷恋,历尽千辛万苦,克服语言障碍和高原缺氧带来的身体不适,经过艰苦的长途跋涉,通过各种渠道和途径前往康巴地区一探其芳容,试图向世人揭开康巴的神秘面纱,他们通过对康巴地区的实地观察,用游记、日记、调查报告、公文等形式把他们的所见所闻、所思所想记录下来,向我们展示了康巴文化的不同侧面。但总体而言,大多数记载只是关于康巴某一文化事项的单一描述,少数调查研究也只是浅尝辄止。

直到 20 世纪二三十年代起,现代意义上的康巴文化研究才逐渐出现。在任乃强、李安宅、张怡荪、谢国安、刘立千、刘家驹等康藏研究的拓荒者和奠基人的努力和研究下,一系列有关康巴地区地理、历史、社会、政治、宗教、文化等方面的开拓性研究成果向世人揭开了康巴地区的神秘面纱。这些研究者们倾注了毕生的心血和精力来研究康巴地区,他们相继组建了"华西边疆研究

所"、"康藏研究社"、"汉藏教理研究院"等专门从事康藏研究的机构,发表不少康区和藏学研究的奠基性、开拓性成果,代表了当时藏事研究的最高水平,对推动我国藏学与边疆学、民族学的发展产生了重要影响,并带动了一批人开始关注这块区域及其文化。虽然此时康巴这位美丽、害羞的姑娘仍只是"犹抱琵琶半遮面",它的迷人风姿也只是让为数不多的人倾倒,外界对康巴文化也还缺乏整体性的了解。但通过前辈学者孜孜不倦地努力和持续地研究,康巴文化逐渐向世人展露出瑰丽神奇、多姿多彩的不同侧面,为我们今天更加深入、全面、系统地研究康巴文化和利用、传承、发展康巴文化奠定了坚实的基础。

中华人民共和国成立后,各级党委和政府十分重视少数民族文化的传承和保护,通过几次大的社会历史调查,发掘出康巴地区许多文物、歌舞、文学和民间故事等,收集抢救了大量"格萨尔"文本、录音,在康巴文化的资料收集方面取得了长足进步。但是,对康巴地区文化的相关研究却一直停滞不前,进展不大。进入20世纪90年代,伴随着康巴地区的逐渐对外开放,康巴文化的神奇魅力才为越来越多的学者、当地政府所认识,在国内外兴起了"康巴热"。

客观地说,康巴文化虽然早已客观存在,对康巴地区各文化事项的研究也开展较早,但是将"康巴文化"作为一个整体研究对象来进行研究,特别是把"康巴文化"作为一个学术名称,则是20世纪90年代才正式被提出。因为提出时间较短,对于康巴文化的学术定义,也一直模糊不清,对康巴文化的特点、内涵、外延等方面也缺乏深入研究。① 2000年,四川省社会科学院康藏研究中心任新建研究员在其承担编制的《康巴文化旅游总体规划》中,首次对康巴文化的特点、内涵做了探讨。2004年,在首届"康巴文化研讨会暨康巴文化名人论坛上",著名的民族学家、四川省民族研究所李绍明研究员、四川省社会科学院康藏研究中心任新建研究员、中国藏学研究中心研究员杜永彬、四川大学中国藏学研究所石硕教授等学者,围绕"康巴学"的构建以及康巴文化的特点、内涵与研究价值等方面展开讨论。"康巴文化"作为一个特定区域的地方文化,进入了部分学者的研究视野,他们发表了系列文章加以阐述。伴随着康

① 泽仁多吉(即任新建研究员)对本书初稿的评审意见。

巴地区弘扬本土优秀文化及文化旅游产业的快速发展,康巴文化逐渐趋热,对"康巴文化"的研究也逐渐增多,研究边界也逐渐扩展,出现了一批以"康巴文化"为名的文化丛书。总体而言,对"康巴文化"的研究目前仍未摆脱对传统文化事项的单一研究或某一区域的研究局限,还缺乏整体、系统、深入的研究,本书将"康巴文化"作为研究对象,在已有研究的基础上,对康巴文化产生与形成的历史背景进行深入探讨,对其定义与义理的演变等进行系统研究,希望能够进一步推动学界对康巴文化的研究和关注。

目前,伴随着藏学研究领域内跨学科研究蔚然成风,藏学界对不同学科领域的交叉探讨越来越多,理论研究水平也逐渐提高,为康巴文化的进一步深入研究创造了更好的条件。将康巴文化放在更大、更广阔的研究视域中,从多学科、多视角,运用现代科学技术新的研究方法,进一步充分深入认识康巴文化的特点、形成历史、发展过程,挖掘其在中华民族一体多元文化中的独特价值和地位,发掘康巴文化的现代性内涵,探讨康巴文化创新发展的模式、路径,研究康巴文化在新的历史时期的变化趋势和新的生长点,是康巴文化研究当前面临的重要问题。另外,如何将康巴文化研究与当前该区域经济社会发展中的热点和难点问题结合起来,也是未来对康巴文化研究必须重视的问题,如康巴文化遗产的保护与开发利用、康巴文化载体的打造、康巴文化品牌的营运、康巴文化与康巴地区的精准扶贫等是需要重点将其纳入研究视野和范围的。我们相信,随着藏学研究的深入发展和"康巴学"学科的构建,对康巴文化的研究价值也会得到越来越多的学者的关注。

二、焕发新活力与艺术魅力的康巴文化

"只有坚持从历史走向未来,从延续民族文化血脉中开拓前进,我们才能做好今天的事业。"[1]康巴文化源远流长、博大精深,它深深烙入康巴地区的文化血脉和基因中,在康巴人的血液中流淌,成为这片区域的"精神之钙"。但康巴文化并不是一成不变的,它是一个动态的、开放的、不断发展的文化生态系统。伴随着康巴地区政治、社会、经济等方面的飞速发展,康巴文化也正与

---

[1]　习近平:《从延续民族文化血脉中开拓前进》,《光明日报》2014 年 10 月 9 日。

时俱进,以开放的胸怀、兼容的态度,与其他文化相互交流、取长补短、和谐共生,焕发出了新的活力与独特的艺术魅力,成为今天康巴地区社会经济发展的创造动力和重要资源保障。

改革开放以来,伴随着国家对民族文化的日益重视,康巴地区各级政府对本土民族文化资源进行了不同程度的发掘整理,他们积极摸清本地民族文化资源的种类、特点,并邀请相关科研机构或学者围绕本地文化的发展进行相关规划。围绕康巴文化的利用和发展,制定了《康巴文化旅游发展总体规划》等一批民族文化旅游发展规划。同时,对康巴地区的情歌文化、格萨尔文化、茶马古道文化等进行了重点挖掘和开发,在民族歌舞、民族工艺、民族服饰、民族宗教文化、民族节庆习俗等方面开发出许多文化旅游产品。

近一二十年来,伴随着国家及各级政府对优秀传统民族文化的关心和重视,康巴地区的非物质文化遗产也开始得到重视和抢救,各级政府围绕非物质文化遗产资源的种类、数量、分布状况、生存环境、保护现状等展开调查,并运用文字、录音、录像、数字化多媒体等方式,对非物质文化遗产进行真实、系统和全面的记录,认定和抢救了一批具有历史、文化和科学价值、处于濒危状态的非物质文化遗产项目,逐步构建起了世界、国家、省、州、县的多级非遗保护名录,对康巴地区文化资源的认识、整理、保护又上了一个新的台阶。康巴地区的"格萨尔"以及中国雕版印刷技艺(德格印经院藏族雕版印刷技艺)等入选联合国教科文组织"人类非物质文化遗产代表作名录"。

同时,伴随着康巴地区交通状况的逐渐改善,进入康巴地区的各种通路已经逐渐打通,康巴文化因其旺盛的生命力和异彩纷呈的民俗风情,吸引了越来越多来自世界四面八方的游客走进康巴地区,一睹它的风采。康巴文化正在向世人崭露它迷人的风姿,昔日自娱自乐、娱神怡情的别具特色的歌舞,如玛达咪山歌、巴塘弦子、甘孜踢踏、真达锅庄、新龙锅庄、木雅锅庄、德格卓且、得荣学羌等,已经成为康巴地区各旅游景区展示康巴文化的重要旅游产品,广受游客的青睐和喜欢;康巴地区藏传噶玛嘎孜画派唐卡、格萨尔彩绘石刻、白玉河坡藏刀、精美的藏式药泥面具、独特的阿西土陶、德格麦宿传统木雕等一件件闪烁迷人光芒的精美工艺品,正成为康巴地区向外展示优秀文化的重要品牌;康巴地区形态各异、美丽的藏式民居,神秘庄严的各式碉楼,用土木传承佛法的金碧辉煌的寺院、佛塔，还有一座座以石块和石板垒起的玛尼堆、随风飘扬的多彩经幡，已成为康巴地区文化旅游中一道绮丽的风景线；康巴地区众多彰显地域文化色彩的文化节庆，如康定四月八转山会、理塘国际赛马会、塔公赛马会、巴塘央勒节、丹巴墨尔多庙会、九龙游海节、炉霍望果节、甘孜迎秋节、色达金马节、"藏族年"等，吸引众多中外游客前往；还有康巴地区那传承文化血脉的藏传佛教，不仅成为康巴子民的虔诚信仰，还吸引了越来越多的来自世界各地的人前往膜拜。

但是，不可否认的是，伴随着康巴地区的进一步对外开放，康巴文化不可避免地会受到各种外来文化的冲击，部分文化形态生存的自然与人文环境会发生剧烈变化，文化的载体和存续空间也会发生改变。但我们相信，勤劳、勇敢、智慧的康巴人将通过自己的努力，使康巴文化将会一如既往地保持其多元开放、兼容并包的姿态，在适应现代经济发展的过程中实现新的蜕变，迈入雪域高原上更加辉煌灿烂的康巴文化新阶段。

参考文献

一、典籍文献

1.（汉）司马迁:《史记》,中华书局 1962 年版。

2.（明）宋濂:《元史》,中华书局 1976 年版。

3.（清）林儁:《由藏归程记》,收入吴丰培辑《川藏游踪汇编》本,四川民族出版社 1985 年版。

4.（清）倪蜕辑,李埏校点:《滇云历年传》,云南大学出版社 1992 年版。

5.（清）王鸣盛:《十七史商榷》,中华书局 1985 年版。

6.（清）张廷玉等:《明史》,中华书局 1974 年版。

7.（清）赵尔巽等:《清史稿》,中华书局 1977 年版。

8.（宋）范晔撰,（唐）李贤等注:《后汉书》,中华书局 1965 年版。

9.（宋）欧阳修、宋祁:《新唐书》,中华书局 1975 年版。

10.（宋）王象之:《舆地纪胜》,中华书局 2003 年版。

11.（唐）封寅:《封氏见闻记》,文学古籍刊行社 1956 年版。

12.（唐）魏徵等:《隋书》,中华书局 1982 年版。

13.（五代）刘昫:《旧唐书》,中华书局点校本 1974 年版。

14.《明宪宗实录》,中华书局 2016 年版。

15.《明英宗实录》,中华书局 2016 年版。

16.《清世祖实录》,台湾华文书局影印本。

17.《卫藏通志》,载张羽新主编:《中国西藏及甘青川滇藏区方志汇编》,学苑出版社 2003 年版。

18.《西藏研究》编辑部:《西藏志·卫藏通志合刊》,西藏人民出版社 1982

年版。

19.达仓宗巴·班觉桑布著,陈庆英译:《汉藏史集——贤者喜乐赡部洲明鉴》,西藏人民出版社 1986 年版。

20.大司徒·绛求坚赞著,赞拉·阿旺、余万治译:《朗氏家族史》,西藏人民出版社 1989 年版。

21.索南坚赞著,刘立千译注:《西藏王统记》,民族出版社 2000 年版。

22.土观·罗桑确吉尼玛著,刘立千译:《土观宗派源流》,西藏人民出版社 1985 年版。

23.语自在妙善著,刘立迁译:《续藏史鉴》,华西边疆研究所出版社 1960 年版。

24.智观巴·贡却乎丹巴绕吉著,吴均、毛继祖、马世林译:《安多政教史》,甘肃民族出版社 1989 年版。

二、论著

1.曾国庆:《藏族历史文化》,民族出版社 2004 年版。

2.陈焕仁:《走进康巴》,巴蜀书社 2004 年版。

3.陈渠珍:《艽野尘梦》,重庆出版社 2013 年版。

4.崔保新:《西藏 1934 年黄慕松奉使西藏实录》,社会科学文献出版社 2015 年版。

5.达瓦:《古城拉萨市历史地名考》,社会科学文献出版社 2014 年版。

6.丹珠昂奔等:《藏族大辞典》,甘肃人民出版社 2003 年版。

7.得荣·泽仁邓珠:《藏族通史·吉祥宝瓶》,西藏人民出版社 2001 年版。

8.方国瑜:《云南民族史讲义》,云南大学出版社 2013 年版。

9.费孝通:《费孝通全集》(第 18 卷),内蒙古人民出版社 2009 年版。

10.傅璇琮:《李德裕年谱》,河北教育出版社 2001 年版。

11.尕藏加:《藏区宗教文化生态》,社会科文献出版社 2010 年版。

12.格勒、海帆:《康巴——拉萨人眼中的荒凉边地》,生活·读书·新知三联书店 2005 年版。

13.格勒:《藏族早期历史与文化》,商务印书馆 2006 年版。

14.格勒:《甘孜藏族自治州史话》,四川人民出版社 1984 年版。

15.格勒:《康巴史话》,四川美术出版社 2014 年版。

16.格勒:《论藏族文化的起源形成与周围民族的关系》,中山大学出版社 1988 年版。

17.根敦群培:《根敦群培论文选集》,中国藏学出版社 1996 年版。

18.龚荫:《中国土司制度》,云南民族出版社 1992 年版。

19.何耀华:《川西南藏族史初探》,李绍明、刘俊波主编:《尔苏藏族研究》,民族出版社 2007 年版。

20.黄晓枫:《宋代成都平原考古发现的茶具与饮茶习俗》,载雅安市人民政府、四川省文物管理局编:《茶马古道文化遗产保护(雅安)研讨会论文集边茶藏马》,文物出版社 2012 年版。

21.嘉雍群培:《藏族文化艺术》,中央民族大学出版社 2007 年版。

22.贾大泉、陈一石:《四川茶业史》,巴蜀书社 1989 年版。

23.靳怀堾主编,尉天骄副主编:《中华水文化通论》,中国水利水电出版社 2015 年版。

24.康·格桑益西:《藏族美术史》,四川民族出版社 2005 年版。

25.康·格桑益希:《藏传噶玛嘎孜画派唐卡艺术》上卷,四川美术出版社 2012 年版。

26.李安宅:《藏地宗教史之实地研究》,上海世纪出版社 2005 年版。

27.李敬洵:《唐代四川经济》,四川省社会科学院出版社 1988 年版。

28.李路编著:《中华优秀传统艺术丛书雕塑》,吉林出版集团有限责任公司 2013 年版。

29.李绍明:《李绍明民族学文选》,成都出版社 1995 年版。

30.莲花生大师:《(索南本编)祭祀赞颂集》(藏文版),青海民族出版社 2003 年版。

31.凌立:《康巴藏族民俗文化》,四川人民出版社 2012 年版。

32.刘曼卿:《康藏轺征》,上海商务印书馆 1933 年版。

33.刘群:《迪庆藏族自治州志》(上),云南人民出版社 2003 年版。

34.刘文辉:《建设新西康十讲》,赵心愚、秦和平、王川编:《康区藏族社会珍稀资料辑要》(下),巴蜀书社 2006 年版。

35.刘勇、冯敏:《鲜水河畔的道孚藏族多元文化》,四川民族出版社 2005 年版。

36.罗桑开珠:《藏族文化通论》,中国藏学出版社 2016 年版。

37.吕思勉:《吕思勉读史札记》,上海古籍出版社 1982 年版。

38.马学良编:《藏族文学史》,四川民族出版社 1985 年版。

39.马长寿:《嘉戎民族社会史》,周伟洲编:《马长寿民族学论集》,人民出版社 2003 年版。

40.潘定智:《民族文化学》,贵州民族出版社 1994 年版。

41.秦和平:《从藏彝走廊认识天主教在川滇藏交界地区的传播特点》,选自袁晓文编:《藏彝走廊:文化多样性、族际互动与发展》,民族出版社 2010 年版。

42.热贡·多杰卡:《藏族古代历史概论》,转引自冉长生、胡宗彦编著:《积淀炉霍的远古文明:鲜水河上石棺文化探源》,四川民族出版社 2007 年版。

43.任乃强、任新建:《康藏与中原地区早期交往试探》,《藏学研究论丛》(第一辑),西藏人民出版社 1999 年版。

44.任乃强:《附国非吐蕃——与岑仲勉先生商榷》,氏著:《任乃强民族研究文集》,民族出版社 1990 年版。

45.任乃强:《华阳国志校补图注》,上海古籍出版社 1978 年版。

46.任乃强:《羌族源流探索》,重庆出版社 1984 年版。

47.任乃强:《任乃强藏学文集》,中国藏学出版社 2009 年版。

48.任乃强:《释吐蕃》,《川大史学·任乃强卷》,四川大学出版社 2006 年版。

49.任乃强著,西藏社会科学院整理:《西康图经》,西藏藏文古籍出版社 2000 年版。

50.任新建:《康巴历史与文化》,巴蜀书社 2014 年版。

51.任新建:《康巴文化的特点与形成的历史地理背景》,袁晓文、陈国安主编:《中国西南民族研究学会建会 30 周年精选学术文库》,民族出版社 2014

年版。

52.石硕:《青藏高原东缘的古代文明》,四川人民出版社 2011 年版。

53.宋正海、孙关龙主编:《中国传统文化与现代科学技术》,浙江教育出版社 1999 年版。

54.苏晋仁:《通鉴吐蕃史料》,西藏人民出版社 1982 年版。

55.索南坚赞著,刘立千译:《西藏王统记》,民族出版社 2000 年版。

56.王川:《西藏昌都地区近代社会研究》,四川人民出版社 2006 年版。

57.王川:《西康地区近代社会研究》,人民出版社 2009 年版。

58.王辅仁:《西藏佛教史略》,青海人民出版社 1992 年版。

59.王森:《西藏佛教发展史略》,中国藏学出版社 2002 年版。

60.王廷选:《昌都历史述》,赵心愚、秦和平、王川编:《康区藏族社会珍稀资料辑要》(上册),巴蜀书社 2006 年版。

61.王尧、陈践译注:《敦煌本吐蕃历史文书》,民族出版社 1992 年版。

62.翁之藏:《西康之实况》,民智书局 1921 年版。

63.吴传钧:《西康省藏族自治州》,生活·读书·新知三联书店 1955 年版。

64.吴丰培:《川藏游踪汇编》,四川民族出版社 1985 年版。

65.吴丰培:《赵尔丰川边奏牍》,四川人民出版社 1984 年版。

66.吴松弟:《两唐书地理志汇释·新唐书地理志》,安徽教育出版社 2002 年版。

67.伍昆明:《早期传教士进藏活动史》,中国藏学出版社 1992 年版。

68.谢立中主编:《从纪林诺斯基到费孝通——另类的功能主义》,社会科学文献出版社 2010 年版。

69.谢启晃等:《藏族传统文化辞典》,甘肃人民出版社 1993 年版。

70.谢天沙:《康藏行》,中国青年出版社 2012 年版。

71.辛玉昌主编:《甘孜史话》,甘肃文化出版社 2012 年版。

72.邢林:《雪域东部神秘的喇嘛教》,西海出版社 1998 年版。

73.杨健吾:《康藏佛光》,巴蜀书社 2004 年版。

74.杨淑玲、潘郁:《交通安全文化概论》,山东人民出版社 2015 年版。

75.杨仲华:《西康纪要》(上),商务印书馆2004年版。

76.叶茂林:《四川旧石器时代遗存浅论》,四川大学考古专业编:《四川大学考古专业创建三十五周年纪念文集》,四川大学出版社1998年版。

77.叶启晓主编,图娅、金鑫、张建华副主编:《人类学概论》,北京大学出版社2012年版。

78.尤中:《云南民族史》,云南大学出版社1994年版。

79.泽波、格勒主编:《横断山民族走廊文化论集——康巴文化名人论坛文集》,中国藏学出版社2004年版。

80.扎雅·诺丹西著,谢继胜汉译:《西藏宗教艺术》,西藏人民出版社1989年版。

81.张世文:《藏传传佛教寺院艺术》,西藏人民出版社2003年版。

82.张卫国:《双语学纲要》,中央民族大学出版社2014年版。

83.张怡荪主编:《藏汉大辞典》,民族出版社2015年版。

84.张佑林、陈朝霞:《文化变革与西部经济发展》,浙江大学出版社2012年版。

85.周立志:《"宋挥玉斧"再认识》,姜锡东主编:《宋史研究论丛(第15辑)》,河北大学出版社2014年版。

三、论文

（一）学位论文

1.曹春梅:《民国时期国人对西康的社会考察及其影响》,四川师范大学2006年。

2.贺佳贝:《藏族寺院建筑设计区域特征对比研究》,湖南工业大学2015年。

3.杨蜀艳:《浅析藏族礼仪文化中的哈达》,中央民族大学2005年。

4.英加布:《域拉奚达与隆雪措哇:藏传山神信仰与地域社会研究》,兰州大学2013年。

5.张曦:《川藏茶马古道沿线藏传佛教寺院建筑研究》(四川藏族聚居区),重庆大学2015年。

（二）其他论文

1.《西康通志手稿·工商志》，四川省档案馆藏，第 22 页。转引自刘君：《康区近代商业初探》，《中国藏学》1990 年第 3 期。

2.阿金：《康巴藏族民歌和民间音乐的分类及其艺术特色》，《西藏艺术研究》1995 年第 2 期。

3.曾丽、胡玖英：《略论康巴藏族传统交通工具中的体育文化》，《内江师范学院学报》2015 年第 4 期。

4.常乐、郭田甜、刘砚：《礼堂藏区碉楼民居形态特点及演变探析》，《四川建筑》2016 年第 4 期。

5.陈明芳：《炉霍石棺葬族属刍议——兼论炉霍石棺葬与草原细石器的关系》，《南方文物》1996 年第 1 期。

6.川边：《甘孜商业概况》，《四川月报》1936 年第 9 期。

7.邓都：《甘孜南派藏医药》，《中国藏学》2011 年第 4 期。

8.段渝：《西南夷考释》，《天府新论》2012 年第 5 期。

9.方国瑜、和志武：《纳西族的渊源、迁徙和分布》，《民族研究》1979 年第 1 期。

10.房建昌：《西藏盐史研究》，《盐业史研究》1995 年第 1 期。

11.甘孜考古队：《四川巴塘、雅江的石板墓》，《考古》1981 年第 3 期。

12.格勒：《略论康巴人和康巴文化》，《中国藏学》2004 年第 3 期。

13.格桑益：《康巴藏族服饰文化》，《西藏艺术研究》2003 年第 3 期。

14.龚建康：《康地民间禁忌一观》，《西藏艺术研究》1994 年第 4 期。

15.何小军等：《浅谈康巴地区马文化的转型》，《绵阳师范学院学报》2013 年第 8 期。

16.侯金涛：《康巴地区藏族体育文化特征研究》，《安徽体育科技》2014 第 3 期。

17.黄明信、银巴：《传统天文历算学研究的历史与现实》，《中国西藏》2007 年第 4 期。

18.康·格桑益希：《藏传噶玛噶孜画派唐卡对汉地青绿山水技艺的吸纳》，《西藏大学学报》2010 年第 1 期。

19.拉都:《浅谈藏族的哈达》,《康定民族师范高等专科学校学报》2005 年第 2 期。

20.李绍明:《唐代西山诸羌考略》,《四川大学学报》1980 年第 1 期。

21.林俊华:《关于康巴学的几个基本概念的认识》,《康定民族师范高等专科学校学报》2007 年第 2 期。

22.凌立、曾义:《康巴文化的山水情结初探》,《绵阳师范学院学报》2012 年第 6 期。

23.刘复生:《宋代的羁縻州"虚像"及其制度问题》,《中国边疆史地研究》2007 年第 4 期。

24.刘君:《康区外国教会览析》,《西藏研究》1991 年第 1 期。

25.马大正:《公元 650—820 年唐蕃关系述论》,《民族研究》1989 年第 6 期。

26.马平:《近代甘青川康边藏区与内地贸易的回族中间商》,《回族研究》1996 年第 4 期。

27.浦华军:《康巴藏族民间故事中的山神信仰》,《西南科技大学学报》2013 年第 6 期。

28.冉光荣:《天主教"西藏教区"论述》,《康定民族师专学报》1987 年。

29.任乃强、泽旺夺吉:《"朵甘思"考略》,《中国藏学》1989 年第 1 期。

30.任新建:《论康藏的历史关系》,《中国藏学》2004 年第 4 期。

31.任新建:《略论康藏民族关系史中的几个问题》,《康定民族师专学报》1993 年第 1 期。

32.任雅姣、李娟:《德格印经院对我国出版文化的贡献》,《新闻世界》2015 年第 2 期。

33.石硕、周立志:《汉藏互动与文化交融:清代至民国时期巴塘关帝庙内涵之变迁》,《西南民族大学学报》2011 年第 6 期。

34.石硕:《汉代的"筰都夷"、"牦牛徼外"与"徼外夷"——论汉代川西高原的"徼"之划分及部落分布》,《四川大学学报》(哲学社会科学版)2004 年第 4 期。

35.石硕:《论康区的地域特点》,《西南民族大学学报》(人文社会科学版)2012 年第 12 期。

36.石硕:《如何认识康区? ——康区在藏族三大传统区域中的地位与人文特点》,《西北民族论丛》2015 年第 2 期。

37.四川省文物考古研究所:《四川炉霍卡萨湖石棺墓》,《考古学报》1991 年第 2 期。

38.王建新:《论藏彝走廊多元宗教的内涵与意义》,《宗教学研究》2015 年第 4 期。

39.吴均:《论本教文化在江河源地区的影响》,《中国藏学》1993 年第 3 期。

40.向玉成、肖萍:《19 世纪 40 —60 年代中期法国传教士"独占"康区的活动及其影响》,《西藏大学学报》2011 年第 1 期。

41.徐学书、况红玲、王瑜:《康巴民俗文化民族艺术的资源价值》(上),《四川烹饪高等专科学校学报》2006 年第 2 期。

42.杨宝寿、江吉村:《重树"南派"藏医药形象,加快甘孜州藏药事业发展》,《康定民族师范高等专科学校学报》2000 年第 9 期。

43.杨嘉铭:《康巴文化综述》,《西华大学学报》(哲学社会科学版) 2008 年第 4 期。

44.杨嘉铭:《四川藏区藏传佛教的基本特点》,《西南民族大学学报》2007 年第 2 期。

45.叶长青:《西康的时期时代遗存》,《华西边疆研究学会杂志》1933 —1934 年第 1 卷。

46.袁凯铮:《西藏中部铜佛像制作工艺传统的转换——从尼泊尔传统到昌都传统》,《西藏研究》2011 年第 4 期。

47.扎西茨仁:《甘孜州石棺葬文化概述》,《康定民族师专学报》1990 年第 1 期。

48.张化初:《西康之民族》,《西北问题季刊》1936 年第 2 卷第 1 —2 期。

49.宗冠福、黄学诗:《四川炉霍县虾拉沱晚更新世哺乳类化石》,《古脊椎动物学报》1985 年第 4 期。

四、其他

1.《吐蕃军队兵役制度》,西藏自治区地方志编纂委员会编:《西藏自治区军事志》,中国藏学出版社 2007 年版。

2.《中国科学家解密青藏高原史前人类迁徙史》,中国新闻网,2013 年 5 月 17 日。

3.冯智:《明代丽江木氏土司与西藏噶玛派关系述略》,陈庆英主编:《藏族历史宗教研究》(第 1 辑),中国藏学出版社 1996 年版。

4.甘孜藏族自治州概况编写组:《甘孜藏族自治州概况》,民族出版社 2009 年版。

5.甘孜藏族自治州文化局内部印行:《甘孜藏族自治州文化艺术志》,2007 年。

6.甘孜州志编纂委员会:《甘孜州志》(上),四川人民出版社 1997 年版。

7.格郎杰:《康南理塘土司概况》,四川省甘孜州政协编:《甘孜州文史资料》(第 8 辑),1989 年。

8.故宫博物院、四川省文物考古研究院编著:《穿越横断山脉康巴地区民族考古综合考察》,天地出版社 2008 年版。

9.康定民族师专编写组:《甘孜藏族自治州民族志》,当代中国出版社 1994 年版。

10.李钢:《考古在迪庆》,李钢、李志农主编:《历史源流与民族文化"三江并流地区考古暨民族关系研究学术研讨会"论文集》,云南大学出版社 2011 年版。

11.李淼、李海鹰:《炉霍的打制石器》,中国西南民族研究学会、甘孜藏族自治州人民政府编:《六江流域民族综合科学考察报告二:雅砻江上游考察报告》,1985 年编印本。

12.炉霍县文史资料委员会编:《炉霍县文史资料》(第 2 辑),1997 年。

13.罗洪则腊口述:《彝族迁居九龙、泸定的历史梗概》,政协四川省甘孜藏族自治州委员会编:《四川省甘孜藏族自治州文史资料选辑》第 1 辑,1982 年。

14.木里藏族自治县概况编写组:《木里藏族自治县概况》,民族出版社 2009 年版。

15.四川民族研究所编:《近代康区档案资料选编》,四川大学出版社 1990 年版。

16.四川民族研究所编:《清末川滇边务档案史料》(上、中、下),中华书局1989年版。

17.四川省地方志编纂委员会编:《四川省志·民族志》,四川人民出版社2000年版。

18.四川省甘孜藏族自治州新龙县志编纂委员会编:《新龙县志》,四川人民出版社1992年版。

19.四川省人口普查办公室编:《四川藏族人口》,中国统计出版社1994年版。

20.四川省文物考古研究所、甘孜藏族自治州文化局:《丹巴县中路乡罕额依遗址发掘简报》,四川省文物考古研究所:《四川考古报告集》,文物出版社1988年版。

21.土旺:《昌都县简志》,《西藏日报》1985年3月16日。

22.吴平:《青海省玉树、果洛藏族自治州考古调查报告》,四川联合大学西藏考古与历史文化研究中心、西藏自治区文物管理委员会编:《西藏考古(第1辑)》,四川大学出版社1994年版。

23.西藏昌都地区地方志编纂委员会:《昌都地区志》(上),方志出版社2005年版。

24.西藏研究编辑部编辑:《清实录藏族史料》,西藏人民出版社1982年版。

25.西藏自治区文物管理委员会、四川大学历史系编:《昌都卡若》,文物出版社1985年版。

26.玉树藏族自治州地方志编纂委员会:《玉树州志》(上),三秦出版社2005年版。

27.中国科学民族研究所、四川少数民族社会历史调查组编:《甘孜藏族自治州》(2),1963年。

28.中国人民政治协商会议甘孜藏族自治州康定县委员会编:《康定县文史资料选辑》(第3辑),1989年。

29.周晓阳:《丹巴羌族的来历与演变》,载中国人民政治协商会议甘孜藏族自治州委员会编:《甘孜州文史资料》(第13辑),1993年。

后　记

　　《康巴文化研究》一书之创意,来源于2016年4月与四川师范大学党委书记周介铭教授出于发展文化创意产业的一番讨论。之后,在对外合作处副处长王德忠教授的共同参与下,历史文化学院王川教授起草了《康巴文化研究》研究提纲,并在周介铭书记的审阅后,完成了初稿。之后,提纲初稿季度修改、渐趋完善。

　　6月22日上午,"《康巴文化研究》课题提纲论证会"在四川师范大学狮子山校区召开。党委书记周介铭教授出席了会议,并致辞,西南民族大学教授、博士生导师赵心愚,四川省社科院党委书记李后强研究员,长江学者、教育部重点人文社科研究基地——"中国藏学研究所"所长、四川大学博物馆馆长霍巍,发展规划与对外合作处副处长王德忠,四川省社科院助理研究员何洁,历史文化学院教授王川,副教授吴其付,文学院教授马正平,马克思主义学院教授何毅,讲师邹敏,校办副主任徐文渊副研究员,四川大学博士生朱晓舟、博士生陈鹤等校内外专家学者、学生数十人参加会议。此次会议由王德忠主持。

　　周介铭在致辞时强调,《康巴文化研究》这一课题研究,对于促进康巴区域经济发展、政治稳定、文化建设,以及精准扶贫意义重大。希望本课题研究依据《藏羌彝文化产业走廊总体规划》,深入、系统地开展四川特色文化研究。同时,要求四川师范大学文化艺术产业中心以"康巴文化"研究为着眼点,围绕康巴文化打造文化艺术原创性研究、生产、展演基地,以重大项目为抓手,推动政、产、学、研、用一体化发展。

　　王川阐述了《康巴文化研究》提纲编纂的初步设想。他谈到,此次著作涉及康巴文化新视角诠释,除了简述康巴文化学术定义与受其影响地理环境、历史沿革外,着重论述民俗、宗教、文化艺术与非物质文化,以及民族融合发展等内容架构,在研究风格方面,初步设想是既要注重学术的规范性,又要兼顾在文创方面的应用性。

赵心愚基于《康巴文化新探》大纲提出了修改意见,康巴文化属于地域文化,而中华文化的研究需要各个地域文化做支撑,建议提纲适度涉及关于康巴文化功能、亲族关系、民族文化心理、社会组织形式、婚姻家庭、山神崇拜等。康巴文化属于多元文化交汇之地,大杂烩形式之下,我们不可缺失文化认同感,且需明确康巴文化研究目的和意义。

李后强谈到此次项目研究选题价值大,新颖、大胆,同时难度也较大。《康巴文化研究》的"新"可以从视野、形式角度进行尝试。康巴地区诞生于山水交汇之处,可考虑发掘康巴山水文化和红色文化。从经纬度视角看,康巴处于北纬 30 度,东经 100 度的辐射区,是重要的地理现象区域。康巴处于一二级阶梯过渡带,过渡带上巴蜀中原文化多元交汇。地理资源角度看,四川盆地共有一千四百多条河流,淡水资源丰富,康巴处于多数淡水河流源头,是中华文明发源地之一;从宗教信仰的角度看,康区有藏传佛教五大教派,教派多元。他建议四川师范大学就康巴文化多提出一系列问题和猜想,并列明新颖的观点。

霍巍指出,鉴于该著作服务于学校文化产业规划,可读性较强,应梳理前人文化精髓,采取主流说法,不引歧义,简述学术争论的观点,详谈文作民俗宗教,重在突出使用价值。同时,他对于章节的取舍、详略的安排等技术问题,也谈了自己的建议。

马正平对康巴从音韵学角度进行了新的阐释,提出康巴文化研究需要从哲学与美学角度进行提炼与提升,使研究具有厚度与高度。会议上,在座其他专家学者均热情奉献出合理性、科学性的宝贵意见。王德忠就各位在场嘉宾于四川师范大学文化艺术产业中心发展所设立这一课题献计献策,表示衷心感谢,预祝课题研究取得圆满成功。

此后,在周介铭教授、王德忠教授的指导与统筹安排之下,各位参与者于2016 年暑期开始在四川省成都市、雅安市(名山区、荥经县)、甘孜藏族自治州的康定市等地,积极进行田野调查,查阅文献档案,拜访专家学者,并最终完成整理,形成初稿。在书稿的撰写过程中,周介铭书记几次专门询问,提出建议,做出要求,最终推到了本书目前模样的问世。可以说,本书是在四川师范大学党委书记周介铭教授的部署下,课题组成员在专门的编纂过程中多方搜寻史料、精心编纂的成果。

本书之所以能够完成,还要感谢顾问任新建研究员(泽仁夺吉,四川省社科院康藏研究中心副主任),他不顾年高体弱,亲自修改,为书稿质量的提升,发挥了重要作用。

本专著得以完成,也是课题组各位成员精诚团结、齐心协作的结果。感谢本研究团队的各位合作者,他们是:西南民族大学刘波教授(四川大学博士后)、西藏民族大学温文芳副教授(四川大学博士后)、四川师范大学徐文渊副研究员、马克思主义学院邹敏讲师、历史文化与旅游学院李天荣讲师;四川省社会科学院康藏研究中心何洁助理研究员、四川大学历史文化学院黄茂讲师、马克思主义学院付志刚副教授;阿坝师范学院何芳芳助理研究员,以及四川大学历史文化学院博士研究生朱晓舟、陈鹤;硕士研究生任倩,在此一并致谢。

还有感谢在百忙之中,抽出时间审读初稿,并提出详细修改意见的专家学者,他们是:四川省社会科学院李明泉研究员、任新建研究员,西南民族大学赵心愚教授,四川省民族研究所袁晓文研究员。

最后,还应感谢为查找史料、文献整理、核对文字付出辛勤劳动的历史文化学院各位硕士研究生、本科生同学,他们是:马正辉、贾媛、赵琼、刘朋乐、朱可,尤其是硕士生马正辉,感谢他们的辛苦劳动。

撰写者虽然努力收集康巴文化研究的最新成果,但是,限于各种条件,兼之成书时间只有九个月,因此,书中可能还存在着一定的问题,请各位专家学者不吝赐教。

本书的作者真诚地希望,本书之出版,能够引起社会各界对于康巴文化的关注,为康巴文化的创意产业发展提供脉络,推动这一区域文化的研究、"非遗"的保护,以及文化产业的发展。

课 题 组

责任编辑:冯　瑶

图书在版编目(CIP)数据

康巴文化研究/周介铭 主编. —北京:人民出版社,2018.1

ISBN 978－7－01－018874－4

Ⅰ.①康… Ⅱ.①周… Ⅲ.①藏族-民族文化-文化研究-中国 Ⅳ.①K281.4

中国版本图书馆 CIP 数据核字(2018)第 019864 号

康巴文化研究

KANGBA WENHUA YANJIU

主编　周介铭　副主编　王德忠　执行主编　王　川

人 民 出 版 社 出版发行

(100706　北京市东城区隆福寺街 99 号)

北京汇林印务有限公司印刷　新华书店经销

2018 年 1 月第 1 版　2018 年 1 月北京第 1 次印刷

开本:710 毫米×1000 毫米 1/16　印张:16

字数:270 千字

ISBN 978－7－01－018874－4　定价:45.00 元

邮购地址 100706　北京市东城区隆福寺街 99 号

人民东方图书销售中心　电话 (010)65250042　65289539

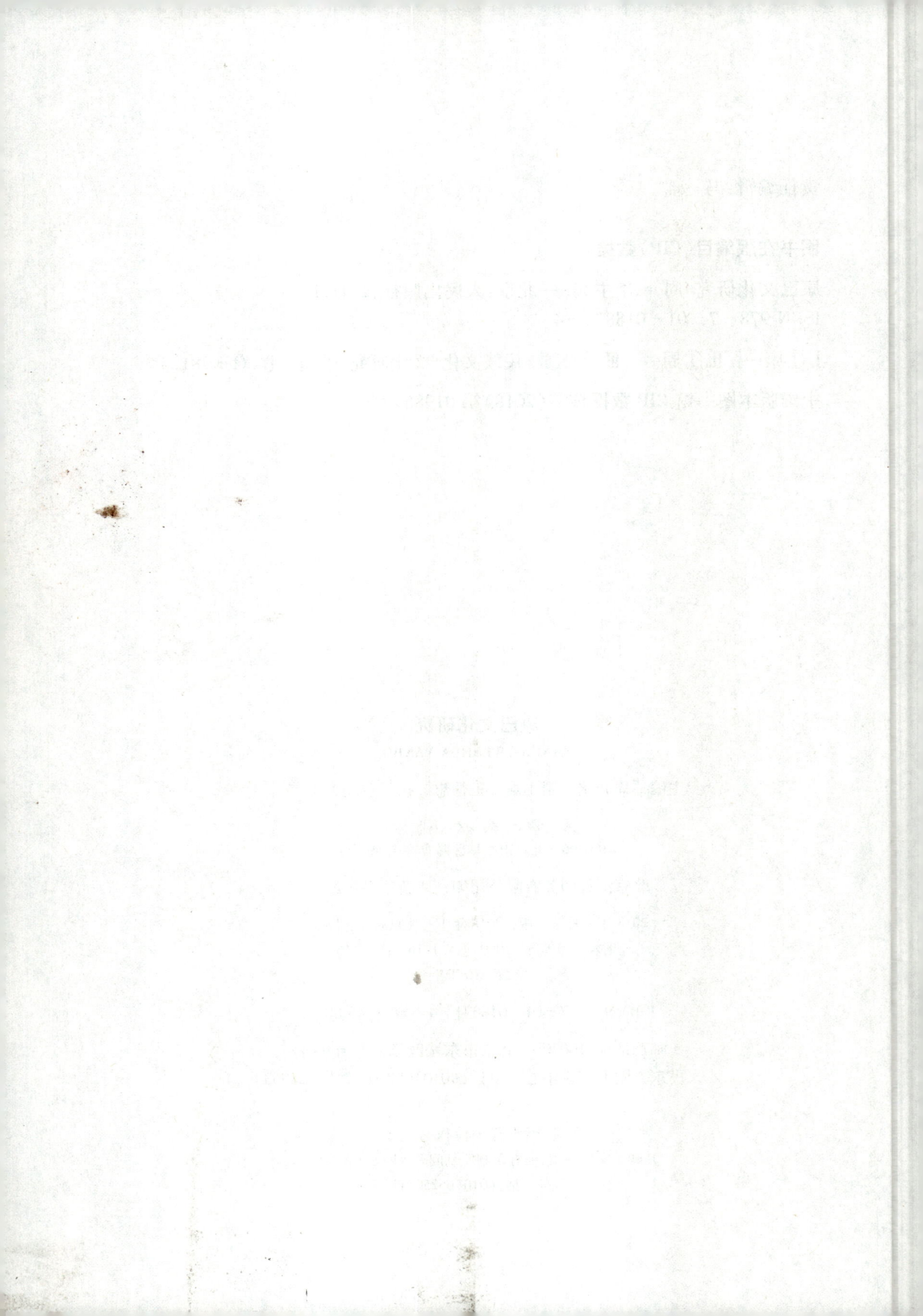